电视媒体与社会核心价值观传播研究

魏正聪　著

教育部人文社会科学研究青年基金项目“电视媒体与社会核心价值观传播研究”（项目批准号：14YJC860027）结项成果

科学出版社

北京

内 容 简 介

在全球一体化、文化多元化的今天，社会主义核心价值体系的话语权建构面临诸多挑战。本书围绕“电视媒体与社会核心价值观传播”，对电视新闻、电视综艺节目、电视剧等主要节目类型传播社会主义核心价值观的现状进行分析，检视其问题与不足；并结合当今时代语境，为创新社会主义核心价值观的传播提供对策和建议。

本书将社会学与传播学相结合，对传媒政治学或政治传播交叉学科研究者具有良好的借鉴性；本书的对策和建议可以为电视媒体及新闻宣传工作从业者提供参考，帮助他们在实践中提高和完善自身能力；同时，书中大量援引 2012—2017 年的热门电视节目，用词精巧，可读性强，对普通读者亦具有良好的吸引力。

图书在版编目(CIP)数据

电视媒体与社会核心价值观传播研究/魏正聪著. —北京：科学出版社，2020.3

ISBN 978-7-03-060284-8

Ⅰ.①电… Ⅱ.①魏… Ⅲ.①电视–传播媒介–研究–中国 ②社会主义建设–价值论–研究–中国 Ⅳ.①G229.2②D616

中国版本图书馆 CIP 数据核字（2018）第 292584 号

责任编辑：王 丹 / 责任校对：贾娜娜
责任印制：李 彤 / 封面设计：蓝正设计

科学出版社 出版
北京东黄城根北街 16 号
邮政编码：100717
http://www.sciencep.com

北京虎彩文化传播有限公司 印刷

科学出版社发行 各地新华书店经销
*
2020 年 3 月第 一 版 开本：720 × 1000 B5
2020 年 3 月第一次印刷 印张：12 3/4
字数：230 000

定价：98.00 元

（如有印装质量问题，我社负责调换）

前　　言

一、研究缘起

价值是事物存在的理由和依据。社会核心价值观是一个国家、地区或民族的人们共同的价值规范和价值标准，它反映了人们对社会、对国家带有普遍性的重大问题的价值判断，是一个国家制定方针、政策和规范社会生活的指导思想和根本原则，是维护国家利益最核心的意识形态。

改革开放以来，随着经济发展、社会分化以及外来文化冲击，个体价值取向进入多样化时代，消费主义、享乐主义盛行，使得社会主流意识形态对民众的吸引力和凝聚力在不断弱化，出现了“信仰危机”和“道德失范”等现象。个体价值观与社会价值观之间的对立，突显出培育社会主义核心价值观的重要性。

培育社会主义核心价值观是建设社会主义文化强国的灵魂工程。习近平总书记曾指出：“中国特色社会主义文化积淀着中华民族最深层的精神追求，代表着中华民族独特的精神标识，是中国人民胜利前行的强大精神力量。这一点，不仅已经在理论上被证明是正确的，而且在实践上也被证明是正确的。”（习近平，2017a：51）党的十九大报告也明确指出：“要以培养担当民族复兴大任的时代新人为着眼点，强化教育引导、实践养成、制度保障，发挥社会主义核心价值观对国民教育、精神文明创建、精神文化产品创作生产传播的引领作用，把社会主义核心价值观融入社会发展各方面，转化为人们的情感认同和行为习惯。”（习近平，2017b：39）

培育社会主义核心价值观，既要关注不同层面主体的价值愿望的一致性，也要关注不同层面主体的价值追求的差异性。世界上许多国家为有效地凝聚社会共识、维护社会秩序、强化国家认同、巩固国家地位、扩大国家影响，都充分利用群众基础深厚的大众媒介进行社会核心价值观的传播。鉴于电视媒体在我国的综合人口覆盖率达98%以上，它自然而然地成为社会主义核心价值观传播的重要阵地。

本书研究的理论价值在于：第一，深化对电视媒体社会责任和社会功能的认知，建构健康、科学的电视传播价值观体系；第二，以电视媒体为平台，探索社会主义核心价值观传播的策略与路径，实现国家意志与民间话语对话和融合；第三，通过电视传播引导社会大众树立与社会主流价值观相吻合的世界观、人生观，建立稳定的社会秩序，增强全民族的凝聚力，早日实现中国梦。

本书研究的实践价值在于：第一，以科学的价值观为引领，改变电视媒体社会责任意识弱化的现状，重塑电视媒体的公信力和影响力；第二，对我国的电视媒体进行分门别类和科学定位，为构建合理的电视媒体传播格局提供意见和建议；第三，构筑富有中国特色的电视传播话语体系，以应对西方意识形态的冲击。

二、国内外研究的现状和趋势

（一）国内研究现状

价值是一个永恒的话题。每一个时代都有一定的价值观，这种价值观就是通常所说的时代精神。哲学和社会学领域的价值观研究，为传播学研究提供了启发和借鉴。刘晓红和孙五三（2007：51-59，96）在《价值观框架分析——研究媒介和价值观变迁的可能途径》一文中，讨论了价值观及价值观变迁等基本概念问题。潘忠党和魏然（1997：38-51，92）在《大众传媒的内容丰富之后——传媒与价值观念之关系的实证研究》一文中，对传媒与价值观的关系进行了考察。1999 年，《传媒》杂志第 2 期刊登山东教育社社长尹建国（1999：27-28）的文章《谈市场经济条件下编辑的价值取向》。2000 年，《江苏社会科学》发表孟建（2000：157-161）的《试论我国电视传播价值观的变革——以中央电视台为例的传播价值观考察》。这篇文章以中央电视台为个案，第一次全面、系统地梳理了 1978 年以来我国电视传播价值观的历时态演进，并分别对中央电视台传播价值观的"终极性传播价值观"与"工具性传播价值观"进行了考察。在对"工具性传播价值观"的考察中，依次分析了中央电视台的"政治传播价值观""经济传播价值观""文化传播价值观"。此后学界和业界对传媒价值观的研究逐渐增多。

21 世纪以来，电视媒体娱乐化现象日益突出。针对《非诚勿扰》《为爱向前冲》等电视相亲节目伪造嘉宾身份、设计剧情以及宣扬拜金主义、享乐主义，有学者表示担忧，认为这些现象不仅有损媒体职业形象，更会对广大受众的人格形成和价值观念产生潜移默化的影响，"造成人们的判断趋于感性化、价值选择趋于功利化、人生目标趋于现状化，直接影响了社会大众的政治观念和伦理道德，消解了社会主义核心价值体系的作用”（刘雷和罗展鸿，2012：3-5，15）。还有学者明确指出：“大众传媒的根本宗旨是追求真善美，实现人的价值。”（窦炎国，2005：46-49）因此，电视等传播媒介要着力通过向真、善、美的传媒产品和传媒服务，构造完美人性、提升社会文明。

（二）国外研究现状

电视媒体是社会核心价值观的载体并应该承担社会核心价值观传播的责任，这在西方学者的论述中并不鲜见。美国著名文化学者约翰·菲斯克（2010：6）认为：“电视播送了一些充满潜在意义的节目，它力图控制并把这些意义聚焦为比较单一的、为人们所喜爱的意义，起到主流意识形态的作用。”美国宾夕法尼亚大学安南伯格传播学院教授、电视“教养理论”的代表人物乔治·哥伯纳（George Gerbner）也认为，“电视是我们生活中的共同的符号环境的主流”（转引自隋岩，2002：119）。虽然说西方的电视媒体一般属于公共服务性质或商业性质，貌似自由、独立，不受政府控制，但实际上电视媒体和统治阶层之间存在着一种微妙的结构关系，“它必须在普遍的范围之内或‘大家都赞同’的一致舆论的框架内生存下来，它使自己适应于这种一致的舆论，传媒成了生产‘普遍赞同’的一个组成部分”（张建生，2006：116）。

（三）研究趋势

在社会转型这一特定时期，我国的电视产业取得了前所未有的飞速发展。电视媒体的传播价值观也经历了从政府主导到社会主导再到个体主导的变迁。如何在传播领域建构适合现实发展要求的、能整合不同价值取向的、内在协调一致的传播价值观体系，成为我国电视媒体发展的一个现实课题。

仅以 2013 年两起热点事件为例：一是曾经的“网络红人”兼“著名推手”——秦火火因利用互联网蓄意制造传播谣言、恶意侵害他人名誉，在沈阳被北京警方抓获。二是《新快报》“陈永洲事件”在引发巨大舆论动荡后，有报道指出，陈永洲受人指使，报道失实。在多方利益格局纷争不断的碎片化时代，电视媒体该坚持何种传播立场？如何实现“终极性传播价值观”与“工具性传播价值观”的有机统一？

本书围绕“电视媒体与社会核心价值观传播”这一主题，综合运用价值哲学、社会学、传播学等相关学科的理论，采用理论演绎、实证研究、比较研究和个案分析等相结合的研究方法。首先通过电视媒体与社会核心价值观内在关联的理性审视、对电视媒体与社会核心价值观内在关联的历时态考察，横向借鉴欧美发达国家媒体传播经验，得出结论：电视媒体是社会核心价值观的载体，并应该承担社会核心价值观传播的责任。然后，分别选取电视新闻、电视综艺节目、电视剧这三大主要节目类型，对其传播社会主义核心价值观的现状进行分析，从中总结经验，检视问题与不足。最后，根据实证研究结果，结合当今的社会语境，对新时代电视媒体传播社会主义核心价值观的应对战略作出进一步探索，从传播主体、传播内容及传播话语等维度进行大胆创新，大力推进社会主义核心价值观的传播和渗透，以有效维护和巩固中国共产党的意识形态话语权地位。笔者希望通过研究贡献绵薄之力，并以此抛砖引玉，对中国电视产业的未来发展提供建设性意见和建议。

目　　录

第一章　社会核心价值观传播的基本概念及相关理论

社会核心价值观属于广义的意识形态范畴，其传播理念、路径和方法的选择问题又是传播学研究的内容和对象。因此，本书涉及哲学、传播学与政治学的交叉领域。我们将主要从三个方面展开理论梳理：一是关于价值、价值观及社会核心价值观等基本概念的界定；二是社会核心价值观的传播要素构成；三是社会主义核心价值观传播的理论渊源，如马克思主义意识形态理论、西方马克思主义意识形态理论等。

第一节　价值、价值观和社会核心价值观

一、价值

1. 何为“价值”？

不同学者对价值有不同的理解。我们可大致将其划分为三种类别：主观主义价值论、客观主义价值论、主客体关系论。

主观主义价值论将价值等同于需要、情感，如德国哲学家威廉·文德尔班（Wilhelm Windelband）所言：“每种价值首先意味着满足某种需要或引起某种快感的东西。”（转引自王克千，1989：49）客观主义价值论认为价值是独立于价值对象和评价主体之外的一种先验的性质，是客体与生俱来的某种功能和属性。主客体关系论认为价值存在于主客体的相互作用中，是“在人们对待自身需要与对象功能之间关系的活动中产生的一种对主体需要具有肯定或否定关系的功能属性”（张书琛，2006：193）。

本书认同将“价值”概念划归关系范畴的观点，主张价值是主客体相互作用的产物，必须从主客体的相互作用及其结果去理解价值的本质。只有深入研究主体与主体、主体与客体、客体与客体之间的关系，我们才能全面、深入地把握价值的本质和内涵。

2. 价值的三种基本类型

从主客体关系的角度出发，我们可以将价值分为三种基本类型：主体性价值，如真、善、美等作为主体的人所持有的价值；客体性价值，如物质、能量、信息等作为主体所需对象的客体所具有的价值（能满足主体需要的客体的功能）；中介性价值，如人的能力、人所使用的工具和作为达到某一目的之中介手段的活动过程。从主体与客体的角色定位，我们可以把价值区分为物的价值和人的价值。从现实的社会历史角度，我们还可以将价值分为经济价值、制度（政治）价值和文化价值，或者分为利益、公正、自由这三大类（三大层次）的价值（张书琛，2006：229-230）。

二、价值观

1. 何为“价值观”？

西方学者从不同角度对价值观进行了界定。美国人类学家克莱德·克拉克洪（Clyde Kluckhohn）认为“价值观是某种文化中的个人或群体所持有的一种显性或隐性的、认为什么是可取的观念”（转引自陈星，2017：71-72）。米尔顿·罗基奇（Milton Rokeach）认为价值观具有评价性、规范性和禁止性，是“一个持久的信念，认为一种具体的行为方式或存在的终极状态，对个人或社会而言，比与之相反的行为方式或存在的终极状态更可取”（转引自杨宜音，1998：82-93）。

中国学者对价值观的界定也是多样的。李德顺认为价值观是指“人们心中一系列特殊的‘观念’，包括对各方面基本价值的一定信念、信仰、理想等等”（李德顺，1993：266）。刘永富认为，在最广泛的意义上，“价值观就是对价值本身的看法，这种看法涉及什么是价值，怎么才算价值，什么有价值，怎么才有价值，对谁有价值，对谁怎么有价值等等”（刘永富，2002：119）。某领域中的最基本的价值判断、价值取向的主要特点是：从肯定的方面看，某领域中的一切其他价值判断与价值取向都是它的特殊表现或具体表现；从否定的方面看，某领域中的一切其他价值判断与价值取向都不能与之冲突。

综合以上种种看法，所谓“价值观”，是人们对社会上存在的各种事物、现象和活动等的相互联系、相互作用的关系的根本看法和观点。它是人们的行动准则，也是人们衡量事物的标准。缺乏正确的价值观指引，人们的行为将陷入误区，产生不良的社会后果。

2. 价值观的多重属性

一方面，价值观具有明确的主体指向。任何价值观都只能是一定主体的价值观；世界上不存在无主体的、抽象普遍的“终极”的价值观。主体地位、需求、利益和经历等不同，其价值观也就必然存在差异。这要求我们在考察任何价值观的时候，都要首先明确“这是谁的价值观”。绝不应混淆各种不同的主体，用一套标准来判断和理解所有的价值观。

另一方面，价值观亦具有客观性。价值观的客观性，来源于主体存在的客观性。任何主体都必须生活在特定的社会历史环境中，这决定了主体价值观的思想内容和倾向，都不是头脑中纯粹自生的，而是社会客观存在和生活经历的反映。主体的价值判断，事实上就是他对自己现实和历史状况的感受。研究价值观，不能脱离主体存在的特定历史时空，更不能颠倒了社会存在与社会意识之间的地位，以为可以不联系人们的实际生活去谈论价值观。

三、社会核心价值观

1. 价值观是多元的

价值观的多元性来自价值的多元性。它是指，在一定范围的社会生活中，现实主体的存在是多元的，而每一主体都有自己的价值观，不同主体之间的价值标准和价值观念不能彼此等同或替代，因此总体上就呈现出多元化的状态。这是在人类内部存在着多样化生存条件、利益差别和角色分工的情况下，一种不可避免的基本现象。从价值观所包含的内容角度，我们可以将之划分为认知的、道德的、经济的、政治的、审美的和宗教的价值观；按照客体对象，我们可将价值观分为自然价值观、社会历史价值观和人生价值观；按照价值主体，可将价值观分为人类价值观、群体（民族、阶级）价值观和个人价值观；按照维度，可将价值观分为终极性价值观和工具性价值观；等等。研究价值观，需要科学把握价值观的不同层次和多元结构，全面地揭示和把握它们之间错综复杂的关系。

2. 社会核心价值观是在整个社会价值体系中居于主导地位的价值理念

社会价值观是社会共同体经过反复实践积累起来的社会价值意识的经验形态通过（社会共同体）反思之后形成的系统化的价值判断、价值审美、价值追求和价值取向等。核心价值观是社会价值体系中最为基础同时也是最核心的部分。它是个人、社会乃至国家所持有的最为根本性的价值原则。从一定意义而言，核心价值观是国与国之间、民族与民族之间区别的重要价值标识。核心价值观的特征也是极为明显的。首先，它具有统领性。核心价值观是一个国家或民族区别于其他“非我”的根本所在，因此它对其他非核心价值观具有统领和引导作用。其次，它具有相对恒定性。核心价值观一经形成并且得到多数社会成员的认可、信奉，那么，它便会相对固定化，成为社会成员处理各种价值问题的根本理念和价值准则。最后，它还具有理想性。核心价值观蕴含着对未来美好社会的期盼与追求。它既反映社会现实又超越社会现实，因此能够不断地激发民众去为实现价值理想、价值目标而奋斗。

第二节　社会核心价值观的传播要素构成

传播的运行是由传播主体与传播客体间的矛盾运动所引起的。传播活动是否具有价值，或者说传播效果能否达成，既取决于传播主体，也取决于传播活动的客体对象，同时和客观存在的社会环境、权力利益博弈等有着诸多联系。社会核心价值观传播至少需要具备传播主体、传播客体、传播环境三大要素。

一、社会核心价值观传播的主体要素

传播主体是传播价值观的形成者和确立者，也是直接或间接参与传播活动执行、评估和监控的个人、团体或组织。它分为内部主体和外部主体两大类。内部主体包括传媒行政管理人员和一线的记者、编辑等。他们既具有个人主体的身份，又具有明显的组织特征。在传播价值观的树立、践行和评估中，内部主体较容易达成观点的一致。换言之，内部主体的价值取向具有较高的一致性；团体内多数人的观点和看法代表了这个团体的取向。外部主体包括政治党派、政府系统、社团、利益团体以及作为个人的公民等。他们通过各种方式对传媒传播什么、如何传播施加压力，以维护自身利益。总体而言，在传播价值观的形成和确立过程中，内部主体是核心主导，对传播价值观的形成和确立起着直接的决定性作用；外部主体是补充，是评估传播价值观的重要变量，他们不直接规定传播价值观的形态，但往往构成传播价值观变迁的依据。因此，通常情况下，我们所说的“传播价值观”，是以内部主体作为主要的主体元素，即将传媒作为一个整体系统，来考察它与其他客体因素之间的关系。

二、社会核心价值观传播的客体要素

传播客体是传播活动所指向的对象。它分为传播所要面对的社会客观现实和传播的目标群体两类。

传播所要面对的社会客观现实构成传播价值观的客体中“事”的部分。有学者将社会生活领域的各种不同问题分为政治、经济、文化和社会四个方面。政治领域问题包括政治体制、机构设置、行政管理、人事变动等；经济领域问题包括商品的生产、流通、分配、消费等，或财政、金融、产业等；文化领域如科技、文教、体育、卫生等；社会领域如环保、人口、福利、保障等。

传播的目标群体构成传播价值观的客体中“人”的部分。传播活动所作用的对象是社会成员，它们构成了传播实践的目标群体。社会环境不同，传媒的目标群体也会不同。封建社会的传播，主要以政治和文化精英为目标群体；印刷术的发明，使信息的批量复制成为可能，导致传播向大众的扩散；媒介竞争日益激烈的市场环境下，传播开始从大众走向分众。我们可以按照规模的不同，将传播的目标群体分为个人主体和群体主体；也可以按照社会地位的不同，将传播的目标群体分为国家、社会和个体等。

三、社会核心价值观传播的环境要素

传播需要在一定环境中和一定条件下运行，并以一定物质资源、人力资源和权力资源作为基础。传播环境是指传播活动可以获得并利用来促进运行过程的各种支持和条件，包括经费、物质、人员、信息、权威等。环境条件直接作用到传播活动及其对象，传播主体无法完全控制作为一种外部环境和力量存在的环境条件。传播环境包括经济社会环境、政治法律环境、文化环境和国际环境四个方面内容。传播的环境条件构成了传播价值观的边界条件和约束条件，并可能直接作为价值资源而输入到传播价值观系统中。

第三节　社会主义核心价值观传播的理论渊源

社会主义核心价值观是中国共产党凝聚全党全社会价值共识作出的重要论断，是对实现中华民族伟大复兴的中国梦的文化总结和价值凝练。这一价值理论体系并不是无源之水、无本之木。它建立在深厚的意识形态理论研究基础之上，广泛汲取了马克思主义意识形态理论及西方马克思主义意识形态理论的

优秀成果，并结合中国现代化实际进行了创造性转化。马克思、恩格斯、列宁等无产阶级领袖的政治思想，安东尼奥·葛兰西（Antonio Gramsci）的文化领导权思想，路易·皮埃尔·阿尔都塞（Louis Pierre Althusser）的“意识形态国家机器”思想及米歇尔·福柯（Michel Foucault）的话语理论都为社会主义核心价值观传播提供了思想来源和理论依据。

一、马克思主义意识形态理论

马克思主义意识形态理论经历了从马恩的历史唯物主义史观，到列宁的“科学的意识形态”和“灌输论”，直至中国创立的毛泽东思想和中国特色社会主义理论体系，在不断借鉴吸收新的理论基础上逐步深化并茁壮成长。

1. 马克思恩格斯的意识形态理论

1）意识形态具有阶级性

马克思、恩格斯指出：“统治阶级的思想在每一时代都是占统治地位的思想……支配着物质生产资料的阶级，同时也支配着精神生产资料，因此，那些没有精神生产资料的人的思想，一般地是隶属于这个阶级的。”（中共中央马克思恩格斯列宁斯大林著作编译局，2012：178）在这里，我们可以看出在阶级社会里统治阶级的意识形态是占主导地位的意识形态，它控制该国家的阶级或集团的思想和观念，不存在所谓超阶级的意识形态。它是一定社会历史时期的精种生产的产物，就其本质和主要倾向来说，总是体现为统治阶级的思想和观念。

2）意识形态具有社会实践性

马克思恩格斯在《德意志意识形态》中指出，意识在任何时候都只能是被意识到了的存在，而人们的存在就是他们的现实生活过程（中共中央马克思恩格斯列宁斯大林著作编译局，2012：152）。意识形态具有实践性有两个方面的含义：一是意识形态并不是纯粹空洞的理论说教，它具有意向性，即它总是指向现实世界；二是人们之所以接受意识形态的教化，努力与意识形态认同相一致，正是出于实践目的，是人们从事实践活动的前提。

3）意识形态具有虚假性

意识形态的虚假性是精神异化的结果，“意识形态的本质就是扭曲乃至遮蔽真实的人类史和现实生活”（俞吾金，2014：4-9）。马克思主义视阈下的“意识形态虚假性”具有特定指向。马克思恩格斯曾对资产阶级意识形态作了深度剖析，指出“资产阶级意识形态从其反封建斗争的开始阶段就带有明显的欺骗性和虚假性，其目的只有一个，那就是骗取民众的支持为夺取和巩固政权服务，以实现永久的阶级统治”（肖唤元，2018：26-33）。这就是说，资产阶级意识形态为人们的思想提供了确定的领域，也划出了明确的禁区，告诉人们什么是应该记住的，什么是应该忘记的，什么是值得提倡的，什么是应该批判的。

4）意识形态的相对独立性

意识形态最初与人们的物质活动和物质交往相关，是人们物质行动的直接产物。但是，伴随着社会分工和个体意识的完善，它逐渐具有了相对独立性，“它是和现存实践的意识不同的某种东西；它不用想象某种现实的东西就能现实地想象某种东西”（中共中央马克思恩格斯列宁斯大林著作编译局，2012：162）。从这个时候起，意识形态已经具有了主观能动性，能够直接作用于社会实践。“历史不外是各个世代的依次交替。每一代都利用以前各代遗留下来的材料、资金和生产力；由于这个缘故，每一代一方面在完全改变了的环境下继续从事所继承的活动，另一方面又通过完全改变了的活动来变更旧的环境。”（中共中央马克思恩格斯列宁斯大林著作编译局，2012：168）

2. 列宁对马克思主义意识形态理论的发展

马克思主义认为社会存在决定社会意识，经济基础决定上层建筑，作为上层建筑的组成部分的意识形态也是由经济基础决定的。列宁坚持和发展了这一马克思主义意识形态理论。

1）阐述了党性原则

列宁认为：“非党性是资产阶级思想。党性是社会主义思想。这个原理总的来说适用于整个资产阶级社会。当然，必须善于把这个普遍真理运用于个别的具体问题和具体场合。但是，在整个资产阶级社会都起来反对农奴制和专制制度的时候，忘记这个真理就等于实际上根本拒绝对资产阶级社会进行社会主义的批判。”（中共中央马克思恩格斯列宁斯大林著作编译局，1995：676）

2）阐明社会主义意识形态的“灌输理论”

在列宁看来，工人运动不可能单独产生社会主义意识形态，只能形成工联主义的意识。无产阶级政党必须依靠强有力的政治工作，对工人阶级加强社会主义思想体系的灌输宣传，指导工人运动。“我们应当既以理论家的身分，又以宣传员的身分，既以鼓动员的身分，又以组织者的身分‘到居民的一切阶级中去’。”（中共中央马克思恩格斯列宁斯大林著作编译局，1995：366）

3. 马克思主义意识形态理论的中国化

1840年西方帝国主义的坚船利炮打开古老中国的大门,中国将向何处去摆在了先进的中国知识分子面前。老一辈无产阶级革命家把马克思主义理论同中国的革命和建设实践相结合，运用中华民族的语言和思维方式进行提炼和表达，形成了适合中国情况的科学指导思想。马克思主义意识形态理论中国化是其中的一个极其重要的内容。

1）毛泽东对意识形态理论的创造性发挥

以毛泽东同志为核心的党的第一代中央领导集体，创造性地发挥了意识形态理论的能动作用。在抗日战争时期，毛泽东领导开展整风运动，对全党进行马克思主义理论教育，确立了实事求是的思想路线；中华人民共和国一成立，党和国家就把马克思主义、毛泽东思想确定为全国的指导思想并组织发动了学习和宣传马克思主义、毛泽东思想的全国性运动。在意识形态领域，他率领全党旗帜鲜明地反对、批判帝国主义文化、封建主义残余、官僚买办阶级思想等敌对意识形态，为确立新民主主义及以后的社会主义意识形态的主导地位奠定了基础；同时充分注意到社会经济变革中意识形态的多样性和复杂性，采取相应的批评教育和积极引导，形成了思想文化初步发展与繁荣的局面。

2）邓小平对马克思主义意识形态理论中国化的突破

改革开放以来，党将中心工作转移到社会主义现代化建设上来。以邓小平同志为核心的党的第二代中央领导集体，系统回答了什么是社会主义、怎样建设社会主义。邓小平指出：“我们必须坚持社会主义道路，坚持无产阶级专政，坚持共产党的领导，坚持马列主义、毛泽东思想……每个共产党员……决不允许在这个根本立场上有丝毫动摇。”（邓小平，1983：159）

3）“三个代表”重要思想和科学发展观的创新发展

世纪之交，面对新的挑战，以江泽民同志为核心的党的第三代中央领导集体沉着应对，在总结我们党成立以来的历史经验和世界社会主义经验教训的基础上，提出了“三个代表”的重要思想。江泽民说：“我们党所以赢得人民的拥护，是因为我们党在革命、建设、改革的各个历史时期，总是代表着中国先进生产力的发展要求，代表着中国先进文化的前进方向，代表着中国最广大人民的根本利益，并通过制定正确的路线方针政策，为实现国家和人民的根本利益而不懈奋斗。”（江泽民，2006：2）党的十六大报告将“三个代表”重要思想载入党章，确立为我们党必须长期坚持的指导思想。

以胡锦涛同志为总书记的党中央，把树立和落实科学发展观作为推进马克思主义意识形态理论中国化的新思路；强调在大力发展社会主义先进文化中建设社会主义核心价值体系。党的十六届六中全会发布《中共中央关于构建社会主义和谐社会若干重大问题的决定》，首次提出并确认社会主义核心价值体系概念；党的十七大报告将建设社会主义核心价值体系作为推动社会主义文化大发展大繁荣的首要任务提到全党全国面前；在庆祝中国共产党成立 90 周年大会的讲话中，胡锦涛再次强调："发展社会主义先进文化，必须把社会主义核心价值体系建设融入国民教育、精神文明建设和党的建设全过程。"（胡锦涛，2016a：539）

4）习近平新时代中国特色社会主义思想

党的十八大以来，以习近平同志为核心的党中央紧紧围绕新时代坚持和发展什么样的中国特色社会主义、怎样坚持和发展中国特色社会主义这个重大时代课题，进行艰辛理论探索，开辟了中国特色社会主义新境界，为新时代坚持和发展中国特色社会主义、推进党和国家各项事业提供了根本遵循。

习近平新时代中国特色社会主义思想立足于党的十八大以来所发生的历史性变革，其逻辑起点是党的初心使命、人民幸福、民族复兴。它的理论框架"以中国特色社会主义进入'新时代'为历史方位，以坚持和发展中国特色社会主义为鲜明主题"（范文，2018：17-20）。党的十九大报告对"两个一百年"奋斗目标做了新的战略安排，指出"从十九大到二十大，是'两个一百年'奋斗目标的历史交汇期。我们既要全面建成小康社会、实现第一个百年奋斗目标，又要乘势而上开启全面建设社会主义现代化国家新征程，向第二个百年奋斗目标进军"（习近平，2017b：26）。习近平新时代中国特色社会主义思想，充分彰显了新时代坚持和发展中国特色社会主义的真理力量。

二、西方马克思主义意识形态理论

1. 葛兰西的文化领导权思想

葛兰西是意大利共产党领袖。在《狱中札记》这部著作里，他对马克思主义的一些命题和观点进行了完善和补充，提出和发展了"文化霸权（领导权）""有机知识分子""市民社会""阵地战""实践哲学"等概念。

文化领导权本质上是一种无产阶级的革命战略，有机知识分子是实现文化领导权的重要力量。在葛兰西看来，凡是从事智力活动的人都可以称为知识分子；但并非所有的知识分子都具有同样的觉悟，对意识形态有着深入的见解。

能够担当起推行意识形态，掌握文化领导权重任的是知识分子的一部分，他将其概括为有机知识分子。葛兰西指出，无产阶级及其政党要夺取文化领导权，必须充分发挥有机知识分子的重要作用，“培养自己的干部、一定社会集团（作为‘经济’集团发生和发展的）分子，直到他们变成熟练的政治知识分子、领导者、各种形式活动的组织者和整体社会——公民社会和政治社会有组织发展所具有的职能的执行者”（转引自陈坤和仲帅，2013：161-163）。需要注意的是，有机知识分子遍布在社会的各个领域之中，既可能是企业家，也可能是工业技师、政治经济学家，还可能是律师、教师、医生等。

2. 阿尔都塞的“意识形态国家机器”思想

阿尔都塞是法国著名哲学家、结构主义马克思主义的奠基人。关于“意识形态国家机器”，马克思主义经典作家其实很早就曾进入这个领域，但是他们并没有对之进行明确表述。阿尔都塞在“马克思主义国家理论”基础上，系统阐述了“意识形态国家机器”思想，指出：“我把一定数量的实体叫做意识形态的国家机器，它们以各具特点的、专门化的机构为形式，直接显现于观察者面前。”（路易·阿尔都塞，1987：100-112）具体来说，阿尔都塞所谓的意识形态国家机器是由宗教、教会、家庭、工会、法律、政治、传播及文化等各具特色、不同功能的专业机构构成的。

“意识形态国家机器”是与“镇压性国家机器”相对的。“镇压性国家机器”包括政府、行政机构、军队、警察、法庭、监狱等等，“我将把它们合称为强制性的国家机器。‘强制性的’暗示上述国家机器是靠暴力发挥其功能作用的——至少在终极意义上是如此（因为强制也可以采取非人身伤害的形式，比如行政强制）”（路易·阿尔都塞，1987：100-112）。资本主义在其产生及发展的历史进程中，正是凭借自由、平等、人权等价值观的疏导，成功瓦解了封建主义教会体系，确立了自身在社会思想文化领域的领导地位。

虽然阿尔都塞的意识形态国家机器理论带有一定的历史局限性，但是作为马克思主义的忠实捍卫者，阿尔都塞拓展了意识形态理论的研究范围，对社会主义国家加强文化和意识形态领导权提供了有益借鉴，因为“任何斗争的组织形式都掩藏着一个特有的意识形态，它被设计出来的目的，就是要捍卫并确保组织本身的统一性”（路易·阿尔都塞，2002：439-451）。

3. 福柯的话语理论

法国思想家福柯是20世纪60年代以后结构主义批评的领军人物。在福柯的理论研究中，话语占据着相当重要的地位。他通过考察话语的生成条件，分析其成形和运作的机制，从而揭示出内在于其中的权力关系和由此而产生的辖制欲望。这些分析集中于《疯癫与文明》《规训与惩罚》《性史》等著作。

在福柯的思想体系中，秩序和符号系统是话语的两个关键性因素。“一个社会中的各个层面都有特定的‘话语’存在，这些‘话语’组合起来，如同一个缜密的网，驾驭其成员的思维、行动和组织规范或条例，使该社会的所有活动都受这种特定的‘话语’定义的限制。”（王治河，1999：182-183）在福柯看来，话语具有一种独特的威力和荣誉，“在任何社会中，‘话语’的产生既是被控制的、受选择的、受组织的，又是根据一些秩序而被再分配的，其作用是防止它的权力和它的危险，把握不可预测的事件”（转引自王治河，1999：162-163）。话语是权力斗争的重要工具，在一定的文化空间里谁取得话语权，谁就将处于支配地位；而处于沉默状态的主体，只能沦为被压制的对象。另一方面，权力话语集团也要关注那些与权力话语相抵制的反话语系统，对其进行有效的控制和引导，防止其对主流话语系统的解构和颠覆。

第二章 电视媒体与社会核心价值观的内在关联

作为目前我国覆盖面最广、受众规模最大、受众年龄跨度最大、知识层次最多元的大众媒体，电视媒体具备传播和践行社会核心价值观的良好媒介优势和媒介责任；从历史角度看，电视等大众传播媒介在建构党的意识形态话语权过程中曾发挥了有力的作用；从西方社会发展来看，即使像美国这样的发达资本主义国家，也非常重视利用电视媒体宣扬资产阶级意识形态以稳固其统治地位。在社会急剧转型和变革的今天，面对多元社会思潮的兴起以及西方社会思潮的涌入，电视媒体必须牢牢把握舆论阵地，努力拓展在社会主义核心价值观推广和实施中的传播效力。

第一节 电视媒体与社会核心价值观内在关联的理性审视

一种观念要想在意识形态领域占据主导地位，就不能停留在抽象空洞的理论灌输上，而是需要强化其传播效力，争取最大程度的社会认同。从理性视角看，电视媒体与社会核心价值观有着密不可分的内在渊源。一方面，社会核心价值观的话语权建设需要广泛借助电视等传播媒介作为主阵地；另一方面，电视媒体具备良好的媒介特性，使其成为社会核心价值观传播的理性途径。

一、社会核心价值观的话语权建设离不开大众传媒

1. 社会核心价值观话语权建设必须要重视传播

马克思指出，思想、观念、意识等并不是虚无缥缈、漫无边际的，“思想、观念、意识的生产最初是直接与人们的物质活动，与人们的物质交往，与现实生活的语言交织在一起的。人们的想象、思维、精神交往在这里还是人们物质

行动的直接产物”(中共中央马克思恩格斯列宁斯大林著作编译局,2012:151)。“精神交往”就是运用语言、文字等符号方式，对思想、观念、意识等进行或直接或间接的传播，使主体的思想、愿望和情感等得到宣泄和满足。德国社会民主党战士卡尔·李卜克内西（Karl Liebknecht）将此工作概括为“研究、宣传、组织”，“对于怎么办才能向工人灌输政治知识这个问题，决不能只是作出往往可以使实际工作者，尤其是那些倾心于‘经济主义’的实际工作者满意的那种回答，即所谓‘到工人中去’。为了向工人灌输政治知识，社会民主党人应当到居民的一切阶级中去，应当派出自己的队伍分赴各个方面”（中共中央马克思恩格斯列宁斯大林著作编译局，1995：76）。

2. 大众传媒是社会核心价值观传播的主阵地

大众传媒是实现与提升主流价值观话语权的主阵地。“阶级政治意识只能从外面灌输给工人，即只能从经济斗争外面，从工人同厂主的关系范围外面灌输给工人。”（中共中央马克思恩格斯列宁斯大林著作编译局，2013：76）1922年5月，列宁以报纸媒体为例，特别指出：“在当前社会民主党的任务被降低的条件下，‘生动的政治工作’也只能从生动的政治鼓动着手，而生动的政治鼓动又非有经常出版并且正常发行的全俄报纸不可。”（中共中央马克思恩格斯列宁斯大林著作编译局，1995：440）社会主义现代化建设事业要顺利向前推进，必须牢牢掌握大众传媒的意识形态工作的领导权、管理权和话语权，综合运用多种媒介，以巩固社会核心价值观在意识形态领域的主导和引领。

3. 社会核心价值观需要通过大众传媒予以通俗表达

一种观念要想在意识形态领域占据主导地位，不能停留在抽象空洞的理论灌输，而是需要强化其传播效力，争取最大程度的社会认同。如何推动社会核心价值观的有效传播？列宁认为必须借助通俗明了的表达方式，用群众易听易懂的语言进行言说。他强调“社会民主党人应当到居民的一切阶级中去，应当派出自己的队伍分赴各个方面”（中共中央马克思恩格斯列宁斯大林著作编译局，2013：76），要“善于利用每一件小事来向大家说明自己的社会主义信念和自己的民主主义要求，向大家解释无产阶级解放斗争的世界历史意义”（中共中央马克思恩格斯列宁斯大林著作编译局，2013：77）。社会核心价值观的宣传与管理必须摒弃居高临下的说教，采用通俗易懂的平民话语，着力增强其亲和力和感染力。

二、大众传媒具备传播社会核心价值观的媒介功能

1. 大众传媒的“议程设置功能”

“议程设置功能”是大众传播理论的一个重要假设。20 世纪 70 年代，美国传播学家马克斯韦尔·麦库姆斯（Maxwell McCombs）和唐纳德·肖（Donald Shaw）通过实践研究发现，大众传播具有一种为公众设置“议事日程”的功能。“传媒的新闻报道和信息传达活动以赋予各种‘议题’不同程度的显著性（salience）的方式，影响着人们对周围世界的‘大事’及其重要性的判断。”（郭庆光，2011：194）

具体而言，大众传媒的“议程设置功能”体现在三个层面。首先，媒介通过“议题”报道与否，影响公众对“议题”的认知；其次，媒介通过对“议题”的强调或淡化处理，影响公众对“议题”的重视程度；最后，媒介通过对“议题”报道的先后排序，决定公众对“议题”关注的判断。2014 年 2 月 9 日，中央电视台播出《管不住的“莞式服务”》，引发传统媒体、自媒体及社交网络的广泛讨论，成功实现了对“东莞服务业”的议程设置；2016 年春节期间，有关“六小龄童未上央视春晚”的议程，也是传统媒体和网络新媒体联合为公众设置的议程。大众传媒正是凭借“议程设置”，在潜移默化中实现对人们行为方式和价值观念的教育和影响。

2. 大众传媒的“社会化功能”

美国传播学者哈罗德·拉斯韦尔（Harold Lasswell）在《传播在社会中的结构与功能》一文中，概括了大众传媒的三大功能，即环境监视、社会联系与协调、社会遗产传承。“环境监视”即了解、监控和把握内外部环境变化；“社会联系与协调”指联络和协调社会各组织系统以适应环境变化；而“社会遗产传承”则指媒介将社会成员共同积累起来的科学知识、生活经验、道德规范和价值体系等，从老成员传到新成员，实现社会文化传统的永久延续。美国学者C. 赖特·米尔斯（Charles Wright Mills）在《大众传播：功能的探讨》中进一步明确了大众传媒的“社会化功能”，强调媒介在知识、价值以及行为规范方面具有重要的传播作用。“这个功能，与拉斯韦尔的‘社会遗产传承’功能是相对应的，也有一些学者将之称为大众传播的教育功能。”（郭庆光，2011：102）

3. 大众传媒的“社会规范强制功能”和“舆论监督功能”

保罗·拉扎斯菲尔德（Paul Lazarsfeld）和罗伯特·金·默顿（Robert King

Merton）从传播的受众和效果方面，指出大众传播具有“社会规范强制功能”，通过将偏离社会规范和公共道德的行为公之于世，唤起公众的普遍谴责，对违反者施加强大的社会压力，从而确立良好的社会行为规范和社会活动准则。

除此，大众传媒还具有“舆论监督功能”。所谓舆论，是“公众对社会政治、经济、文化活动的一种评价。在市场经济发展的情况下，舆论趋向于成为一种普遍的社会监督的权力”（陈力丹，2012：6-11，21）。舆论监督是新闻媒体应有的社会功能之一，是检验人类社会民主进程的重要标志。马克思将“舆论”称作“另一个法庭——社会舆论的法庭”，认为舆论对人们的社会行为具有强制制约作用，与占统治地位的政治精神及思想体系具备同等地位，其力量以媒介公开的形式予以显示，对社会腐败行为实行强有力的监督。特别是新闻舆论作为蕴藏在人们思想深处的共同心理倾向，通过带有价值判断的普遍社会评价，能够对具体的价值观或行为方式予以公开褒扬或谴责，从而对社会成员的价值取向和行为方式产生教育和影响。以娱乐新闻为例，近年来明星“酒驾”“吸毒”等丑闻时有发生。通过媒体报道，社会各界的广泛讨论和道德谴责会给明星形成巨大压力。很多明星在曝光后通常召开新闻发布会，公开道歉，引导社会道德规范朝着正确的方向发展。

三、电视媒体具备传播社会核心价值观的显著优势

1. 电视媒体声画合一，具有亲和力

电视被誉为 20 世纪人类最伟大的发明之一。在报纸、广播、杂志、电视四大传统媒介中，前三者都只是单方面诉诸视觉或听觉，只有电视可以结合声音和画面于一体，全方位调动受众的视觉和听觉感受。因此，它既具备了广播的听觉优势，又集合了报纸、杂志的视觉优势，能够综合调动画面、声音、文字等符号形态，用直观形象再现客观现实，以时间序列展开话语表述，满足了人们获取信息、娱乐休闲的心理需求，成为人们日常生活中最基础、最广泛的娱乐方式。

2. 电视媒体覆盖面广，受众群体广

自 1958 年北京电视台（中央广播电视总台的前身）[①]正式开播，历经 60

---

① 中央电视台成立于 1958 年 5 月 1 日，当年 9 月 2 日正式播出，初名为北京电视台，1978 年 5 月 1 日更名为中央电视台，2018 年 3 月与中央人民广播电台、中国国际广播电台组建中央广播电视总台。

余年发展，电视媒体已经成为目前我国覆盖面最广、受众规模最大、受众年龄跨度最大、知识层次最多元的大众媒体。根据中国广视索福瑞媒介研究（Cvsc-Sofres Media，CSM）发布的《中国收视年鉴（2016）》数据统计，“2015年中国内地年龄在4岁及以上的电视观众规模达到12.83亿人，占全国4岁及以上人口的98.2%”（商璐，2017：84-87）。

电视媒体也曾多次创造收视奇迹。1990年电视剧《渴望》的热播引发收视盛况；1991年，第一部电视系列喜剧《编辑部的故事》上映，开电视系列片之先河。21世纪以来，虽然数字媒体的崛起对传统电视市场造成了强烈冲击，但《金婚》《甄嬛传》《琅琊榜》等电视剧的热播，《爸爸去哪儿》《奔跑吧兄弟》等综艺节目的火爆，充分显示出电视媒体在老百姓心中无法匹敌的地位和情感。

3. 电视媒体公信力高

在媒体竞争日益加剧的今天，媒体形态丰富多元，信息堪称海量。但无论传播手段与方式如何变换，公信力依然是媒体赖以生存和发展的核心竞争力。电视媒体作为传统媒体的代表，一直有着良好的口碑。2016年由《小康》杂志联合清华大学媒介调查实验室会同有关专家及机构进行的“2016中国信用小康指数”之“2016媒体公信力调查”显示：“受访者认为公信力最强的是电视，其次是报纸，再次是微博，广播和微信则分列第四、五位。”（尤蕾，2016：81-83）由中国传媒大学和国家广告研究院联合发布的《2017中国广告主营销趋势调查报告》显示：“2017年广告主对媒体品牌影响力的关注显著提升，最追求品效合一；从预算分配的情况看，电视依然占比最高，广告年度预算在亿元以上的企业，电视等媒体广告预算占比平均超过65%。”（翟鹏，2017：122-124）

移动互联网时代的到来，使用户获取信息的渠道更加多元化。博客、微博、微信等各类新媒体在为受众提供海量信息的同时，也使那些来源不清的虚假信息充斥网络空间，鱼龙混杂，为人们甄别有效信息带来了挑战和困难。在此背景下，电视媒介应围绕现阶段我国的基本国情和中心任务，充分发挥声画合一的媒介优势，凭借主流媒体的公信力和权威解读，加强并深化大众对社会主义核心价值体系的认知度，同各种非主流意识形态展开对话和沟通，做好新时代的舆论宣传工作，在新的历史条件下有效维护和巩固社会主义核心价值观的主导地位。

第二节　电视媒体与社会核心价值观内在关联的历时态考察

从历史发展轨迹来看，改革开放以来，我国社会核心价值观经历了从“集体主义”一元主导到多元价值取向的变迁；与此同时，电视媒体的传播取向也从单一政治传播走向政治属性和经济属性并存。党和政府从战略角度赋予电视媒体传播社会主义核心价值观的重要使命，使电视媒体与社会核心价值观变迁保持了高度的共振机制。

一、改革开放以来社会核心价值观的变迁

“转型”（transformation）原本是一个生物学范畴概念，后来应用于西方发展社会学，表达社会阶层、人们生活方式或道德理念等社会范式的转换或质变，其基本含义是社会结构的整体性变迁。改革开放以来，中国社会经济领域发生了系列巨变，由此带来社会价值观念从一元到多元、从集体到个体、从理想到世俗的系列变迁。在此过程中，社会主义核心价值体系逐步形成。

1. 从计划经济到“新经济”：改革开放以来的经济转型

1978 年以来，以市场为取向的改革开放废除了高度集中和平均主义的思想；各种各样的非公有制经济形式被引入生产，分配方式也从按劳分配走向多元。这极大地激发了中国经济的活力。党的十八大以后，以习近平同志为核心的党中央根据国内外经济运行的趋势，作出了中国经济进入新常态的论断。培育“新经济”，就成为促进经济持续稳定发展的必然选择。

“新经济”彰显了从传统经济发展观向以创新为主的新经济发展理念转变。改革开放 40 余年来，低成本要素、高资本投入和以生态环境为代价的经济增长方式造成了严重的经济结构问题，制约了我国经济的转型升级。十八届五中全会全面分析了中国经济社会发展的基本特征，提出并确立了创新、协调、绿色、开放、共享的基本发展理念。与传统经济发展模式不同，“新经济”属于第三产业，是新技术革命的产物，同时体现了经济的发展方向。目前，作为“新经济”重要组成部分的共享经济在我国已经取得较快发展，据测算，2015 年，我国共享经济市场规模约 1.95 万亿元，全职从业人员约 1000 万人（冯蕾和王玥，2016）。因此，发展“新经济”不仅是促进经济新发展的必然要求，而且

是倡导五大发展理念的必然选择。

“新经济”凸显了从以工业为主导向以服务业为主导的结构转型。随着市场经济的发展，一方面我国传统产业增速放缓，对经济增长的贡献率降低；另一方面，与互联网相关的新兴产业蓬勃发展，带动了新一轮的经济增长。“新经济”以“互联网+”、大数据等第三产业为主，是新一轮信息产业革命的产物。因此，在经济新常态下，一方面，要通过对传统产业的供给侧结构性改革，消除传统过剩产能，优化产业结构，由追求数量向追求质量的方向转变。另一方面，通过扩大内需，发展新产业、“新经济”和新业态，促进第三产业发展，进而促进中国整体经济结构向以服务业为主导的方向转变。

2. 改革开放以来的社会核心价值观念的变迁

伴随社会政治、经济领域改革的逐步深入，社会利益主体逐渐分化、增多，社会价值观开始从集体主义一元主导走向多元价值取向共存。

1）个体价值的放大

改革开放以来，经济主体多样化，个体生产积极性得到最大程度的显现，市场的活力被激发。而市场经济强调流通自由，流通使资源获得合理配置，实现供需平衡；强调分配自由，劳有所获，多劳多得，鼓舞劳动者的生产干劲。劳动者主体意识的觉醒和个体价值的张扬，成为市场经济发展的重要基础。

2）以物为本的财富观的树立

十四届三中全会肯定财产性收入的合法性，鼓励城乡居民储蓄和投资，允许属于个人的资本等生产要素参与收益分配。这无异于给劳动者吃了“定心丸”，人们的财富创造和财富积累的信心和勇气倍增。以物为本的新型社会主义义利观的形成，也改变了人们衡量社会价值的标准。从本质上看，市场经济是一种竞争经济。在激烈的市场环境中，大浪淘沙，始见真金。最终的胜出者意味着个人价值的实现，意味着自身财富的增值。因此，商品货币关系成为一种现实的价值准则。

3）消费主义思潮的蔓延

正如赫伯特·马尔库塞（Herbert Marcuse）所言：“人们似乎是为商品而生活。小轿车、高清晰度的传真装置、错层式家庭住宅以及厨房设备成了人们生活的灵魂。”（赫伯特·马尔库塞，2008：9）在消费理念的引导下，消费成为推动经济发展的重要手段；消费规模的大小、消费潜力的高低，甚至成为判断社会经济发展水平和个人价值的标准和依据。人们的价值取向也发生了一定倾斜，消费不仅是一种生活方式，更是目的和意义。消费至上的价值观使人们的“需求”被源源不断地生产出来，并逐渐混淆真实需要与虚假需要、本质需要与非本质需要之间的界限。

3. 社会主义核心价值体系的形成

2012年11月，党的十八大报告明确要求“倡导富强、民主、文明、和谐，倡导自由、平等、公正、法治，倡导爱国、敬业、诚信、友善”24字社会主义核心价值观（简称“24字核心价值观”）（胡锦涛，2016a：638）。在党中央的高度重视和有力部署下，社会主义核心价值体系逐步形成。

1）“富强”“民主”“文明”——改革开放初期社会主义核心价值观建设的新要求

1978年，党的十一届三中全会确立了“解放思想、实事求是”的思想路线。以邓小平为核心的党的第二代领导集体提出了党在新时期的总任务，要求把党和国家的工作重点转移到社会主义现代化建设上来。1987年，党的十三大报告进一步明确，要把中国建设成为“富强、民主、文明”的社会主义现代化国家；物质文明、精神文明和政治文明被列为社会发展的三大价值取向。“富强”“民主”“文明”由此成为社会主义核心价值体系的重要组成部分。

2）“以德治国”“和谐社会”——社会主义核心价值观的拓展和丰富

21世纪以来，伴随着社会转型进程中利益主体的分化和多元化，不同社会思潮之间的交流和碰撞日益频繁。2001年1月10日，江泽民同志在全国宣传部长会议上强调，“我们在建设有中国特色社会主义，发展社会主义市场经济的过程中，要坚持不懈地加强社会主义法制建设，依法治国，同时也要坚持不懈地加强社会主义道德建设，以德治国。对一个国家的治理来说，法治与德治，从来都是相辅相成、相互促进的，二者缺一不可，也不可偏废。法治属于政治建设、属于政治文明，德治属于思想建设、属于精神文明。二者范畴不同，但其地位和功能都是非常重要的。我们应始终注意把法制建设与道德建设紧密结合起来，把依法治国与以德治国紧密结合起来”（江泽民，2006：201）。“以德治国”成为我国社会经济步入新的发展时期的重要治国方略，也是新时期人们思想和行为的基本准则。

“和谐社会”也被提到国家战略高度。2004年9月，党的十六届四中全会上正式提出了“构建社会主义和谐社会”的概念。2005年2月19日，胡锦涛同志在省部级主要领导干部提高构建社会主义和谐社会能力专题研讨班开班式上指出：“构建社会主义和谐社会，关系到最广大人民根本利益，关系到巩固党执政的社会基础、实现党执政的历史任务，关系到全面建设小康社会全局，关系到党的事业兴旺发达和国家长治久安。”（胡锦涛，2016b：278）

3）中国梦与“24 字核心价值观”——社会主义核心价值观的整合完善

党的十八大报告提出，要在加强社会主义核心价值体系建设的基础上培育“富强、民主、文明、和谐，自由、平等、公正、法治，爱国、敬业、诚信、友善”的社会主义核心价值观。中国梦是当代中国主流价值观大众化、形象化的概括，其最大特点就是“把国家的追求、民族的向往、人民的期盼融为一体，体现了中华民族和中国人民的整体利益，表达了每一个中华儿女的共同愿景”（中共中央宣传部，2016：8）。推进中国梦的实现，显然有助于增强当代中国主流价值观的感召力与影响力，提升核心价值观的话语权地位。至此，探索和酝酿多年的我国社会主义核心价值观终于出炉了。

2017 年 10 月 18 日，习近平在党的十九大报告中进一步指出：“社会主义核心价值观是当代中国精神的集中体现，凝结着全体人民共同的价值追求。要以培养担当民族复兴大任的时代新人为着眼点，强化教育引导、实践养成、制度保障，发挥社会主义核心价值观对国民教育、精神文明创建、精神文化产品创作生产传播的引领作用，把社会主义核心价值观融入社会发展各方面，转化为人们的情感认同和行为习惯。坚持全民行动、干部带头，从家庭做起，从娃娃抓起。深入挖掘中华优秀传统文化蕴含的思想观念、人文精神、道德规范，结合时代要求继承创新，让中华文化展现出永久魅力和时代风采。”（习近平，2017b：51）

社会主义核心价值观的最新概括和中国梦的提出，是以习近平同志为核心的党中央立足中国特色社会主义、继承和发展马克思主义理论、融会中华优秀传统文化和人类文明优秀成果、汇集全党智慧做出的重大理论创新。社会主义核心价值观是实现中国梦的精神动力和价值支撑。大力宣传和自觉弘扬社会主义核心价值观，积极推进中国梦的发展进程，是时代赋予电视媒体的神圣使命，是广播电视工作者义不容辞的责任。

二、社会核心价值观变迁对电视传播的影响

1. 改革开放前：电视政治传播功能的一元主导

中华人民共和国成立以来至改革开放前，电视媒体坚守政治属性一元主导的价值取向，与党的路线、方针、政策保持高度的统一，发挥了良好的意识形

态整合功能。

1958 年 4 月 29 日，中央广播事业局党组在给中共中央宣传部、国务院并转党中央的报告中指出：北京电视台虽然冠以“北京”二字，但它是广播事业局的一个组成部分，是国家电视台，应担负宣传政治、传播知识和充实群众文化生活的任务；节目应尽可能地反映当前国家和人民政治生活中的重大事件，报道社会主义建设成就，宣传科学技术知识（刘习良，2007：33）。“这些规定既反映了早期电视决策者对电视这一工具的理性认识，确定了早期中国电视的基本功能，同时也决定了当时的节目构成与基本形态。”（刘习良，2007：33）作为对以上政策的回应，北京电视台初期的主要节目内容就是围绕党的社会主义建设总路线，报道党和国家的重大政治活动，宣传北京以及全国各地的工农业生产成就，反映人民群众意气风发的精神面貌。

2. 改革开放到 20 世纪 90 年代中后期：“信息”观念的引入及电视经济传播功能的张大

党的十一届三中全会拉开了中国社会主义现代化建设新时期的序幕，“信息”观念被引入中国。1984 年 4 月 23 日，《人民日报》在第二版刊发《我国城乡信息网络在形成》，指出“我国开始兴起信息热”：“如今，工厂谈信息，商店谈信息，运输公司谈信息，农村专业户谈信息，各行各业都有许多人把信息当作话题。他们有的把信息说成是一种宝贵的资源，有的说它是正确决策、提高经济效益的‘财神爷’，有的称颂它是发展生产、搞活经营的‘金翅膀’等等。”（转引自李良荣，1984：8-13）

“信息”观念的引入对中国的新闻传播观念和实践产生了巨大影响，电视媒体的商品属性和产业定位也逐渐明晰。1988 年，《关于报社、期刊社、出版社开展有偿服务和经营活动的暂行办法》明确了媒介可以办公司的思想。1993 年，《全国第三产业发展规划基本思路》发布，新闻业（报刊和广播电视）被列入“文化、体育事业”，媒体的产业属性得到正式认可；电视等大众传媒作为“生产性组织”，可以在实现社会效益的同时，追求经济收益。电视媒体在注重政治传播的同时，经济传播功能逐步张大。1999 年 9 月，《中共中央关于加强和改进思想政治工作的若干意见》提出：“加强以为人民服务为核心、以集体主义为原则的社会主义道德建设，引导广大群众遵守道德规范，提高道德素质，在社会做个好公民，在单位做个好职工，在家庭做个好成员。”（新华社，1999）电视媒体对新时期各条战线上涌现出来的具有共产主义思想的先进人物和先进群体的典型，进行了持久而生动的报道。其中张海迪、周怡、邓稼先、中国女排、老山英雄等先进人物和群体给全国人民留下了深刻印象，产生了良好的示范效果。

3. 21世纪以来：以社会主义核心价值观为引领的电视传播多元格局

进入2000年以来，中国社会经济的高速发展与社会法制的不健全、道德发展水平滞后之间的矛盾逐渐显现。党和政府从政策高度赋予电视媒体传播社会主义核心价值观的重要使命。党的十八大报告明确要牢牢掌握意识形态工作领导权和主导权，坚持正确导向，提高引导能力，壮大主流思想舆论。习近平总书记在全国宣传思想工作会议上指出："经济建设是党的中心工作，意识形态工作是党的一项极端重要的工作。"（习近平，2014：153）电视媒体开始加强传播社会主义核心价值观的政策指引和自律自觉。2014年3月4日，国家新闻出版广电总局[①]召开了中国梦主题电视剧、网络视听节目、公益广告创作和播出协调会，要求按照引导方向、征集作品、集中展播、奖励优秀的工作思路，着力打造精品力作，深刻诠释中国梦的深刻内涵，生动传播社会主义核心价值观。2015年2月9日，全国广播电视宣传管理工作电视电话会议高度认可了电视媒体传播社会主义核心价值观取得的成绩。政策的支持为电视媒体传播社会主义核心价值观提供了强大的动力。

社会主义核心价值观对电视发展的引领作用已经初见成效。从近年来的现实实践看，电视媒体牢牢把握改革开放和创新发展的时代脉搏，将镜头对准如火如荼的经济建设、政治建设、文化建设、社会建设、生态文明建设，体现了社会主义建设的新成就、新进展，更体现了时代进步的新形势、新要求。《新闻联播》《东方时空》《焦点访谈》《神州风采》等专题栏目为宣传社会主义核心价值观创造了良好的环境氛围；《舌尖上的中国》《中国汉字听写大会》《中国成语大会》等强调公益性、贯穿中国梦和社会主义核心价值观的原创栏目探寻传统文化历史根源，展示中华文化魅力，有效拓展了社会主义核心价值观传播范围。

① 2001年新闻出版署更名为新闻出版总署，升格为正部级机构。2001年国家版权局和新闻出版总署成为正部级单位，仍为"一个机构两块牌子"。1998年广播电影电视部改为国家广播电影电视总局，简称广电总局。2013年新闻出版总署与国家广播电影电视总局合并，组建国家新闻出版广播电影电视总局，不日更名为国家新闻出版广电总局。2018年3月，根据第十三届全国人民代表大会第一次会议批准的国务院机构改革方案，在国家新闻出版广电总局广播电视管理职责的基础上组建中华人民共和国国家广播电视总局，不再保留国家新闻出版广电总局。

第三节　他山之石——国外电视媒体与社会核心价值观传播的启示

从国际视角来看，无论是资本主义国家还是社会主义国家，处于执政地位的政党为了实现自己的意识形态渗透，都非常重视发挥电视媒体的传播作用。美国电视媒体通过丰富多元的节目形态给观众提供充分的选择空间，在此过程中以潜移默化的方式向全球宣扬其自由、民主、富庶的“美国梦”；韩国电视媒体通过类型化的剧目，传播中产阶级对忠贞爱情和传统文化的坚守，形成对社会的强制规范力量，构成强大的“文化力场”。与此同时，由于意识形态的局限，以及追逐商业利润的本性和媒体“眼球经济”的特性，西方媒体在发挥教育功能的实践中也遇到许多困惑。这些成功经验和教训，为中国电视媒体传播和践行社会主义核心价值观提供了借鉴和警示。

一、国外电视媒体传播社会核心价值观的经验

1. 构筑主导价值观的理想神话

“美国梦”是当今世界上最有影响力的梦想之一。1931 年詹姆斯·特拉斯洛·亚当斯（James Truslow Adams）在《美国史诗》中首先提出了“美国梦”这个概念，称“让我们所有阶层的公民都过上更好、更富裕和更幸福的生活的美国梦，这是迄今为止为世界的思想和福利作出的最伟大的贡献”（转引自公方彬，2013：27-30，39）。用美国价值标准建构起来的“美国梦”意识形态从未在电视节目中缺席。从 2002 年开始至 2016 年累计播出 15 季的电视真人秀节目《美国偶像》，为人们打造了一个实现自己的“美国梦”的绝好平台：不论出身、长相、民族、种族，每个人都可以拥有展示自我的机会。

电视剧是输出美国社会价值观的另一个重要途径。比如《兄弟连》，讲述了一群血性男儿在一场残酷的战争中生离死别的故事，宣扬“美国必胜”的信念和口号；《越狱》则聚焦于公平和正义，以越狱成功、林肯得救，彰显了司法“程序正义”，由此构成了一个反抗黑暗、追求自由正义的寓言。毫无疑问，美国电视媒体向世界宣扬了它是一个公正、平等、民主、富庶的天堂。这些带着美国主导价值观的电视节目在全球风行，“不仅给西方国家带去了丰厚的经济收益，更重要的是，它从文化层面上潜移默化地将西方的价值标准、审美取

向和意识形态输出，并发挥着‘西方化’的影响”（魏正聪，2008：28-29）。

2. 以多元文化实现价值“中和”

美国是一个多元种族、多元宗教、多元文化融合交会的国家。为了强化以“美国梦”为核心的社会主导价值的话语地位和影响力，美国电视媒体不断进行探索和努力，着力实现“个人主义”和“公共责任”的二元中和。一方面，它们高扬个体价值、自力更生、勇敢独立。“历史上的开疆拓土，发展中的投机竞争，现代社会的机会均等，意识形态的个人主义等等，都对美国人的个人主义人生观的形成产生了重大影响。他们坚持自足自立，强调自我发展，崇尚自我完善，追求自我实现。”（王岩，1998：34-40）无论是医疗剧《急诊室故事》还是科幻剧《英雄》，它们都充分体现了美国文化对个人价值的重视。另一方面，它们也强调个人价值必须以社会公平公正、法治严密为前提；追求个体利益必须合理、合法、合乎道德。以热播的电视剧《越狱》为例。主人公或者是受到陷害的蒙冤者，或者是正义的实施者。其行为具有道德上的合法性，因此容易获得受众的同情、肯定甚至支持。美国电视节目素来有对总统的懦弱无能进行无情嘲讽、对司法体制“黑幕”进行大胆“揭露”的传统，它们强化了节目内容的客观真实，也给观众带来强烈的感官刺激和心理认同，进一步呼应了人们对道德自律与公平正义的共同渴望。

韩国电视媒体则着力实现传统伦理与现代伦理的调和。一方面，传统儒家文化的共同认知和深厚积淀成为韩国电视节目的基因符码。无论是在电视综艺节目里还是电视剧中，我们都会看到今天的韩国受到儒学的强烈浸染。百姓的生活习俗、行为举止、举手投足间都散发着浓厚的儒文化气息，裹挟着儒文化烙印。另一方面，现代思潮对韩国社会也造成了剧烈冲击，改变着韩国民众的消费理念和思维方式。很多电视节目由此设立“现代/传统”二元对立框架，将传统文化和现代文化置于百姓家庭生活图景，通过对两者的矛盾冲突加以调和，给观众提供价值参照和行动引导。以电视剧《爱情是什么》为例。该剧讲述了由两个截然不同的家庭联姻而产生的故事。法律硕士朴知恩在一个现代民主的新式家庭环境中长大，却嫁给了儿科医生李大发——一个韩国典型的传统保守的旧式家庭中的长子，两种完全对立的生活观念以家庭为舞台由此展开戏剧性碰撞。总体来看，韩国电视节目在处理社会转型期的矛盾对立和价值冲突时是非常温和务实的。对于多元文化和思潮的入侵，它们秉持乐观、宽容的精神，以唯美精致的调性对其进行涵化。无论外来文化的价值因子怎样冲击和改写本土文化边界，它们牢牢坚守儒家文化的深层内核和文化基因，高扬孝道、仁爱、互助等人伦价值，追求超越世俗利益的人生境界，为观众寻求内心的宁静，看到美好和希望，由两极而致中和，最终指向核心价值的生成。

3. 塑造核心价值观的“卡里斯马”人格载体

核心价值观传播并不是抽象空洞的说教，国外电视媒体通常会通过塑造“卡里斯马”（Charisma）型人物，为核心价值观塑造典型人格载体。“卡里斯马”本为基督教词汇，原指因蒙受神恩而获得的天赋，引申为拥有神助的超常人物。这一宗教词汇后来被引入社会学领域，“它可以指人也可以指人的素质，但都是在话语系统中。它是活跃的因素，以自身的独特魅力起着示范作用，成为社会结构中举足轻重的或中心的结构要素，也是意识形态冲突中的强有力的权威载体”（王一川，1997：144）。

美国电视媒体对篮球明星迈克尔·乔丹（Michael Jordan）的包装，就是美国核心价值理念的“卡里斯马”型代表。乔丹出生于 1963 年，在篮球史上创下了无数辉煌赛绩。从 20 世纪 90 年代末开始，《绝对的乔丹》《极致乔丹》《极限乔丹》《乔丹传奇：二十年的统治》等纪录片就风行一时并流传至今。这些纪录片对乔丹气势如虹的空中大灌篮、决胜关头的神奇一投、让人眼花缭乱的底线断球等进行精彩刺激的再现。在电视、广播以及网络等媒体的合力塑造下，乔丹积极健康的个体形象，以及“我可以接受失败，但无法接受放弃”“靠天分能胜一时，团队精神与智慧才能赢得最后胜利”等名言频频出现在新闻报道里，成为“美国信念”的最佳阐释。事实证明，将乔丹作为社会信念的榜样化策略非常成功。在美国《男人》《传记》等媒体 2003 年联合评出的美国十大文化偶像中，乔丹与约翰·肯尼迪（John Kennedy）、马丁·路德·金（Martin Luther King，Jr.）等一起，成为美国文化的代表。乔丹由此成为鲜活、具体、可感的“美国信念”化身。

同样值得注意的是，“卡里斯马”人格建构不能陷入“高大全”式的抽象。理想的人格化身应该是有血有肉包含人情味的，会受到社会情境及各种利害关系的影响，其人性的难能可贵之处在于：即使面临艰难复杂的选择，该人物仍然能够坚守理想价值，实现利益平衡。唯其如此才具有感召力和说服力。

4. 价值输出与价值渗透

西方媒体还将其媒体教育的触角积极伸向国外，通过深入其他国家的国内文化市场，对其进行文化渗透，使其他国家的本土文化受到外来文化的影响和渗透，逐渐打上国家文化形态的烙印。

以美国为例。进入 21 世纪以来，以《越狱》《迷失》《绝望主妇》等为代表的美国电视节目凭借超凡的创意和想象力、前卫时尚的风格，不仅开创了属于自己的全新时代，也将美式文化、生活方式和价值理念向全球扩张和渗透。那些经过精心包装的英雄故事，充满消费主义和欲望狂欢的爱情传奇，无疑对其他国家和地区充满了吸引和诱惑。有学者曾经拍摄到非洲贫民区的人们每晚争相观看美国电视剧《豪门恩怨》的热烈场面。在观看“美式生活方式”过程中，非洲的贫民们普遍获得了某种替代性的满足。“伴随着这种梦魇般的替代性满足所发生的，却是一种十分可怕的情景——奢华侈靡的享乐观念，已经深深地侵淫到了每个观众的心中，并且不断蔓延，改变着人们先前的思维方式和生活信条，使他们远离本民族的价值观念和本土文化的优秀传统。”（曾庆瑞，2002：13-18）

美国的意识形态和价值输出也给我国造成了深刻影响。中国人民大学刘启升曾在中国人民大学 500 名本科生中进行问卷调查，挖掘美国影视节目对大学生价值取向的影响，结果发现：“在本民族的文化传统日益削弱，外来强势文化广泛传播的背景下，即便是具备了较高的审美修养和批判能力的精英大学生，也无法在混杂的通俗文化信息面前保持绝对的冷静和客观。大学生在收视美国影视剧时对西方价值观和生活方式所表现出的憧憬和向往，和对中国影视剧在内容上的批判，应该引起足够的重视。”（刘启升，2009：64-67）事实上，美国电视节目的“媒介暴力”已经渗透到了世界上几乎每一个角落。“好莱坞的全球化在冲击着中国民族电影工业的同时也通过色彩缤纷的电影形象推销着美国商业、文化、政治、生活方式和价值理想，影响民族社群的文化认同和文化延续，制造美国式的‘全球趣味’，从而在一定程度上影响中国的现实和将来。”（尹鸿和萧志伟，2001：36-49）但是，从意识形态渗透和核心价值观传播角度来看，它们无疑是非常成功的。

二、国外电视媒体传播社会核心价值观的教训

国外电视媒体通过多种多样的手段和方式发挥着意识形态传播功能，对社会核心价值观的传播和渗透起到了巨大的推动作用，积累了成功经验；与此同时，我们也看到，由于缺乏合理的价值引导，传播方式选择不当，电视媒体在传播社会核心价值的实践过程中也遭遇了挫折，产生了负面影响。

1. 高度集权式传播，导致失信于民

第二次世界大战时期的德国是中央高度集权的专制国家。希特勒实行一体

化的独裁统治，在政治、经济、文化、教育及社会生活各个领域实行全面的专制。宣传部长戈培尔在希特勒的指示下，坚持以“征服群众”作为宣传的目标，实行舆论一律，对新闻宣传工作进行强化指导。违背政府精神的媒体将被马上停办；编辑也会被关进集中营。1945 年 2 月，宣传部大楼遭遇猛烈轰炸，戈培尔也深感帝国朝不保夕，但是他仍然想用欺骗的宣传最后挽救法西斯的命运：“戈培尔自欺欺人地宣称，比起在法国、挪威和巴尔干的反法西斯游击队，帝国开展的游击战将更强大、更壮烈和更有效。”（郭威，2002：185）1945 年 3 月 23 日，苏联突破德军防御阵地，英国、加拿大军队和美军也渡过莱茵河并占领韦塞尔，戈培尔依旧在进行最后的努力。他说：“现在关键我们得学会即席演说。在西线，我们控制的大型宣传机器，如无线电广播、有线广播，以及报刊等目前已大部分中断。现在必须依次向每个人做一番宣传，才能取得效果。”（郭威，2002：186）

在纳粹文化专制主义统治下，本来应该向公众传播事实、宣传真理和正义的新闻媒介，竟成为欺骗公众、散布谎言、制造谬论的工具，最终导致失信于民。伴随着世界人民反法西斯力量的不断壮大，德国人民也纷纷开始怀疑、觉醒，最终走上反抗纳粹独裁专制的道路。

2. 缺乏核心价值引领，导致媒体滑向媚俗

高度集权的媒介管理会导致引发受众的抵制和叛逆心理；与之相反，缺乏核心价值引领，电视媒体也会流于媚俗，导致责任意识和批判精神缺失。

在很多国外电视节目中，我们都可以看到对贵族小姐、中产阶级、都市金领等奢华生活的包装和再现。《绝望主妇》中的四位女主角居住在宽敞的别墅，每天的主要工作就是照料美丽的庭院花园，其大悲大喜的情绪无非都是以中产阶级优越的物质生活为前提的“富人的烦恼”。《绯闻女孩》则将触角伸向更年轻的高中群体，上演着“一场王子和公主的过家家游戏”。2013 年热播的韩剧《继承者们》，更是被誉为“土豪派偶像剧”，炫富是其主要手段之一。虽然节目勾勒出的上流社会生活场景对绝大多数观众来说都是遥不可及的、脱离现实和实际的，但是这并不影响受众对其的热爱和追捧。甚至他们更乐意沉浸在这样绚丽多彩的童话故事里，以此填补现实生活中的心理落差，回避现实压力和困顿。

电视节目内容浅薄化、煽情化、低俗化的倾向已经受到不少学者的强烈不满和批评。在传媒生产的海量信息冲击下，广大受众被淹没在表层信息的“洪水”中，丧失了对重要的公共事物的理性思考和判断能力（刘景慧，2004：

150-152）。拉扎斯菲尔德和默顿将之归结为大众传媒的“麻醉作用”，认为这种“媒介现实”导致人们丧失辨别力和对社会的批评精神，满足于“被动的知识积累”，成为顺从现状的“单面人”（郭庆光，2011：103）。

三、对电视媒体与社会核心价值观传播的再思考

面对种种批评和质疑，电视媒体必须强化责任意识和使命意识，努力提高自身发挥教育功能的能力，承担社会核心价值观传播的重任。

1. 理论层面：电视媒体是社会核心价值观传播的重要主体

从理论层面来看，电视媒体同报刊、广播等其他媒体一样，都是“社会教育的主要工具之一”（贾海丽和杨晖，2010：205-206），理应以宣传和贯彻党和国家的路线、方针、政策为重任。正如列宁所言：“必须抓住一切机会在小报上说明，某个思想正是在《无产者报》的某篇文章中提出来的，或者某个类似的消息曾经在该报的某篇通讯中报道过，诸如此类等等。为了使群众知道我们的中央机关报和扩大我们的整个影响范围，这样做是极其重要的。”（中共中央马克思恩格斯列宁斯大林著作编译局，2017：323）毛泽东同志在《对晋绥日报编辑人员的谈话》中也发表过类似观点，称“有关政策的问题，一般地都应当在党的报纸上或者刊物上进行宣传……有关土地改革的各项政策，都应当在报上发表，在电台广播，使广大群众都能知道”（毛泽东，1960：1213）。传播社会核心价值观是电视媒体义不容辞的责任。

2. 实践层面：电视媒体肩负着社会主义先进文化教育的重任

从传播实践角度看，电视媒体必须发挥教育功能，传播先进文化，加强受众引导。

一方面是受众长久以来所形成的对电视媒体的依赖。从 1958 年北京电视台开播，电视媒体目前已经成为我国覆盖面最广、最深远的大众传播媒介。百姓已经习惯了借助电视媒体了解国家的大政、方针、政策，接受文化浸染，进行娱乐消遣。因此，电视媒体在受众生活中起着举足轻重的作用；受众也对电视媒体形成了强烈的依赖关系。在这种背景下，电视媒体更应该摆正自己的位置，加强社会核心价值引领，这样才不会辜负党和人民的信任。

另一方面，目前我国受众还普遍缺乏足够的分析和批判能力，以应对良莠不齐的媒介信息。不可否认，我国的经济、文化水平以及人民的生活水平自改革开放以来都得到了大幅提升，但是，纵观全球市场，我国的综合国力与西方

发达国家相比还有一定差距，国民的科普和教育水平尚未达到理想水平，受众还无法依靠自己的能力对媒介信息进行准确的理性认识和批判性的思考。特别是 21 世纪以来新媒体蓬勃发展，各种真假莫辨的海量信息充斥在网络空间，对受众的固有思维和传统价值理念构成了剧烈冲击。受众仿佛身处信息巨网中的一条鱼，在不同的媒介平台之间、不同的信息流之间辗转游移，茫然无措。

综上，在我国当前经济、文化、教育等条件和水平还不够成熟的情况下，寄希望于受众自己对媒介信息进行理性认识和批判思考是不现实的；作为重要的大众传播媒介，电视媒体要扮演好信息的“把关人”，当好社会核心价值观的“教育者”，为社会转型期的民众提供价值参照和指引，使其保持与社会核心价值观的协调和同步。

第三章　电视新闻传播社会主义核心价值观的现状分析

电视新闻节目积极探索创新传播和践行社会主义核心价值观的方式方法，强化舆论引导力和社会感召力，推出了一批代表性的实践成果。以《新闻联播》“践行社会主义核心价值观”为代表的专栏节目营造了社会主义核心价值观传播的规模效应；以《感动中国》《绝对忠诚》为代表的节目塑造新时期光辉模范形象，形成了典型人物的示范效应；“寻找最美”系列及电视民生新闻深入基层，俯下身段关注“小人物”，为打造人类命运共同体付出了不懈努力，也成功实现了社会主义核心价值观的公众议程设置。值得注意的是，在此过程中电视新闻节目也暴露出了一些问题和不足。如何避免核心价值观的传播陷入刻板印象和模式化的窠臼？如何把握大众化与“过度娱乐化”之间的合理尺度？如何在民本价值与社会公平正义之间寻求平衡？这些都值得电视媒体工作者深思。

第一节　电视新闻节目的形态演进

我国电视事业发端于 1958 年，迄今为止已经走过了半个多世纪的风雨征程。新闻节目作为电视节目的重要类型，与社会核心价值观的变迁同步共振，节目形态从单一到多元。早期电视节目主要有新闻谈话、新闻纪录片、口播新闻等。改革开放以来至 20 世纪 90 年代，电视新闻迎来良好发展机遇，中央电视台《新闻联播》开播，成为电视领域的不老“常青树”；新闻评论节目崭露头角；连续报道、系列报道相继出现；电视谈话节目勃兴。1992 年中央电视台进行新闻改革，新闻直播、新闻杂志、新闻述评、深度报道、新闻谈话节目等纷纷亮相荧屏，满足了受众的多元信息需求。

一、1958 年到“文化大革命”之前：早期电视新闻节目形态

1. 我国电视事业的起步

我国电视事业发端于 1958 年 5 月 1 日。北京电视台试验广播，拉开中国

电视事业的序幕。根据国外经验，结合当时技术条件，最初每周播出两次。经过四个月的探索，1958 年 9 月 2 日正式开播时调整为每周二、四、六、日播出，共四次节目，为中国电视事业的发展迈出了艰辛却又坚定的第一步。

各省市电视台随后被组建成立。上海电视台是全国最早建立的地方电视台，成立于 1958 年 10 月 1 日。1958 年 12 月 20 日，哈尔滨电视台（黑龙江电视台的前身）试验广播。1958 年底中央广播事业局在北京召开的全国电视台基建工作座谈会提出，中国电视事业发展要坚持“在规模上由小到大，技术上由低到高，发展上由点到面”（刘习良，2007：18）。在这种思想指导下，沈阳、广州、抚顺、鞍山等地方电视台陆续开办。1960 年 3 月第七次全国广播工作会议进一步传达了广播事业三年规划，强调三年内电视台要发展到 50 座左右。会议精神得到全国各地的广泛响应，1959 年至 1961 年前后：天津、广东、吉林、辽宁、山西、江苏、浙江、安徽、山东、湖北、四川、陕西等地因陋就简相继办起了电视台；黑龙江省在创建哈尔滨电视台之后，又在齐齐哈尔、牡丹江、佳木斯、鹤岗等地办起了电视台（刘习良，2007：19）。

1959—1961 年我国国民经济遭遇重创。1961 年 1 月，党的八届九中全会提出了国民经济“调整、巩固、充实、提高”八字方针；电视事业发展随之进行调整，规模增速减缓。齐齐哈尔电视台，鞍山和抚顺等电视试验台、苏州电视转播台等停办。1962 年 7 月，国务院批准中央广播事业局关于全国广播事业的调整方针和精简工作的报告，“全国 20 座电视台和 16 座电视试验台除保留北京（即后来的中央电视台）、上海、广州、沈阳、天津 5 座以外，一律停办”（左漠野，1987：40）。截至“文化大革命”爆发前，全国仅剩 12 座电视台。

2. 电视新闻节目的初步探索

办好新闻是我国电视事业的第一要务。“1958 年 4 月 29 日，中央广播事业局在给中央的报告中提到，北京电视台在定期播出的节目中，必须根据党的方针政策，尽可能地反映当前国家和人民政治生活中的重大事件，报道社会主义建设成就等。”（杨伟光，1998：11）

北京电视台从创办开始，就把新闻列为重要节目形态。1958 年 5 月 1 日当晚七点播出的节目依次包括：直播《工业先进生产者和农业合作社主任庆祝“五一节”座谈会》（10 分钟），新闻纪录片（10 分钟），诗朗诵（5 分钟），舞蹈（20 分钟），科学教育影片（5 分钟）。“从性质上它们都完全符合预先规定的电视‘三大任务’——宣传、知识和娱乐。而新闻与娱乐从内容和形态上来看也都是电视节目的‘原生’节目。”（周小普，2005：15）早期北京电视台的新闻节目基本都是根据党的社会主义建设总路线的精神，宣传全国各地工农业生产的成就，报道重大政治活动，如 1964 年 10 月 16 日我国第一颗原子弹爆炸成功、1965 年 1 月第三届全国人民代表大会第一次会议闭幕等。此外，北京电视台还实况转播“五一”“十一”等节日庆典游行，报道新疆和西藏建设成就，推出王杰、焦裕禄等社会主义建设模范形象。

地方电视台也把新闻宣传作为首要任务。上海电视台开播当晚播出了电视新闻片《1958 年上海人民庆祝国庆大会和游行》。建台之初适逢“大跃进”，电视节目多以宣扬社会主义建设总路线、人民公社为主。1961 年以后国家进入调整时期，新闻报道题材逐渐多样化，出现了“社员休假日”“花鸟商店”“百年老店”等贴近群众生活的内容。1962 年以后在“调整、巩固、充实、提高”的中央精神引领下，电视新闻在坚持宣传为主的同时，力求反映社会主义建设各方面的新变化。

3. 早期电视新闻节目的主要类别

受制于思想观念的束缚及落后的媒介技术条件，早期的国内电视新闻内容题材较单一，编辑制作较粗糙。常见类型有以下几种。

一是新闻谈话。北京电视台试播的首个节目即为谈话节目——《工业先进生产者和农业合作社主任庆祝“五一节”座谈会》。节目由中央人民广播电台记者李宜担任串联人，邀请北京通用机械厂八级钳工佟春荣，北京西郊四季青农业生产合作社主任郝德才，北京市劳动模范、石景山钢铁厂炼钢部二高炉炉长刘万元作为嘉宾围绕生产情况进行座谈。黑龙江电视台建台之初也将谈话节目作为重要形态。据统计，该台在试播一年期间，为配合全省重大政治活动，开办了《特别电视广播节目》，曾先后邀请黑龙江省和哈尔滨市领导做电视讲话 18 人次，英模讲话 26 人次，科教人员讲话 2 人次，并召开不同类型电视座谈会 3 次（黑龙江省地方志编纂委员会，1996：178-179）。

二是新闻纪录片。作为早期新闻节目的主要类别，新闻纪录片沿袭了电影纪录片的创作流程、制作方式以及材料和设备。北京电视台试播首日的第二个节目就是新闻纪录片《到农村去》。试播一年间，先后推出五一劳动节天安门广场游行的纪录片，反映河南信阳人民抗旱夺丰收的新闻纪录片《英雄的信阳人民》《中华人民共和国建国九周年庆典纪实》等。1960 年 4 月 3 日，天津电视台《电视新闻》栏目开播，第一次播出的就是纪录片《全国人民代表大会第二届第二次会议开幕》（岳淼，2009：22）。早期的新闻纪录片以报道领导人活动、介绍先进典型、反映工农业生产建设成就为主，选题和做法类似于后来的专题片，是早期电视新闻节目的主要形式之一。

三是口播新闻。口播新闻最早出现在 1958 年 11 月 2 日。在一档 5 分钟的《简明新闻》栏目中，播音员沈力首次采用口播方式，成为我国第一个电视播音员。黑龙江电视台成立初期也多次进行口播新闻探索，“1959 年 8 月试验播出后期，为解决转场或休息时的补充节目，插播过新闻简报或口播简明消息，要求消息必须是自己编写的，又确实简明，并认为这是一种较好的宣传形式。这种形式就成为后期固定的《简明新闻》节目”（转引自岳淼，2009：20）。

此外，成立初期的北京电视台及各个地方电视台围绕新闻节目形态还进行了大量探索。比如，1958 年 12 月 31 日北京电视台推出了新闻专题片《胜利的 1958 年》，对当年的重要新闻事件进行综述；1959 年 6 月 18 日播出电视评论《谈西柏林近况》。“全部影片材料及部分录音资料是由民主德国电视台供给的，片子还附带了评论稿件。”（岳淼，2009：18）但是总体来看这些节目形态在当时还未成气候。

二、“文化大革命”爆发到 1992 年：恢复调整期的电视新闻节目探索

“文化大革命”期间，我国电视新闻事业遭遇重创。1976 年以后，各省市纷纷恢复被关闭的电视台。统计数据显示：1976 年全国有电视台 39 座，地方电视转播台 144 座，覆盖率大幅提升。1976 年底到 1977 年初，“全国电视广播的人口覆盖率达到 36%，全国将近 3 亿人口居住的地方可以看到电视，其中，北京、上海、天津、辽宁、湖北等省、市的电视覆盖率超过 50%”（于广华，1993：67）。

电视新闻迎来良好发展机遇。1976 年 3 月 29 日全国广播工作会议提出，要创办面向全国的电视新闻联播节目，以更好地发挥电视宣传作用。当年 7 月 1 日，由北京电视台发起、多家单位参与的《全国电视台新闻节目联播》开始试播。首期新闻串联单如下：①“战斗在车间的党支部”，5 分，上海电视台；②“小靳庄在斗争中前进”，5 分，天津电视台；③“敢斗修正主义的先锋战士”，4 分 30 秒，武汉电视台；④“朝气蓬勃的党支部”，5 分 10 秒，北京电视台；⑤“陈锡联副总理会见尼日利亚青年代表团”，1 分 40 秒，北京电视台；⑥“谷牧副总理会见埃塞俄比亚政府贸易代表团”，1 分 5 秒，北京电视台；⑦“朝鲜人民军协奏团访问红星中朝友好公社”，8 分 15 秒，北京电视台（中央电视台编辑委员会，2003：24）。

1979 年 8 月 18 日全国电视节目会议在北京举行，来自 29 个省（自治区、

直辖市）的电视工作者代表参加了会议。这是我国电视事业自创建以来举行的首次全国电视节目专业研讨会。会议围绕如何丰富和改进电视节目内容、如何加强全国各电视台之间的交流协作展开热烈讨论，对丰富和发展电视节目起到了进一步推动作用。

1.《新闻联播》开播

《新闻联播》的开播算得上我国电视新闻事业发展史上具有里程碑式的标志性事件。1978 年 1 月 1 日，在已试播一年半的《全国电视台新闻节目联播》基础上，《新闻联播》正式推出。节目采用直播形式，内容分为“国内新闻”“口播新闻”“国际新闻”，除中央电视台拍摄的外，大量采用地方电视台选送的新闻。

《新闻联播》内容主要以先进人物、模范集体、农业丰收等正面宣传为主。随着社会各领域拨乱反正运动的全面开展，一些带有舆论监督性质的负面题材也开始在报道中出现。1979 年 9 月 12 日播出的《王府井停车场见闻》，将镜头对准公车私用，揭露了享有特权的官员子女乘坐公家轿车到王府井购物、游玩的情景，一时舆论哗然。当时采写该新闻的两位记者之一——张长明（另一位为王纪言）后来回忆道：“《王府井停车场见闻》播出后，收到很多观众来信，其中一位观众在信中写道，新闻应更大胆地干预生活。这句话让作为记者的我深感振奋。社会呼唤文明进步，能用手中的镜头针砭时弊，进行舆论监督，我为自己尽到了一个记者应该尽到的社会责任而感到欣慰。”（转引自岳淼，2009：52）此后《新闻联播》的批评性报道开始增多，1980 年初，每月批评报道基本都有 20 条左右，电视新闻对观众的吸引力增强了。

2. 新闻评论节目崭露头角

受传播手段和制作技术所限，从 1958 年我国电视新闻事业起步到 1978 年这 20 年间，中国电视媒体并没有真正由自己制作的新闻评论节目。常见的做法就是播音员半身图像出镜，播出《人民日报》、新华社等媒体发表的相关评论。这一局面在 1979 年有了突破。中央电视台立足我国轻工业产品生产落后现状进行述评，剖析造成这种局面的根本原因，专门推出一期节目，在报道新闻事实的同时，对事实背后的原因及问题进行了探索和总结。

1980 年 7 月 12 日中央电视台开办的《观察与思考》栏目，成为我国首个正式的电视新闻述评栏目。该栏目旨在“通过对具有普遍意义或群众关心的事件、问题或人物进行调查、介绍、分析和研究，说明某种道理，引起观众的思考，起到影响并引导舆论的作用”（杨伟光，1998：169）。虽然用现在的眼光去回看，当时栏目推出的很多作品只能算是新闻调查或热线追踪之类，“明显存在叙述有余、评论不足的缺陷，而且评论仍是报纸风格的评论，采取在播音员播讲的同时配画面的形式，而许多画面与评论的内容相互脱节”（李启军，2004：131-136），但是栏目的创办具有探索意义和创新精神，改变了中央电视台新闻节目只有报道没有评论的格局。

1985年，中央电视台为了扩大电视评论节目影响力，成立评论组，在办好《观察与思考》的同时，又创办《电视论坛》。当时推出的颇有影响的报道有《菜篮子里看改革》《鸟是怎么起飞的》《小纽扣大市场》。节目既触及广大群众关心的“菜篮子”工程，也有关于农村和城市经济发展的纵深述评，紧扣时代脉搏，引起较大反响。

3. 连续报道应运而生

连续报道在国外早已有之，但在我国则是20世纪80年代新闻改革中才出现。“1984年广东电视台采制的《广州市民踊跃献血》是我国电视新闻最早出现的连续报道之一。”（刘习良，2007：196）1984年2月28日，广州市自来水公司一工人遇车祸生命垂危，被送至广州军区总医院[①]，但是，医院却没有伤者所需血浆。获知这一新闻线索后，广东电视台当即中断正常节目，插播医院“求血”的紧急呼吁，并派记者抵达医院跟踪事态发展，连续多天推出《广州市民踊跃献血》报道。在第二届全国优秀电视新闻评选中，该节目荣获连续报道类节目一等奖。

1987年中央电视台对大兴安岭火灾的报道，以及1988年上海电视台关于沪杭列车重大事故的报道，将连续报道推向新的高度。1987年5月6日，东北大兴安岭地区发生了中华人民共和国成立以来最大的一起森林火灾。中央电视台《新闻联播》在此后一个月累计播发新闻100多条，全方位反映火情动态、救灾壮举以及善后处理，“报道规模之大、影响之广在我国电视新闻发展史上是史无前例的”（刘习良，2007：197）。1988年3月24日，沪杭列车发生重大事故。上海电视台先后派出三十多人进行采访拍摄，“使观众及时、充分地了解了事件每一步的发展及相关情况，并开创了在一天内的新闻中不间断跟随事件发展作连续报道的先例”（刘习良，2007：197）。

4. 系列报道初显威力

系列报道是围绕同一主题进行的多角度、多侧面新闻报道的集合，其题材

① 2018年11月，原广州军区总医院更名为中国人民解放军南部战区总医院。

内容大多以反映党的方针、政策在实施中的典型经验、综合成就等为主。有别于连续报道，各单条系列报道之间并没有外在的时态连续性，而是靠主题的内在一致性作为维系纽带，这使之具有内涵深度和持续影响力，易引发社会普遍关注。

1984 年中央电视台推出系列报道《光辉的成就》和《六五成就》，集中反映中华人民共和国成立 35 年来的建设成就，首开系列报道先河；1987 年系列报道《改革在你身边》从百姓身边事入手，反映改革开放以来人们精神风貌的改变，见微知著，受到社会各界广泛好评。此后各地电视台纷纷尝试以系列报道形式宣传改革成就。1989 年，《弹指一挥间——献给中华人民共和国成立 40 周年》播出。从 9 月 10 日首播到 11 月 7 日结束，前后共播出 180 条新闻，总长度约 500 分钟。“这是中央电视台建台以来新闻节目中时间最长，内容最丰富，反响较为强烈的一次系列报道。”（张长江，1989：16-17）此后中央电视台每年都推出一两个颇具影响的系列报道，同时配合宣传形势需要，与各省台联合共同推出大型的系列报道。

三、1993 年至今：电视新闻节目形态的日益丰富多元

1992 年中央电视台进行新闻改革，增加播出次数，扩大报道内容，从 1993 年 3 月 1 日起将每天《早间新闻》《午间新闻》《新闻联播》《晚间新闻》四次新闻播报增加为 12 次；新闻节目形态也日益多元，新闻直播、新闻杂志、新闻述评、深度报道、新闻谈话节目等形式纷纷出现。

1. 电视新闻杂志化

1993 年 5 月 1 日中央电视台推出早间节目《东方时空》，坚持“以纪实的手法反映生活，以平视的角度贴近群众”创作理念，分为“早新闻”“东方之子”“生活空间”“东方金曲榜”“焦点时刻”五个版块，首开电视新闻杂志化先河，形成了“鲜活的、新闻性、板块式的杂志节目”的基本样式（梁建增，2002：5）。

随着《东方时空》栏目的影响力不断扩大，全国各地电视台纷纷仿效。1995 年北京电视台推出经济新闻杂志《北京特快》，1996 年广州电视台推出《城市话题》。这些栏目都采用杂志的操作手法，将消息、评论、专题等多种体裁进行组合和优化，发挥各种节目形式的优势，变单一的传播方式为全方位的综合传播方式。灵活生动的杂志化编排方式大大增强了电视新闻的传播效果，使

这种节目类型迅速成为电视屏幕上最为抢眼、最受欢迎的节目。

2. 新闻述评类节目大发展

1994年4月1日，电视新闻述评节目《焦点访谈》在晚间黄金时间段播出。节目坚持“用事实说话”的方针，选择“政府重视、群众关心、普遍存在”的选题，以深度报道为主、以舆论监督见长。基本结构模式是演播室主持人评论（1分钟左右）+新闻事实陈述及分析（10分钟左右）+演播室主持人评论（1分钟左右）。内容涉及与百姓生活息息相关的工商业、农林牧副渔业和科、教、文、体类以及财政金融等方方面面。在舆论监督中，“《焦点访谈》认为，批评人要给‘梯子’，既给犯错误的部门和人员留有改正错误的机会，又让观众看到舆论监督的正面效益，对解决问题充满希望”（梁建增，2002：172）。无论是报道题材的广泛性，还是涉及领域的广泛性，都与社会热点息息相关，与时代特色密切相连，这使栏目成为观众关注的热点。

《焦点访谈》的开播可以视为中国电视述评类节目大发展的开端。在这之前，舆论监督多以“内参报道”的方式进行。《焦点访谈》在坚持正确舆论导向的原则下，用客观报道实现了舆论监督的公开性。它以更强的时效性、更生动的纪实性、更多元的评析视角使舆论监督不再隔靴搔痒，而是直面痛点，由此赢得了广泛的赞誉，形成了栏目在舆论监督中的权威影响。随后，各省级、市级电视台也投入相当大的人力、物力，仿效创办一批既有《焦点访谈》影子又有鲜明地方特色的电视新闻述评栏目，如上海卫视①的《新闻观察》、浙江卫视的《新世纪论坛》、山东卫视的《关注》、四川卫视的《今晚十分》，以及北京卫视、黑龙江卫视、云南卫视的《今日话题》。这些节目都在黄金时段推出，使电视述评节目一时成为电视新闻节目的龙头。

3. 深度调查报道受推崇

1996年，中央电视台在借鉴哥伦比亚广播公司（Columbia Broadcasting System，CBS）的《60分钟》和美国广播公司（American Broadcasting Corporation，ABC）的《20/20》两个深度报道栏目基础上推出《新闻调查》。

如果说《东方时空》的问世是中央电视台新闻改革的第一步，那么《焦点访谈》就是中央电视台进行新闻改革的第二步，而《新闻调查》的创办则是第三步。面对中国社会发生的重大变革，《新闻调查》以记者调查采访的形式探索新表达，追求理性、平衡和深入。它“以具有社会性和新闻性的事件、人物、

① 2003年10月23日，上海卫视更名为东方卫视。

舆情、言论及话题为调查对象，并致力于从新闻规律和电视规律出发，确立稳健务实的调查理性”（杨伟光，1998：435）。节目题材多从关乎国计民生的大处着眼，坚持“事件与理性结合”的原则，主要关注经济发展与经济改革问题、社会现象与社会生活问题以及贪污腐败与违法犯罪问题。

真相探寻和问题意识贯穿《新闻调查》节目始终，“它是《新闻调查》初始的也是最高的追求，它是这个栏目的立身之本，它赋予这个栏目生存和成长的权力”（夏骏和王坚平，1999：128-129）。以之为鉴，不少地方电视台也相继推出“调查”式深度报道栏目，如 1997 年 3 月上海电视台推出的《新闻观察》和河北电视台推出的《新闻广角》，以及 1998 年 4 月成都电视台推出的《新闻背景》（岳森，2009：122）。

4. 电视谈话节目的勃兴

谈话节目是由主持人邀请新闻当事人、专家学者、政府官员、媒体工作者等作为嘉宾，围绕公众普遍关注的热点事件、新闻人物、公共事务等重要问题，在平等民主气氛中展开交流的电视节目形态。在西方国家，电视谈话节目即“脱口秀”（talk show）有着巨大的影响和威力，堪称解读西方社会政治、经济、文化的钥匙，由此成为一道独特的文化景观。

在我国，最早尝试电视谈话节目的是上海东方电视台[①]。1993 年 1 月，受东方广播电台热线节目的启发，上海东方电视台开始尝试着把这种形式搬到电视屏幕上来，由此创办了中国第一个电视谈话节目——《东方直播室》。1996 年 3 月 16 日，《东方时空》以“3·15”特别节目方式播出中央电视台的第一期谈话节目。这也成为后来名声大振的栏目《实话实说》的开篇之作。1996 年 4 月 28 日《实话实说》开始正式定期播出。节目采取群体现场交谈方式，通过主持人、嘉宾、观众的共同参与和直接对话，在生动活泼的气氛中展开陈述、讨论和辨析。话题选择贴近民生，谈话气氛轻松诙谐。节目开播后短时间内就赢得全国广大观众的欢迎，收视率居高不下。数据显示，“1997 年 3 月至 6 月，每周日 7 点 20 分至 8 点，在所有收看电视的观众当中，62%以上的观众是在收看《实话实说》”（刘习良，2007：360）。许多观众通过热线电话、来信来函表示高度肯定。基于节目的巨大反响，中央电视台 1999 年春节联欢晚会还参照《实话实说》栏目形式编排了小品《昨天 今天 明天》，由赵本山、宋丹丹和节目主持人崔永元共同表演，并获得极大成功。

---

① 2001 年 8 月，上海文化广播影视集团将旗下上海电视台、上海东方电视台、上海有线电视台、上海人民广播电台、上海东方广播电台等单位合并组建上海文广新闻传媒集团。

新闻谈话节目实现了大众传播和人际传播的完美融合。节目嘉宾来自社会各战线，他们往往能够对热点事件发布第一手信息以及富有导向的观点，使节目带有鲜明的贴近性和权威性。《东方直播室》《实话实说》推出后，许多电视台也纷纷上马新式谈话节目，如黑龙江电视台的《话说百姓身边事》、湖南卫视的《有话好说》等，令人目不暇接。围绕“明星走穴”“美伊战争”“非典疫情”等新闻题材，主持人和嘉宾在演播室各抒己见、深入沟通、释疑解惑，中国电视由此进入一个众声喧哗时代，谈话节目研究也一度成为学界研究的“显学”。

第二节　电视新闻节目传播社会主义核心价值观的积极实践

进入 21 世纪以来，世界范围内的文化交流和价值碰撞越来越频繁，中国共产党在意识形态领域面临较大的竞争压力。2013 年 8 月 19 日，习近平总书记在全国宣传思想工作会议上发表重要讲话，强调“宣传思想工作就是要巩固马克思主义在意识形态领域的指导地位，巩固全党全国人民团结奋斗的共同思想基础”（习近平，2014：153）。

社会主义核心价值观是社会主义核心价值体系的高度凝练和集中表达，反映了社会主义核心价值体系的丰富内涵和实践要求。为积极培育和践行社会主义核心价值观，2013 年 12 月 23 日中共中央办公厅印发了《关于培育和践行社会主义核心价值观的意见》，强调“新闻媒体要发挥传播社会主流价值的主渠道作用”，要“把社会主义核心价值观贯穿到日常形势宣传、成就宣传、主题宣传、典型宣传、热点引导和舆论监督中”，“运用新闻报道、言论评论、访谈节目、专题节目和各类出版物等形式传播社会主义核心价值观”，“多联系群众身边事例，多运用大众化语言，在生动活泼的宣传报道中引导人们培育和践行社会主义核心价值观”（中共中央办公厅，2013）。

电视新闻节目积极探索创新传播和践行社会主义核心价值观的方式方法，强化舆论引导力和社会感召力，推出了一批代表性的实践成果。

一、系列报道营造规模效应

1. 中央电视台“践行社会主义核心价值观”系列专栏

系列报道可以通过不断吸附来黏住观众，有利于舆论的聚焦和发酵，达到传播效果的最大化。2014 年 2 月 10 日，《新闻联播》开辟“践行核心价值观”专栏，每天推出一篇报道，采用微访谈的方式邀请政府官员、专家学者、先进个人，通过央视网，以及新浪、腾讯等微博平台，向网民传递着他们个人对社会主义核心价值观的理解，以及践行社会主义核心价值观的故事，累计推出连续报道 19 篇。4 月 11 日，该专栏名称改为“践行社会主义核心价值观”，至 10 月 21 日，共推出连续报道 13 篇，生动刻画和塑造了践行社会主义核心价值观的人物群像，如“一句誓言一辈子”的核潜艇之父黄旭华、“坚守高原守护生命”的马背院士吴天一、94 岁中国稀有金属工业奠基人李东英等。他们时时处处体现着核心价值观的基本理念、伦理道德和价值追求，用毕生的奋斗历程揭示了社会主义核心价值观三个层面的内在联系。持续近一年的专栏报道，既保证了社会主义核心价值观传播的系统性，也便于在广度和深度上更充分地挖掘社会主义核心价值观的内涵。相关报道内容如表 3-1 所示。

表 3-1　中央电视台“践行社会主义核心价值观”系列专栏（2014 年 2—10 月）

报道时间	专栏内容
2014 年 2 月 10 日	【践行核心价值观】信义夫妻：粮食不在 良心要在
2014 年 2 月 11 日	【践行核心价值观】邻里亲如家　爱心长相伴
2014 年 2 月 12 日	【践行核心价值观】急诊室女护士：敬业尽职 只为患者
2014 年 2 月 13 日	【践行核心价值观】千里寻人 只为还债
2014 年 2 月 14 日	【践行核心价值观】铁基超导团队用坚守诠释爱国敬业
2014 年 2 月 15 日	【践行核心价值观】无声的礼赞
2014 年 2 月 16 日	【践行核心价值观】董家父子 赡养走失老人 11 年
2014 年 2 月 17 日	【践行核心价值观】新闻特写：救火英雄和他的水果摊
2014 年 2 月 18 日	【践行核心价值观】江家秤：毫厘不差的“良心秤”
2014 年 2 月 19 日	【践行核心价值观】西藏：一条求助微信唤来爱心传递
2014 年 2 月 20 日	【践行核心价值观】盖军衔：兢兢业业当好一名机械工人
2014 年 2 月 21 日	【践行核心价值观】青岛：69 岁老人舍命救落水女孩
2014 年 2 月 22 日	【践行核心价值观】“信义妻子”5 年替亡夫还债 20 万
2014 年 2 月 23 日	【践行核心价值观】马成良：用热情周到的服务温暖旅客
2014 年 2 月 24 日	【践行核心价值观】河南：救人反被冤 好心人受点“赞”
2014 年 2 月 25 日	【践行核心价值观】“金牌”牛经纪张扬锦
2014 年 2 月 28 日	【践行核心价值观】罗兴毅：义务护林 17 载

续表

报道时间	专栏内容
2014年3月1日	【践行核心价值观】全军和武警部队兴起热潮
2014年3月2日	【践行核心价值观】女孩撞人辞工陪护 老人免责助困
2014年4月11日	【践行社会主义核心价值观】山东：加强道德建设 让善行义举上榜
2014年6月8日	【践行社会主义核心价值观】核潜艇之父黄旭华 一句誓言一辈子
2014年6月17日	【践行社会主义核心价值观】马背院士吴天一：坚守高原 守护生命
2014年6月23日	【践行社会主义核心价值观】天文学家崔向群 甘于清贫守住骄傲
2014年6月25日	【践行社会主义核心价值观】稀土院士李东英：国之所需 我之所向
2014年6月26日	【践行社会主义核心价值观】经济学家刘国光 为祖国求真理
2014年6月29日	【践行社会主义核心价值观】汪尔康：党和国家的需求是第一位的
2014年7月27日	【践行社会主义核心价值观】张海鹏：回望历史 思考现实
2014年8月3日	【践行社会主义核心价值观】哲学家汤一介：传承文化 义不逃责
2014年8月13日	【践行社会主义核心价值观】陈叶翠：和谐社区我的家
2014年9月8日	【践行社会主义核心价值观】文以载道 人民至上
2014年10月19日	【践行社会主义核心价值观】哲学家汝信：爱国敬业 追寻真理
2014年10月21日	【践行社会主义核心价值观】赵忠贤：半个世纪的超导人生

2. 地方电视台“解读社会主义核心价值观”系列栏目

2014年4月2 13日，湖南卫视《湖南新闻联播》推出“解读社会主义核心价值观”系列电视评论。节目从历史与现实、理论与实践相结合的角度，按次序对“富强”“民主”等社会主义核心价值观12个词进行完整、系统的解读和评论，每篇500字，时长两分钟左右。

节目实现了社会主义核心价值观抽象理论的通俗化。“解读社会主义核心价值观”开篇从中华文明五千年的悠久历史讲起，依次回顾汉唐雄风、两宋繁华、康乾盛世，到鸦片战争、改革开放，指出“落后就要挨打，自立先要自强”，由此回答了“富强为什么是社会主义核心价值观打头的那个词”。关于“民主”，它说“民主是个好东西”，“民主就是人民当家做主”，“完善和发展社会主义民主政治，从社会各层次各领域扩大公民有序政治参与是全面深化改革的重大任务”。再比如，关于“友善”，它说：“按照生态文明的要求，我们不仅要友善地对待人类，还应当友善地对待动物和自然界。那些虐狗虐猫的人、糟踢自然的人，就不能说是一个友善的人。”寥寥几句却以极强的感染力对深刻复杂的问题进行了精准诠释，让观众感到亲切熨帖，唤起内心深处的思考。

节目还实现了社会主义核心价值观抽象理论的“可视化”。24 字社会主义核心价值观并不是抽象和虚无缥缈的存在，而是蕴藏在我们身旁，广泛体现在生动活泼、丰富多彩的生活图景中。在第三期“解读社会主义核心价值观·文明”中，社会主义核心价值观的 12 个词被做成了时钟刻度，寓指“价值观就是生生不息的前进力量”。对于社会中的一些不文明现象，诸如喧哗、随地吐痰、乱扔垃圾、攀花折木等，节目以漫画的方式进行了呈现，将抽象的价值观念转化为直观鲜活的事物、人物、场景、情境，强调良好秩序、优美环境及淳朴风气的重要性，让观众真正感受、理解并认同社会主义核心价值观。

此后，湖南都市频道、红网（湖南新闻综合门户网站）跟进播出，多家报刊、网站转发播出，赢得社会各界仿效。各省级、市级及地方电视新闻媒体也在其主要的新闻栏目中开设社会主义核心价值观专栏并进行理论解读，细致阐释了社会主义核心价值观 24 字的内在含义。《江苏新时空》邀请专家学者做客节目现场解读 24 字，讲解字面内涵。中央电视台在人民日报评论员文章《培育昂扬向上的公民品格》《呼唤莫若实干 心动不如行动》基础上，加入《新春走基层·家风是什么》《校训是什么》《我们的传家宝》等评论内容，使人们正确感知、体验、认同和领悟当下的生活世界及深蕴其中的社会主义核心价值观，培育积极健康的价值追求和生活方式。

二、典型报道形成示范效应

典型形象是意识形态传播的鲜活载体。电视媒体在推进社会主义核心价值观传播中，高度重视先进典型的力量。以《感动中国》《绝对忠诚》为代表的电视新闻节目为塑造新时期光辉模范形象进行了大胆尝试。

1.《感动中国》：中国人的年度精神史诗

《感动中国》自 2002 年 10 月启动，被誉为“中国人的一部年度精神史诗”（邵成武，2006：33-35）。中国传媒大学教授曾庆香曾经将《感动中国》中的人物的价值观分为“牺牲奉献、见义勇为、自强不息、关爱弱势群体、维持正义、追求事业辉煌成就、追求高尚的职业操守、英勇无畏的职业壮举、爱国主义”（曾庆香等，2009：67-69）。鉴于“维持正义”与“见义勇为”有重合之处，“职业壮举”与“辉煌成就”“职业操守”也有交叉，笔者按照“牺牲奉献”“关爱弱势群体”“见义勇为”“集体/爱国主义”“自强不息”“辉煌成就”“爱岗敬业”价值维度，对 2014 年、2015 年、2016 年、2017 年这四年的 43 位“《感动中国》年度人物”进行分析，其主导价值取向分布如表 3-2 所示。

表 3-2　2014—2017 年“《感动中国》年度人物”主导价值呈现

价值观向度	年度			
	2014	2015	2016	2017
牺牲奉献	朱晓辉	吴锦泉、莫振高	支月英	卢永根
关爱弱势群体	朱敏才、孙丽娜、张纪清	张宝艳、秦艳友、王宽	梁益建、郭小平	王钰
见义勇为		官东	王锋	杨科璋
集体/爱国主义	陇海大院	郎平	张超	卓嘎和央宗、卢丽安
自强不息	陶艳波		李万君	谢海华
辉煌成就	于敏、师昌绪	屠呦呦、闫肃	孙家栋、潘建伟	刘锐、黄大年
爱岗敬业	赵久富、肖卿福、木拉提·西日甫江	徐立平、买买提江·吾买尔	秦玥飞、阿布列林	廖俊波、黄大发

通过分析可以看出，“《感动中国》年度人物”评选标准与社会主义核心价值观所倡导的理念是高度吻合的。首先，对弱势群体的关爱就是对建设社会主义和谐社会的要求。由于当前我国收入差距的增大和地区发展的不平衡及社会保障机制的不完善，弱势群体在话语权上也处于弱势地位。对弱势群体的关爱就成了官方极力倡导的价值观之一。《感动中国》评选出了一批关爱弱势群体典型人物，他们中既有演艺明星，也有活跃在医疗、卫生等各条战线的建设者。其次，《感动中国》中所评选出的取得“辉煌成就”的人物都是在科研、艺术领域取得重大研究成果或成绩的人，其中不乏两院院士。他们身上体现了社会主义核心价值观的富强、敬业和爱国的导向。他们一方面投身于重大科研工作，勤奋敬业，繁荣着祖国的经济、文化各项事业，另一方面也体现了浓重的爱国主义情感。最后，《感动中国》所评选出的当好公仆、勤政为民人物，有的是公安局局长，有的是村党支部书记，有的是人民子弟兵。他们身上所代表的价值观集中体现了当代中国的价值追求和理想信念，而社会主义核心价值观就是这种价值追求和理想信念的凝练和总结。

2.《绝对忠诚》："现象级"新闻大片

《绝对忠诚》是湖南卫视2014年播出的电视新闻专题片。该节目以典型人物为中心，精准把握时代的脉搏，对社会主义核心价值观进行了"新闻大片"式的气势恢宏的表达，成为一种"现象级"栏目。在红网、华声在线等网站的全力支持和积极跟进下，节目在短期内获得高涨的人气。人民网刊发评论："湖南卫视以《绝对忠诚》这个价值坐标为题，将我们的目光和思考锁定到人民科学家——这个喧嚣时代里'沉默的精英群体'，直击了浮华时代价值坚守的现实呼唤：坚守我们自己的文化基因才是中华民族实现伟大中国梦的动力源泉。"（贺弘联，2014）

从2014年4月8日起，《绝对忠诚》累计推出四季共34集节目，每集平均时长为14分钟。第一季和第三季聚焦于21位人民科学家，他们分布于各行各业，肩负国家使命、常年在艰苦环境寂寞坚守。第二季7集，瞄准7位献身国防科研的科学家，包括国防科技大学光电科学与工程学院高级工程师丁金星、国防科技大学电子科学与工程学院卫星导航定位技术工程研究中心副总工程师陈华明、"辽宁号"航母总监造师杨雷、歼-15飞机总监造师陈青、原总装备部装甲兵某研究所坦克专家张兵志、中国人民解放军专业技术少将廖达雄、空军某部副总工程师"导弹考官"李鸿等。《绝对忠诚》第四季的7位主人公，是从各大军兵种推荐的优秀指挥官中挑选出来的"中国特色军事变革尖兵"。他们积极投身新军事变革，苦练本领，包括率队抵达莫斯科参加国际坦克大赛的某部装甲旅旅长王向东、有着光荣传统的临汾旅旅长汪军民、空军某部师参谋长肖立军、担负着扼守东海防空识别区重任的海空雄鹰团团长陈刚等。

《绝对忠诚》选题层次丰富，特征鲜明。以第一季和第三季累计推出的21位人民科学家为例，他们广泛分布于航空航天、物理、地质、农学及生态领域，包括酒泉卫星发射中心航天测控总体型号总工程师杨红兵，坚守沙漠、冰山、海洋和森林的生态守护神屈建军、汪思龙、吴通华、陈偿、李兰海、王俊杰，冰川生态研究专家陈仁升、杨建平，种子生物技术专家陈立云等。他们用毕生的心血，服务于科学事业；他们用自己的青春，践行着科学报国；他们守得住清贫，他们耐得住寂寞，他们用实际行动树起"民族魂"、托起"强国梦"。节目通过真实的故事、震撼的画面、生动的现场，让人民科学家群体潜心研究、默默付出、忠诚贡献的形象真正走进受众心中。21位人民科学家的具体领域及职务如表3-3所示。

表 3-3 《绝对忠诚》中的人民科学家

人物	学科领域	职务
杨红兵	航空航天	酒泉卫星发射中心航天测控总体型号总工程师
车著明	航空航天	西昌卫星发射中心高级工程师
高敏忠	航空航天	酒泉卫星发射中心发射测试站总工程师
屈建军	地球环境	中国科学院寒区旱区环境与工程研究所敦煌戈壁荒漠研究站站长
汪思龙	动物（候鸟）	中国科学院会同森林生态实验站站长
吴通华	地质（冻土）	中国科学院寒区旱区环境与工程研究所青藏高原冰冻圈观测试验研究站副站长
李建刚	物理（等离子体）	中国科学院等离子体物理研究所所长
陈偿	海洋生态	中国科学院南海海洋研究所西沙海洋科学综合实验站执行副站长
王俊杰	天文	中国科学院国家天文台研究员、中德亚毫米波望远镜项目首席科学家
李兰海	地理生态（天山积雪）	中国科学院天山积雪雪崩研究站站长
陈仁升、杨建平	冰川生态	分别为中国科学院寒区旱区环境与工程研究所研究员、中国科学院寒区旱区环境与工程研究所副研究员
何元庆	自然地理学	中国科学院寒区旱区环境与工程研究所玉龙雪山冰川与环境观测研究站站长
齐俊桐	机器人及自主控制	中国科学院沈阳自动化研究所研究员
俞梦孙	航空生物医学	空军航空医学研究所航空医学工程研究中心主任、院士
万步炎	海洋资源勘探技术	湖南科技大学海洋资源勘探技术研究所所长
宁百齐	空间物理学	中国科学院地质与地球物理研究所空间环境探测实验室主任
王敏	矿产元素	中国科学院青海盐湖研究所研究员
陈立云	种子生物技术	湖南农业大学教授
辛晓平	草地生态学	中国农业科学院呼伦贝尔草原生态系统国家野外科学观测研究站常务副站长
张道远	保护生物学	中国科学院吐鲁番沙漠植物园副主任

《绝对忠诚》借助英雄原型，弘扬时代精神，寻找民族灵魂。作品主题鲜明、直击心灵，占领了舆论场的高地，强化了受众对“爱国、忠诚、敬业、吃苦、牺牲”的核心价值观的认知。“这些科学家的选取有三点考量，一是承担着国家重要使命，并且是顶尖专家；二是常年在艰苦环境中忘我奉献，精神高尚感人；三是因为保密等多种原因，过去几乎不为人所知晓。”（龚政文，2014：

18-19）节目播出后得到社会各界的高度评价。新华社、《人民日报》、《光明日报》等纷纷刊发评论文章，肯定《绝对忠诚》传播正能量，是弘扬社会主义核心价值观的力作。

三、关注“小人物”，打造命运共同体

1. “寻找最美”系列——打造平民道德偶像

社会转型期的各种问题和矛盾，需要政府及社会成员的通力合作，以谋求和谐发展，“尤其是在政府和市场都不能有效干预的领域，问题的解决需要社会各方共同参与”（陈力丹和闫伊默，2007：11-12）。中央电视台因势利导，策划了“寻找最美”系列活动，以全国范围“寻找”的形式，打造平民道德偶像，激发大众学习践行社会主义核心价值观的积极主动性。

（1）“寻找最美乡村教师”：2011 年 6 月 17 日发起。活动以农村中小学教师为特定对象，深入寻找、发掘、宣传有代表性的、高素质的乡村教师，展示他们感人的乡村教师生活。此后连续举办多届，成为一个具有持续影响力的文化帮扶平台。节目评选出的数位“最美乡村教师”，如骑着骆驼上百次翻山过河的新疆维吾尔自治区喀什地区塔什库尔干塔吉克自治县马尔洋小学教师阿力甫夏·依那亚提汗、扎根深山背学生过河行程 2 万公里的湖北省十堰市郧县[①]教师邹桂芬、把青春和梦想倾注于瑶乡教育的湖南省怀化市中方县蒿吉坪乡民族学校教师杨贤生，生动呈现了基层教育工作者无私奉献、甘为人梯的风采。

（2）“寻找最美乡村医生”：2012 年 10 月 22 日启动。新闻记者先后奔赴全国各地，行程数万公里，寻访乡村医生典范。组委会还通过网络报名、电话报名、卫生部门推荐等多种方式，陆续收到全国各地报名推荐“最美乡村医生”的线索 1000 多条。通过筛选，活动官网公示了候选人 500 多名，最终确定 10 名“最美乡村医生”和 10 名活动“特别关注乡村医生”。活动以电视、网络为传播平台，通过寻找、发掘、宣传典型代表，弘扬社会主义核心价值观，勾勒“白衣天使”的大美形象，诠释“仁心仁术”的生动内涵，呼吁全社会关怀广大乡村医生，关心农村医疗卫生事业，关注亿万农民的健康。

（3）“寻找最美消防员”：2013 年 3 月下旬开始。央视新闻中心以 16 万名扎根基层、执着坚守、勇于奉献、保民平安的消防员为主要对象，发起评选。

① 2014 年 12 月 17 日，郧县正式撤县更名为郧阳区。

记者凌晨和消防员一起前往火灾现场，用镜头记录消防员生死救援的真实场景；拿着话筒攀爬 65 米高的烟囱，在零下 6℃身穿重达 75 千克的潜水服潜入冰下，亲身体验消防员高空救援的艰难和冰下救人的恶劣环境和心理感受。3 个月的时间里，记者的足迹遍及 19 个省（自治区、直辖市），行程数万公里。

此外，中央电视台还推出了："寻找最美'村官'"，面向基层工作的乡村管理人员，调动全国的媒体资源，深入各个乡镇寻找能够展示时代特点和奉献精神的最美"村官"；"寻找最美孝心少年"，以视频、采访、座谈的形式，寻找具有孝心、积极向上的少年代表，展现他们孝敬长辈、阳光向上、自强不息的美好情操；"大美中国，寻找最美湿地"，奔赴全国各地，寻找环境优美、湿地保护工作卓有成效的"最美湿地"，激发人们保护湿地的主动性；等等。

2. 民生新闻——"小人物"的集体关照

记录伟大时代、讲好中国故事，需要电视媒体在新闻传播中广泛运用平民化视角。2002 年 1 月 1 日江苏广播电视总台开播《南京零距离》栏目，首开民生新闻先河。民生新闻以平视生活的报道视角、个性化的表达方式、朴实的叙事语言赢得了老百姓的普遍关注和喜爱。作为各省级、市级电视台新闻栏目的延伸和补充，"许多频道都依靠着民生新闻栏目来带动整个频道的活力"（张彦，2014：139-140）。近年来，电视民生新闻在选题和编排上进行了大胆创新，以百姓视角和故事化的表达方式，体现了对普通大众的集体关照。

中央电视台自 2011 年 8 月，派出近 200 名记者深入厂矿社区、田间地头"蹲点"采访，倾听百姓心声、展开田野调查、捕捉时代变迁，为观众奉献"接地气"的民生报道。先后推出"你幸福吗？""走基层"等有影响力的系列报道。以《走基层·百姓心声》特别调查节目"幸福是什么？"为例。2012 年中秋、国庆双节前期，中央电视台记者展开街头随机采访："你幸福吗？"面对突如其来的提问，社会各行各业数千名被采访者给出了不同版本的答案。山西省太原市清徐县北营村一名务工人员幽默诙谐地回复"我姓曾"，令收看该期节目的观众忍俊不禁。2014 年 5 月 6 日，《走基层·百姓心声》播出了湖北省天门市华丰农机专业合作社理事长吴华平的"烦恼"。吴华平的合作社承包了 8 万多亩[①]地，需要招募 30 岁左右的年轻人入社操作现代化农业设备。但现实却是：年轻人都外出打工，不愿从事水稻种植、开拖拉机等农业生产。全社 30 岁以下的年轻人仅占到 15%，有文化、懂技术的人手远远不够。无奈之

① 1 亩≈666.7 米^2。

下，他只有将自己已经大学毕业、在深圳创业的儿子劝回来帮忙。对农民的关照和农村题材的增多能够体现执政为民的政治大背景，节目聚焦时下突出的“三农”问题，既客观真实地反映了国情，又满足了农村观众的需求。

各地方电视台也将民生新闻作为竞争的重要法宝。自从《南京零距离》在南京异军突起后，以“零距离”为样板，民生新闻栏目在各地电视台纷纷“开花”，如重庆卫视的《天天630》、湖南电视台都市频道的《都市一时间》、山东电视台公共频道的《民生直通车》、安徽电视台经济生活频道的《第一时间》、杭州电视台西湖明珠频道的《阿六头说新闻》等。它们重视当地的实情与舆论，不管是选题还是报道角度都立足本地，报道给观众以熟悉感与亲切感。

比如湖北经视的《经视直播》栏目。从 2011 年起，该栏目面向社会聘请评论员，推出的《直播观点：高温停工不能隔靴搔痒》《直播观点：让 25 度的水温传递政府的温暖》《直播观点：三问讨薪难》等电视评论引发了观众的强烈共鸣。讨薪难的选题源于一个普通电焊工的来信。该电焊工师傅辛苦做工一年赚的 8000 元工钱，因为包工头失踪没了着落。在历经三个月多家单位奔波却没有回应的情况下，他只好写来求助信。栏目组经过多方努力，找到失踪的包工头，帮他要回了工钱。节目在此基础上连续发问：为什么在国家出台了多项法律条款和政策规章的情况下，农民工还是遭遇讨薪难？讨薪难到底是哪里出了问题？节目对普通百姓的帮助和对弱势群体的关爱，向观众传递了一种力量和温情，让百姓在平凡生活的困扰之余看到了未来和希望。

再如广东广播电视台的《大爱有声》。该栏目集合了广东广播电视台旗下新闻广播、珠江经济台、音乐之声等 9 个频率和珠江网络传媒、广东广播电视台新闻中心之力，集聚各方优势资源，凝聚社会力量，形成合力。在传播方式上，《大爱有声》通过线下多系列多形式的公益活动、线上的公益节目、“广东广播大爱日”系列活动等，融合传统广播、新媒体进行多平台传播。线上线下的互动配合和多媒体传播，实现了传统广播和新媒体的融合传播，收到良好的传播效果。在内容方面，《大爱有声》以“大爱”作为行动和传播的主题，不仅践行了社会主义核心价值观，契合了传播正能量的需要，也迎合了社会大众对真善美、新风尚的向往。无论是公益行动还是节目传播，《大爱有声》触及的内容都与百姓息息相关，其惠及的群体从新生儿到耄耋老人，从大学生到特殊孩子，从珠三角的外来务工人员到边远山区的留守儿童，贴近实际、贴近生活、贴近群众，不仅受到广大受众的欢迎，也得到众多企事业单位和社会爱心机构的支持和参与。

电视民生新闻经过多年不懈努力，已成为百姓参政议政的公共话语平台。“改变了以往话语权的单纯和偏颇，兼顾各方意见并予以充分展示，并以平民化视角对新发布的政策法规以及社会事件进行解读，引导百姓参与公共事务的讨论，使公共事务因百姓的参与而更加公平合理，更具有人文内涵，使有关部门的决策因为吸纳百姓意见而更加科学民主。”（杨季翰，2012：98-99）

第三节　电视新闻节目传播社会主义核心价值观的问题与不足

近年来，电视新闻节目通过系列专栏和专题片等多种形式，引导老百姓关注民族复兴、和平发展、和谐社会等重大理论时政问题，成功实现了社会核心价值观的大众议题设置。但是，电视新闻在传播核心价值理念的过程中也暴露出一些问题和不足，比如传播的模式化和刻板印象、大众化与泛娱乐化的尺度把握、“以民为本”与社会公平正义的对立冲突……这些不仅对电视媒体工作者形成考验，也为社会主义核心价值观的培育带来挑战。

一、社会主义核心价值观传播的议程设置与刻板印象并存

1. 电视新闻实现了社会主义核心价值观的议程设置

近年来，电视媒体相继开设“践行社会主义核心价值观”系列专栏、频道、网页，推出《伟大的旗帜》《百年潮 · 中国梦》《复兴之路》《大国崛起》《沧桑正道——科学发展观纵横谈》《走进新时代》《走向和谐》《我们走在大路上》等电视专题片，以持续性、系列化、广泛转播的方式深化对马克思主义中国化最新理论成果及党和政府在新时期新阶段的路线、方针、政策的可视化、通俗化解读，引导老百姓将关注点指向民族复兴、和平发展、和谐社会等重大理论时政问题，成功设置了“社会主义核心价值观”议程。

中央电视台“寻找最美”系列活动引发《人民日报》《光明日报》《新京报》《新民晚报》等上百家国家级、省级以及各县市报纸纷纷参与到最美人物的报道当中，北京卫视、湖南卫视、湖北卫视等上百家电视台、广播电台也加入最美人物的寻找。“寻找最美乡村医生”在新浪、腾讯等门户网站开设官方微博，覆盖人数超过 4800 万；“寻找最美孝心少年”官网页面访问量超过 2.74 亿次；“寻找最美‘村官’”网络评选收到近亿张选票。

湖南卫视自 2014 年 4 月在《湖南新闻联播》中推出的特别报道《绝对忠诚》，宣扬了一批性格鲜明的人民科学家。人民网、新华网、中国军网等 200 多家主流网站转发推送，致使《绝对忠诚》网页累计浏览量达 3 亿人次，网站单条视频点击播放量最高达 10 万人次，视频总点击量超过 2000 万次。新浪微博发起的“绝对忠诚”话题活动，阅读量超过 117.7 万人次，跟帖评论达 10.6 万条。“绝对忠诚”“人民科学家”“直击时代的价值呼唤”一时成为网络流行的热点词语。

2. 电视新闻关于社会主义核心价值观传播的刻板化和模式化

“现象级”电视节目的出现，引发各大电视台模仿和跟风，在某种程度上也使社会主义核心价值观传播陷入模式化、刻板化的误区。例如，中央电视台“寻找最美”系列引起巨大反响后，类似的“寻找”节目开始在全国各地推出，如洛阳广播电视台的“有你是我‘今世福’——寻找身边最美的情感”大型公益活动、宜宾电视台的《寻找最美家庭》、河南广播电视台的《河南最美教师》、天津广播电视台文艺频道的《最美文化人》。当这样的报道形式被过度使用，观众往往容易陷入审美疲劳，失去对节目的关注兴趣。

另外，目前对社会主义核心价值观的报道不乏“主题先行、实例来凑”的报道案例，片面强调社会主义核心价值观，无视社会多元思潮的碰撞和冲突。事实上，在全球一体化发展的时代背景下，除了占据主流地位的社会主义核心价值观外，还存在其他社会意识和思想文化。“如果在社会主义社会意识形态领域中只有‘多样化’而没有‘一元化’，必然导致分化和混乱。但是，如果只有‘一元化’而没有‘多样化’，必然导致僵化和教条。”（苏红，2009：46-49）模式化和刻板化对社会主义核心价值观的建构也是不利的。

二、社会主义核心价值观传播的大众化与“过度娱乐化”并存

1. 社会主义核心价值观传播的大众化

2011 年 7 月，中共中央宣传部等五部门联合下发《关于在新闻战线广泛深入开展“走基层、转作风、改文风”活动的意见》，引导广大新闻工作者在新闻宣传和舆论引导中自觉站稳群众立场、增进群众感情、强化群众视角、运用群众语言、回应群众关切，不断提高新闻宣传质量和水平。电视新闻在传播社会主义核心价值观过程中进行了系列探索，一改过去政治传播的严肃面孔，开始走向轻松、幽默、诙谐。

一是新闻题材从宏大叙事走向普通百姓。2012 年国庆节期间，中央电视台连续九天在《走基层 · 百姓心声》特别调查节目中播出主题为“你幸福吗？”的系列报道，随后又策划播出“老爸老妈最在乎什么”“爱国是什么”“家风是什么”“时间都去哪儿了”。这些话题，无不关涉百姓的切身感受，同时又具有极强的社会辐射力和衍生性。2014 年初《新闻联播》推出的“践行社会主义核心价值观”专栏，其人物专访很多也都是原本籍籍无名的“小人物”。首期节目《信义夫妻：粮食不在 良心要在》报道的是山西省晋城市城区北石店镇南石店村面粉厂老板李继林、刘平贵夫妇。因为“诚信还粮”，两人还入围了“《感动中国》年度人物”候选人名单。《“金牌”牛经纪张扬锦》的人物主角是来自广东省东莞市横沥牛行的一名牛经纪，诚实守信的他常为客商做担保，“一句话可抵 10 万元”。“从文化传承到精神传承，从技艺挖掘到诚实守信的宣扬，正是由于紧跟时代脉搏，才让张扬锦这位平凡人物的闪光点得以彰显，社会舆论价值得到提升，影响力得到扩大。”（陈武军，2015：113-114）

二是话语风格更具煽情性和感染力。2015 年 6 月 18 日《新闻联播》在报道习近平在贵州考察的新闻时，特意插入其向超市服务员询问所销售的食品的生产日期和保质期这一细节。新闻对细节进行长镜头拍摄，让百姓看到国家主席对民生问题的关注。2015 年除夕《新闻联播》播完时，节目并未采用“今天的新闻联播节目播送完了，再见”的常规语，而是将画面直接切到“家庭年夜饭”的视频。两位主持人的结束语也变得轻松而富有年味儿：“年夜饭上桌了，春晚就要开锣了，美在团圆相守，乐在一家亲”（郎永淳）、“多陪父母说说话，学学老辈持家做人，言传身教，沐浴家风”（李梓萌）。这些话语是一种祝福，更是中国除夕每个家庭的真实写照，在述说民生内容的同时，起到了宣传社会主义核心价值观的作用。诸如“幸福是什么”“时间都去哪儿了”“家风是什么”等话题看似抽象，却因为引入了来自各行各业的受访对象的私人话语表达，就像切入社会生活的横切面，凝聚成一幅鲜活生动的大民生景象。

2. 社会主义核心价值观传播的“过度娱乐化”值得警惕

大众化增强了社会主义核心价值观传播的受众感染力，但是我们需要警惕新闻传播中的“过度娱乐化”现象。当年轰动一时的“李天一事件”就是一个值得引以为戒的案例。原本一个较为严肃的未成年人违法犯罪行为，在各大媒体的追捧和热炒下，竟然最终发展成为广受关注的娱乐新闻。而新闻背后涉及的未成年人成长、未成年人隐私保护等社会性问题却被忽略。不得不说，这种过度娱乐的心态极大地扭曲了电视新闻作为严肃性资讯所存在的价值。

过度娱乐化将淡化电视媒体的社会功能。当前有的电视媒体为了片面追求收视率，将新闻素材重点放在社会新闻、娱乐新闻，对于受众利益密切相关的住房、教育、就业、医疗等事务的报道内容不断减少，导致受众对社会问题缺乏关注，消极冷漠。有的节目甚至无视新闻的真实性和客观性，夸大事件的戏剧悬念和煽情刺激，将受众注意力从新闻的本质诉求转向一些低俗信息。电视作为最重要的传统媒介之一，如果习惯于播放一些带有“眼球经济”的轰动性、煽情性新闻，忽视自身的职业操守和媒体责任，将从根本上制约社会主义核心价值观的传播效果，也将从根本上制约中国共产党意识形态话语权的实现。

时代发展已经进入了一个瞬息万变的历史时期，一方面，我们需要不断创新社会主义核心价值观的表达，另一方面，我们也要牢牢占领意识形态的传播阵地，“要从社会舆论多层次的实际出发，研究媒体分众化、对象化新趋势，以党报党刊、电台电视台为主，整合都市类媒体、网络媒体等多种宣传资源，努力构建定位明确、特色鲜明、功能互补、覆盖广泛的舆论引导格局”（胡锦涛，2016a：64）。

三、社会主义核心价值观的“民本价值”与公平正义的对立冲突

1.“以民为本”是电视传播的时代要求

“以民为本”是电视传播的时代要求。党的十六大报告强调：“健全民主制度，丰富民主形式，扩大公民有序的政治参与，保证人民依法实行民主选举、民主决策、民主管理和民主监督，享有广泛的权利和自由，尊重和保障人权。”（江泽民，2006：554）党的十七大报告进一步指出：“坚持国家一切权力属于人民，从各个层次、各个领域扩大公民有序政治参与，最广泛地动员和组织人民依法管理国家事务和社会事务、管理经济和文化事业。”（胡锦涛，2016b：635）2014 年 10 月，习近平在文艺工作座谈会上强调：“只有牢固树立马克思主义文艺观，真正做到了以人民为中心，文艺才能发挥最大正能量。”（习近平，2017a：314）电视民生新闻、电视问政等节目很好地践行了民本理念。以武汉广播电视台的《电视问政》节目为例。节目邀请新闻当事人、治庸问责督察员、党风廉政建设志愿者、布衣参事、外国友人、居民代表、专家及媒体代表，共同参与交流沟通，为政府决策出谋划策。他们代表不同群体利益，可最大限度地扩充公众参与公共事务的范围。2015 年《电视问政》“期末考”中，节目邀请中央、省、市媒体等 6 名记者现场曝料，实现场内场外观众、媒

体、专家的互动。数据显示：“六场电视问政并机直播平均收视率 6.06，收视份额 13.42，累计收看总人数超过 809.11 万人次，共有 200 万人次通过新媒体平台参与互动。其中，通过手机客户端‘掌上武汉’参与问政的网友达 150 万人次，70 万人次通过‘掌上武汉’参与场外问政满意度测评，收到市民爆料 13 000 条。”（夏涤平，2017：118-120）

2.“以民为本”与社会公平正义的对立冲突

民本价值理念与社会公平正义之间存在一定的矛盾对立。众所周知，转型期的社会矛盾复杂，不同阶层的特征和利益诉求存在较大差距。如何关注社会焦点热点、对社会弊端进行批判式报道，并真正赋予社会底层弱势群体一定的话语权，成为当前新闻改革的焦点。如果处理不恰当，极易成为引发社会动荡的因素。另外，负面新闻报道如果不能揭露社会问题根源，无法为大众提供合理妥善的解决办法，让观众真正地了解到事件的真相，而是一味通过煽动性的报道对社会问题进行放大式的曝光，将会给大众制造恐慌和不安。其结果不但会误导大众对事件的看法，激怒其情绪，将公众带到政府的对立面上，还会加大政府相关部门解决问题的难度，从而形成社会动乱。

电视媒体既是社会的监督者，也是社会舆论的主要引导者。在传播和践行社会主义核心价值观的过程中，媒体必须坚持大局观，维护整个社会的稳定。面对社会环境中各种复杂的问题，要以公正、客观的态度传递事实，揭示事件的原委；在执行舆论监督的过程中，不能一味站在公众角度为其声讨，发表过激言论。在不影响政府与大众之间的关系的情况下，有节制地进行批评曝光，对舆论环境进行正确引导，在为大众主持公道的同时，也要充分发挥新闻媒体公正严谨重大局的作用。在经济、政治、文化、社会、生态文明各领域纷繁的话题中，电视媒体既要关注到民众的个体话语，更要将民众协商置于大众传媒的话语空间，“在对话和交锋中一方面彰显自身的科学性和合理性，另一方面砥砺自身，吸收对方理论中的合理成分为我所用，不断完善和发展自身。这样才能捍卫马克思主义的话语权力，捍卫社会主义中国的国家利益”（申小翠，2011：189）。

第四章　电视综艺节目传播社会主义核心价值观的现状分析

电视综艺节目是与电视剧、电视新闻并驾齐驱的重要节目类型。近年来，在国家“限娱令”“加强版限娱令”“创新创优”等政策的有力指引下，电视综艺节目在张扬娱乐功能的同时，不断进行探索创新，涌出了一批堪称“现象级”的原创节目，为推动社会主义核心价值观传播起到了积极的作用。但是，我们也注意到，电视娱乐综艺节目也暴露出了某些与社会主义核心价值观不一致的倾向，公众对其低俗化、同质化的质疑和诟病屡屡见诸报端。这些问题的存在严重损害了电视媒体的公众形象，也给社会主义核心价值观的社会共识造成阻碍，值得我们进一步反思电视综艺节目的未来发展。

第一节　电视综艺节目发展简史

电视综艺节目即以电视为载体，集娱乐性、趣味性和审美性为一体的电视节目。从 1983 年中央电视台春节联欢晚会开播，我国电视综艺节目不断进行内容创新、传播创新和管理创新，依次经历了综艺晚会时期、综艺游戏时期、益智博彩时期、真人秀节目时期以及文化类综艺节目新时期等不同发展阶段。

一、电视综艺节目的基本认知

1. 电视综艺节目的概念界定

电视综艺节目是一种常见的娱乐节目形态，具有娱乐节目的典型特征，即“通过一定的中介形式和大众参与，在相互交流中形成一种娱乐氛围的节目形态”（朱羽君和殷乐，2001：92-96）。汪文斌和胡正荣分析了电视综艺节目的源流和内容构成，认为电视综艺节目“把各种艺术表演形式熔于一炉，爵士乐、新闻、人物专访、书评、赞美诗等等，打破了以前播放节目的戒律：音乐节目只能播放音乐，新闻节目只能抱住新闻不放”（汪文斌和胡正荣，2001：244）。

总体来看，电视综艺节目即以电视为载体，集娱乐性、趣味性和审美性为一体的电视节目。从涵盖的内容元素看，戏曲、歌舞、游戏、竞赛等均可以在综艺节目中体现；从节目模式看，有竞技游戏型、脱口秀、模仿秀等；在制作技术上，能够融合声光影像、时空变换、高新技术等技术，营造多元观看效果和丰富的视听体验。

2. 综艺节目是电视节目的重要类型

电视综艺节目是当今中国荧屏最活跃也最受观众喜爱的节目类型之一。据不完全统计，2016 年整年有 400 档综艺节目面世，“2016 年省级卫视在综艺节目方面的争夺趋于白热化，电视观众人均每天收看综艺节目超过 25 分钟，是 2010 年以来最高水平”（杜泽壮，2016）。2017 年电视剧、综艺节目和新闻时事依然是拉动收视的三驾马车，三大类型节目收视量占据总收视量的 56.8%。其中，电视剧收视比重由上年同期的 29.2%提升至 30.9%；新闻时事类节目收视比重由 13.6%提升到 13.9%；综艺节目收视占比 12.0%（封翔，2018）。2017 年各类节目收视比重如图 4-1 所示。

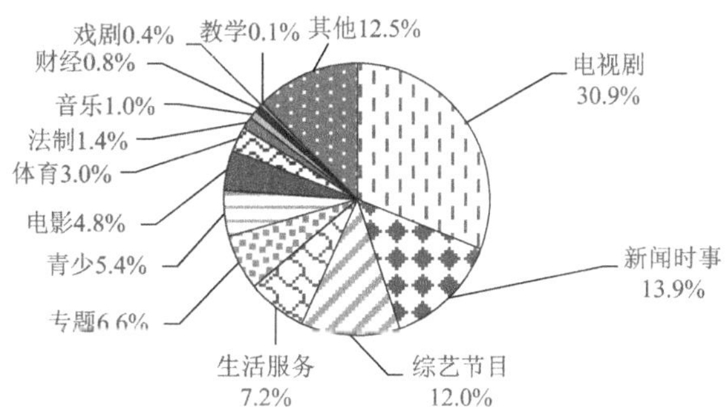

图 4-1　2017 年各类节目收视比重图

资料来源：封翔. 2018. 2017 年全国电视收视市场回顾. https://www.sohu.com/a/225571658_570245[2018-03-15]

二、电视综艺节目的形态演进

从 1983 年中央电视台春节联欢晚会的开播，到 20 世纪 90 年代的《正大综艺》《快乐大本营》，再到 21 世纪以来的《超级女声》《中国好声音》《爸爸去哪儿》《奔跑吧兄弟》，国内电视综艺节目狂潮一直未减。在激烈的市场竞争压力下，在主管部门的政策指导下，电视综艺节目不断进行内容创新、传播创新和管理创新，新的节目类别不断涌现。按照各个时期的主要节目形态，我们可以将之概括为综艺晚会时期、综艺游戏时期、益智博彩时期、真人秀节目时期以及文化类综艺节目新时期。

1. 综艺晚会时期

1983 年的中央电视台春节联欢晚会被公认为我国电视综艺晚会的起点。晚会形式热烈欢快，内容轻松愉悦，迎合了中国观众的传统节日心理。除夕之夜看春晚也由此成为中国人的新民俗、新文化。从电视节目发展角度看，中央电视台春节联欢晚会开创了电视综艺节目的先河，并且引发了电视媒体节目内容和表达方式等多方面变革。此后，各种类型的电视综艺节目开始在荧屏亮相，比如春节戏曲晚会、春节歌舞晚会、各部委春节晚会（如公安部春节晚会）以及五一、中秋、国庆、元旦等各种节日综艺晚会。全国各地方电视台也相继效法。1990 年 3 月 14 日开播的《综艺大观》，将综艺节目推向一个新的高潮。节目每两周一期，每期 50 分钟，分设“开心一刻”“天南地北”“综艺快车”“综艺传真”等版块，以精巧、独特、轻松的节目风格，成为电视综艺节目播出时间跨度最长的栏目。

概括起来，各类电视综艺晚会主要分为两类：一是节日庆典晚会，围绕重大节日组织展开，将戏剧、音乐、舞蹈、曲艺、杂技、小品等文艺节目融合在一起，具有鲜明的文艺性和娱乐性；二是专题晚会，同样是在主持人串联下综合演出各类文艺节目，但是节目具有鲜明的主题，不仅具有欣赏性，还带有教育性和宣传性，比如各式颁奖晚会、主题活动开幕或闭幕晚会、“3·15 消费者权益日晚会”等。

2. 综艺游戏时期

电视综艺游戏节目在 20 世纪 90 年代初开始崭露头角。1993 年，上海东方电视台 20 频道播出《快乐大转盘》节目。一改过去电视节目“娱乐不足、说教有余”的状况，主持人和明星嘉宾在台上插科打诨，嘻哈娱乐，带动台上台下观众一起“玩”，为电视节目贴上“游戏”“搞笑”“快乐”标签。

1997 年湖南卫视《快乐大本营》开播，再次掀起欢乐浪潮。节目采取“明星+观众+游戏”模式，设置了“快乐传真”“心有灵犀”“爱的抱抱”“火线冲击”“音乐大不同”等趣味环节，将场内嘉宾和观众与场外电视观众的热线参与融为一体。凭借新鲜的题材和新奇的内容，为观众营造了一个崭新的视听空间，打造了“全民娱乐”的欢乐平台和分享快乐的机会，并荣获 1998 年中国电视文艺“星光奖”和第十六届中国电视金鹰奖。

总体来看，综艺游戏节目注重嘉宾、主持人和现场观众的互动过程，通过明星的参与增加节目的话题性；节目中花样百出的游戏形式也挑战着嘉宾的智商和体力，观众会因为他们的搞笑举止而捧腹大笑。节目打破了综艺晚会相对单一的格局和固定模式，契合了大众潜意识里的“游戏情节”。但是，随着节目后期的同质化竞争，越来越多同类节目出现，“换汤不换药”、缺乏创新，不能实现对原有节目形式的突破，观众逐渐陷入审美疲劳，一些缺乏深度的“纯娱乐”节目失去吸引力从而收视率下滑，陷入难以为继的困境，不得不停播或转型。

3. 益智博彩时期

所谓电视益智博彩节目，是指“一种在本质上极具博彩色彩、在内容上体现益智特征的集竞技性与娱乐性为一体的独特的电视娱乐节目类型”（徐舫州和徐帆，2006：137）。它通常以各种知识竞猜和现场游戏作为节目的基本构架，通过设置一定额度的奖品吸引普通百姓参与；选手需要遵守节目组事先制定的规则，层层递进最终赢取奖品；观众则在紧张的收视刺激中实现竞技和好胜的心理满足。

20 世纪 90 年代，以《幸运 52》《开心辞典》为代表的益智类节目风光一时。《幸运 52》的原版为英国博彩节目 *GoBingo*，该节目每天的奖金高达 2 万英镑。中央电视台对其改造，将游戏与知识普及有机结合，于 1998 年 11 月 22 日推出全新的益智博彩节目《幸运 52》。节目邀请普通百姓登台，围绕智力竞猜和趣味竞赛进行大比拼，获胜选手将获得丰厚的实物奖品；与此同时，场外观众也可以通过热线电话参与。2001 年 5 月，节目还推出了“让世界不再遥远”特别节目，强化公益主题和爱心奉献，通过节目筹集善款近百万元，为吉林、西藏等地孤儿学校提供教育资助。《开心辞典》于 2000 年 7 月首播。该节目是中央电视台经济生活服务频道为响应党中央“科教兴国”号召而推出的，将《谁想成为百万富翁》进行本土化改造，设立“99 秒快速抢答”“梦想告白”“风险机制”等游戏环节，让选手们在最短时间内竞相抢答提问，拔得头筹者将与主持人当面过招，并有机会进行“梦想告白”，实现梦想。

早期的益智博彩类综艺节目坚持平民化路线，将知识、游戏、奖金三大元素融合在一起，不仅激发了观众的收视兴趣，而且为场外观众提供了热线电话等多种参与机会，使观众不由自主地会参与其中。正是因为这样的节目受到观众的热捧，于是从中央电视台到地方电视台又出现了新一轮的电视模仿现象，《三星智力快车》《智力大冲浪》《智慧擂台》等综艺益智类节目开始充斥荧屏，节目克隆严重、缺乏创新等弊端逐渐显现；2004 年以《超级女声》为代表的真人秀节目异军突起，无疑也给电视益智类节目形成了重创。在这样内外夹击的恶劣环境下，益智博彩类节目进入发展的瓶颈期。2008 年，曾经红极一时的《幸运 52》停播，宣告了此类节目第一个黄金时期的黯然落幕。

4. 真人秀节目时期

国内真人秀节目始于 2000 年。广东电视台、四川电视台率先尝新，分别推出《生存大挑战》《走进香格里拉》等户外真人秀。2002 年湖南经视的《完美假期》成为国内第一个室内真人秀。节目在创下高收视率的同时引发广泛争议。2003 年，贵州电视台卫星频道、中央电视台经济频道也相继推出《峡谷生存营》《非常 6+1》，播出不久后广受欢迎。2004 年，国外以《美国偶像》为代表的选秀类真人秀热播；国内由湖南卫视克隆该模式打造的《超级女声》引发全国“选秀热”。此后，从中央电视台到地方电视台，各类真人秀节目成为造星的“梦工厂”，呈现出白热化竞争状态。中央电视台在品牌栏目《非常 6+1》的基础上推出《梦想中国》；同一时期，中央电视台的《星光大道》、湖南卫视的《闪亮星主播》、江苏卫视的《绝对唱响》相继推出，真人秀步入前所未有的繁荣时期。

真人秀节目迎合了大众日益高涨的娱乐需求。“‘在中国的传统文化中，含蓄、内敛、隐忍始终得到提倡，张扬、纵乐则总是受到压制。然而，当中国人在短短二十多年里一下子经历了农业社会到现代社会的转变时，人们感到了诸多不适’，狂欢的需求和文化共享的理念便随之产生了。”（郭建民和刘靖华，2013：37-44）但是，随着各种类型的真人秀节目不断涌现，明星扎堆、模式雷同、格调低俗等弊端也暴露出来。2007 年 8 月，重庆卫视选秀节目《第一次心动》中，一名男选手向评委柯以敏索要戒指，并单腿下跪送给另一位评委杨二车娜姆，由此引发柯以敏飙泪，直播现场一片混乱。这种偏离比赛宗旨、热衷制造噱头的举动严重损害了媒体形象，产生了不良社会影响。8 月 15 日国家广播电影电视总局下发通报，要求立即停播《第一次心动》选拔活动。8 月 23 日，广东电视台整容真人秀节目《美丽新约》毫不掩饰地直播选手整容过程，挑战参赛选手及观众的心理承受底线，被国家广播电影电视总局叫停。2011 年 10 月 25 日，国家广播电影电视总局下发《关于进一步加强电视上星综合频道节目管理的意见》（俗称“限娱令”），对婚恋、涉案等暴露和放大社会阴暗面的七类节目加以限制；各卫视频道每周晚黄金时间段娱乐节目不能超过两档；全国每年选秀类节目不超过 10 档，类型不得重复。电视真人秀节目发展速度得到控制，进入一个相对冷静的时期。

5. 文化类综艺节目新时期

2013 年文化类综艺节目的出现为我国电视节目开辟了一种全新的形态。2013 年 7 月，河南卫视与爱奇艺联手打造推出中国国内首档大型网台联动文化综艺节目《汉字英雄》，集合全国各地识字最多的青少年参与，为青少年打造展示自我汉字水平的机会和舞台，“寻找失落在键盘时代的汉字英雄”；2013 年 8 月 2 日，中央电视台联合国家语言文字工作委员会推出大型原创文化类电视节目《中国汉字听写大会》，邀请来自全国 31 个省（自治区、直辖市）以及在内地（大陆）受教育的港澳台学生 160 人，组成 32 支代表队，决出一名年度汉字听写冠军，让观众“在游戏中学习知识、领略汉字之美”；2013 年 10 月河北卫视首播《中华好诗词》，大力弘扬诗词文化，掀起全民诵读传统诗词经典的热潮；2013 年 11 月河南卫视推出的《成语英雄》是一档亲情搭档参与的季播类成语竞猜互动节目，以画画猜成语为核心；2014 年 2 月，中央电视台的《中国谜语大会》以“猜灯谜”为核心内容；2014 年 4 月，中央电视台的《中国成语大会》以“中国智慧　自成语境”为口号；《最爱是中华》是 2014 年 4 月贵州卫视全新打造的一档以中华传统文化为核心内容的电视节目。总体来看，文化类综艺节目于 2013 年开始崭露头角；2014 年批量诞生和成长。2015 年 7 月，面对部分真人秀节目高收视率与价值缺失，甚至传播错误价值观的现象，国家新闻出版广电总局再次下发《国家新闻出版广电总局关于加强真人秀节目管理的通知》。在政策的调控下，歌唱、选秀等娱乐综艺节目大幅减少。2015 年各档文化综艺类节目纷纷发力，继续推出第三季、第四季，文化类电视综艺节目的发展愈发繁荣。

第二节　电视综艺节目传播社会主义核心价值观的现状

电视综艺节目在蓬勃发展的同时，也出现了价值导向缺失、“娱乐至死”的乱象。2011 年 10 月 25 日，国家广播电影电视总局下发《关于进一步加强电视上星综合频道节目管理的意见》，随后又下发多条禁令，对综艺节目的内容题材、播出时间、出场嘉宾等方面进行严格规范。电视综艺节目由此开始自主创新热潮，涌现了一批弘扬社会正能量、倡导社会主义核心价值观的“叫好又叫座”的优秀栏目。

一、社会主义核心价值观对综艺节目的指导和引领

1.“限娱令”出台前电视综艺节目的乱象

2005年以来，我国电视综艺节目经历了一个高速发展的黄金时期。它们在创造一个又一个收视奇迹的同时，也出现了一些乱象，节目价值导向缺失、“收视率至上”“娱乐至死”，从而引发广泛争议。

首先是同质化现象突出。一旦某档节目走红，其他电视台马上跟进。《超级女声》火了，带动《加油！好男儿》《梦想中国》《中国好声音》等歌唱选秀节目纷纷上马；2010年江苏卫视相亲类真人秀节目《非诚勿扰》节目开播，凭借新颖的节目形式、犀利辛辣的点评以及富有话题性的出场嘉宾，连续数周稳居全国卫视综艺节目收视之冠，带动各大卫视掀起“相亲”热潮。《全城热恋》《百里挑一》《一见钟情》《为爱向前冲》《爱情来敲门》《周日我最大》……一时间相亲类节目在荧屏泛滥。

其次是低俗化倾向明显。2007年暑期重庆卫视播出的《第一次心动》节目，观众记住的不是参选人员，而是评委杨二车娜姆与柯以敏之间发生的极具攻击性的口舌之争。作为国内第一档入选哈佛商学院课程的综艺节目——江苏卫视《非诚勿扰》也不能免俗，某些拜金主义内容也大肆出现在节目中。天津卫视的求职类节目《非你莫属》，前期依靠主持人张绍刚的辛辣语言以及一众企业CEO的睿智观点，成为职场真人秀的翘楚；但是节目发展后期创新乏力，为了博取收视率，甚至借助社交媒体展开“张绍刚不尊重求职者”的话题炒作，遭到网友一致声讨。

总体来看,2010年前后我国电视综艺节目虽然在数量上营造了一个欣欣向荣的繁荣景象，但是，在市场经济利益的驱动下，为了追求收视率，节目质量良莠不齐、粗制滥造问题突出；黄金时段综艺节目一霸天下的局面，也挤占了其他类型节目的生存空间，新闻宣传节目比重下降，导致电视媒体的社会功能被部分遏制。面对这种局面，倘若监管力度跟不上，将酿成电视生态失衡的状况，更不要谈节目的“新”与“优”。对于这样的电视舆论环境，国家新闻出版广电总局绝不放任其肆意发展，通过“限娱令”来整治电视行业生态实为大势所趋。

2.“限娱令”的出台及其影响

2011年10月25日，国家广播电影电视总局下发《关于进一步加强电视上星综合频道节目管理的意见》，提出从2012年1月1日起，34个电视上星综

合频道要提高新闻类节目播出量，同时对部分类型节目播出实施调控，以防止过度娱乐化和低俗倾向，满足广大观众多样化多层次高品位的收视需求（国家广播电影电视总局，2010）。具体要求如表 4-1 所示。

表 4-1　《关于进一步加强电视上星综合频道节目管理的意见》（2011 年）

类别	具体内容
扩大新闻节目比例	电视上星综合频道是以新闻宣传为主的综合频道，要扩大新闻、经济、文化、科教、少儿、纪录片等多种类型节目播出比例。从 2012 年 1 月 1 日起，每个电视上星综合频道每日 6:00—24:00 新闻类节目不得少于 2 小时；18:00—23:30 必须有两档以上自办新闻类节目，每档新闻节目时间不得少于 30 分钟；各电视上星综合频道还要开办一个弘扬中华民族传统美德和社会主义核心价值体系的思想道德建设栏目
控制娱乐节目总量	对节目形态雷同、过多过滥的婚恋交友类、才艺竞秀类、情感故事类、游戏竞技类、综艺娱乐类、访谈脱口秀、真人秀等类型节目实行播出总量控制。每天 19:30—22:00，全国电视上星综合频道播出上述类型节目总数控制在 9 档以内，每个电视上星综合频道每周播出上述类型节目总数不超过 2 档。每个电视上星综合频道每天 19:30—22:00 播出的上述类型节目时长不超过 90 分钟。广电总局还将对类型相近的节目进行结构调控，防止节目类型过度同质化
坚持社会效益和经济效益的有机统一	各广播电视播出机构要坚持把社会效益放在首位，坚持社会效益和经济效益的有机统一，建立科学客观公正的节目综合评价体系。且明确提出“三不”，即不得搞节目收视率排名，不得单纯以收视率搞末位淘汰制，不得单纯以收视率排名衡量播出机构和电视节目的优劣
强化监管	各级广播电视行政管理部门要切实履行监管职责，建立完善各项制度，坚决做到依法依规管理，及时发现问题，果断严肃处理；各播出机构要落实节目三审制度，严格节目把关；电视上星综合频道节目的管理实行播出机构一把手责任制。省级广播电视行政管理部门均须建立专门收听收看机构，并配备专业人员，重点跟踪检查广播电视过度娱乐化和低俗问题。凡在节目中出现政治导向、价值取向、格调基调等方面的问题，视其性质和严重程度，对该节目分别采取批评、责令整改、警告、调整播出时间以至停播等措施
其他	对加强行业自律、支持社会监督、开展教育培训、表彰优秀节目、加强引进电视节目形态管理等提出了明确要求

资料来源：国家广播电影电视总局（2011）。

“限娱令”的出台无异于一剂猛药。各家卫视开始对娱乐综艺节目进行重新思考和定位，试图走“绿色娱乐”之路。在“晚黄金时间娱乐节目每周不能超过两档”的狠条规下，各卫视主动进行内部优胜劣汰，弃卒保车。湖南卫视的《快乐大本营》《天天向上》，江苏卫视的《非诚勿扰》等部分老牌优质节目被保留；新推出的综艺节目着力凸显文化品位和公益主题，诸如《歌声传奇》《我爱我的祖国》《谢天谢地你来啦》，将爱心公益融入娱乐表演，弘扬优秀音乐文化，主动扛起红色主旋律，为电视综艺节目打开了一扇通向新世界的大门。2012 年中秋之夜《中国好声音》在全民狂欢中落下帷幕，破 5

的收视率创造了 2012 年荧屏奇迹，也将歌唱选秀节目再度推上综艺大片时代。《中国好声音》源自荷兰节目 *The Voice of Holland*，它不仅引入节目模式，更是对整套管理操作系统和制作流程的彻底“拿来主义”。其成功标志着中国电视综艺节目已经从 21 世纪初的自制、“山寨”逐渐走向了“节目模式引进”阶段。

3.“加强版限娱令”与电视节目调整

2013 年 10 月，国家新闻出版广电总局下发了《关于做好 2014 年电视上星综合频道节目编排和备案工作的通知》（俗称“加强版限娱令”），对 2014 年节目编排提出新要求，通知规定公益性节目播出比例要达到 30%，同时还出台了限制引进、鼓励原创、防止同质化的具体措施。通知要求各电视上星综合频道新闻、经济、文化、科教、生活服务、动画和少儿、纪录片、对农等类型节目播出时长每周平均不少于 30%。其中，平均每天 6:00 至次日 1:00 至少播出 30 分钟的国产纪录片；平均每天 8:00—21:30 至少播出 30 分钟的国产动画或少儿节目。道德建设类节目需安排在 6:00—24:00 播出。通知强调要加强自主创新和引进管理，对原创节目总局在节目备案、进入黄金时段、各类评优评奖等方面给予优先考虑，各电视上星综合频道每年播出的新引进境外版权模式节目不得超过 1 个，当年不得安排在 19：30—22：00 之间播出（国家新闻出版广电总局，2013a）。

各电视台纷纷响应，采取多种手段丰富节目类型，想办法增加新闻、经济、文化等节目比例，努力实现“总播出时长按周计算不少于 30%”的量化指标。另一方面，基于“限制引进版权”这一文件规定，不少电视台打算引进版权模式的计划搁浅，转而寻求与高等院校及专业制作公司合作进行创新。例如，浙江广播电视集团联合浙江大学传媒与国际文化学院开展“全国大学生电视节目创意大赛”，希望借此机会寻找适合中国电视的新生代节目创意和模式，增加原创节目的创意来源。

二、电视综艺节目传播社会主义核心价值观的探索和实践

2016 年 6 月 20 日，国家新闻出版广电总局下发《关于大力推动广播电视节目自主创新工作的通知》，要求：认真学习贯彻习近平总书记系列重要讲话精神，全力推进广播电视节目自主创新工作；支持鼓励自主原创节目，在播出安排和宣传评奖等方面优先考虑；做好引进境外版权模式节目备案工作，进一

步规范播出秩序；做好节目编排，把“920”时段作为推动节目自主创新的重要基地；履行属地管理职责，加强节目评议监管。

电视综艺节目由此开始自主创新的新一轮热潮。各电视台纷纷成立节目研发中心，进行自主研发和探索。江苏卫视老牌节目《非诚勿扰》开始变脸。原来节目最大的看点在于男女嘉宾之间的价值观碰撞，以及主持人孟非的独到点评。变脸后的节目形式感增强、流程增多、更具悬念。浙江卫视的《奔跑吧兄弟》也减少“撕名牌”的次数，甚至来到革命根据地延安，让嘉宾和选手一起合唱《保卫黄河》。这些“本土化”和“接地气”的情节，激发出了节目的新活力，逐渐摆脱了照搬模仿国外节目的窘境。

电视综艺节目的定位也发生了转变。从 2012—2017 年国家新闻出版广电总局（国家广播电影电视总局）公布的创新创优电视栏目看，弘扬社会正能量、倡导社会主义核心价值观题材的综艺节目开始增多。以 2016 年为例，1 月 23 日湖南卫视联合华录百纳、蓝色火焰推出大型孝道类真人秀节目《旋风孝子》，以中华传统美德“孝”为主题，让明星嘉宾与父母返回家乡相处 6 天 5 夜，并完成父母的心愿。节目以兼具温馨和活泼的明星亲子日常生活，引领真人秀向生活秀转型探索，传递了温暖的正能量。2016 年 9 月 11 日，北京卫视传统文化展示真人秀《传承者之中国意象》第二季开播。节目以“中国意象”为主体，汇聚了身怀绝技的传承者以及能言善辩的青年团，为新老两代的“观点交锋”提供了绽放的舞台，凸显了传统文化的厚重，也推动了人文品相的传承与发扬。它们在赢得良好市场反响的同时，也为弘扬和传播社会主义核心价值观提供了多种途径和可能。2012—2017 年电视创新创优栏目类别汇总如表 4-2 所示。

1. 歌舞选秀系列：以偶像养成激发主体认同

主体认同是价值传播的前提和基础。马克思主体思想认为，价值总是相对一定主体而言的。主体基于对一定社会发展现状及现实实践而产生的各种认知和评判标准，就构成了主体的价值观。价值需求既是主体活动的起点，也是主体活动目的和归宿。“本质上它是一个表现人的主体性、超越性和目的性的范畴，它并不表达别的什么意思，而仅仅意味着人的实践活动所追求的那个目的之物和超越之物。”（高清海，2005：1-3）价值认同就是主体在社会实践过程中不断对自身价值结构进行调适，从而与社会整体价值体系匹配的过程。只有实现价值认同，整个社会才能维持一个相对稳定和持久的状态，个体的目标和需求才能顺利实现。

价值认同可以分为自我认同和社会认同两种类型。自我认同是个体对自我

表 4-2　2012—2017 年电视创新创优栏目类别汇总

电视栏目类别	2012 年（18 个）	2013 年（15 个）	2014 年（18 个）	2015 年（20 个）	2016 年（18 个）	2017 年（18 个）
新闻	—	《传奇故事》	《生命缘》 《急诊室故事》	《民声》《今日聚焦》	《中国舆论场》 《有请主角儿》	—
脱口秀	《村里这点事》 《老梁观世界》	—	—	—	—	—
真人秀	《谢天谢地你来啦》 《选择》 《非你莫属》 《梦想合唱团》 《一站到底》 《花样年华》 《我爱我的祖国》 《中国梦想秀》 《中国好声音》 《天声一队》 《平民英雄》 《士兵突击》	《中国汉字听写大会》 《感恩成长》 《天才知道》 《赢在中国蓝天碧水间》 《汉字英雄》 《成语英雄》 《我是歌手》 《爸爸去哪儿》 《技行天下》 《大王小王》	《青年中国说》 《拼吧！小伙伴》 《我是演说家》 《国色天香》 《中华好诗词》 《歌从黄河来》 《笑傲江湖》 《最强大脑》 《挑战文化名人》 《我知道》 《最爱是中华》 《中国灯谜大会》	《真正男子汉》 《挑战不可能》 《叮咯咙咚呛》 《中华好家风》 《走进大戏台》 《归来》 《欢乐喜剧人》 《芝麻开门》 《我是先生》 《你就是奇迹》 《诗歌之王》	《中国诗词大会》 《加油！向未来》 《我有传家宝》 《传承者》 《妈妈咪呀》 《老妈驾到》 《人说山西好风光》 《为梦想加速》 《我在贵州等你》 《开卷有理》	《中国诗词大会》 《朗读者》 《出彩中国人》 《挑战不可能》 《机智过人》 《非凡匠心》 《音乐大师课》 《喝彩中华》 《我是未来》 《阅读阅美》 《奇幻科学城》 《国学小名士》
专题	《大爱东方》 《好人故事》 《劳动最光荣》	《中国好人》 《身边发现》	《丝路进行时》 《美丽梦想》	【解密】系列、《档案》、 《解码一带一路》、 《丝绸之路万里行》、 《东西南北新疆人》、 《美丽乡村音乐课堂》	《中国正在说》 《中华文明之美》 《开课啦》	《国家宝藏》 《儿行千里》 《社会主义有点潮》 《耳畔中国》 《好大一个家》
公益服务	《垄上行》	《开讲啦》 《幸福来敲门》	《等着我》 《第一书记》	《你会怎么做》	《最美孝心少年》 《脱贫大决战》 《我们在一起》	《脱贫致富电视夜校》

生理特征、现实情境、工作和生活状态等各层面的评判，它使个体能够理智地看待并且接受自己，并且奋发向上，在追求个体目标的过程中实现自我价值以及社会的承认与赞许。社会认同是个体成员对其所从属的群体在情感与价值观方面的重要认知，它是社会成员所共同拥有的信仰、价值和行动取向的集中体现。培育社会主义核心价值观，需要努力培养个体的自我认同，进而形成对核心价值观的共同认同。

歌舞选秀节目通过打造平民偶像，唤醒了大众的主体觉醒，为大家提供了一个实现梦想的平台。节目迎合了时下潜藏在人们内心深处的梦想，那就是“对于那些头上戴着无数的光环，背后有无数人的追求、崇拜的那些少数的歌唱家和明星的梦想与向往”（郭建民，2007：213）。借助节目提供的展示舞台，无论是普通白领还是农民工，无论是青春少年还是“丑小鸭”，大家都有机会成为万众瞩目的焦点。当然对于很多人来说，他们并没有把“出名”当成终极目标；他们更在乎的是“我参与”，只要能够展示自我，已经非常满足了。与传统电视节目的精心安排、不允许有任何瑕疵不同，歌舞选秀节目一般都采用从最初“海选”到决赛全程直播的方式，选手表演时的失误和窘迫，评委的犀利点评和插科打诨，甚至选手和评委之间的偶有冲突和论证都可以在屏幕上展露无遗，所以它实质上给大众提供了两种不同的快乐：“一种快乐在很大程度上来自‘平民偶像’的成功，另一种快乐则来自对方的不成功。”（郭建民，2007：214）

代表节目是《中国好声音》。《中国好声音》是由浙江卫视推出的大型音乐选秀节目，首播于 2012 年 7 月 13 日。节目延续了 2004 年《超级女声》所创下的电视选秀收视奇迹，“首期收视率破 1.5%，第二期 2.8%，节目冠名费 6000 万。而且话题不断，影响力延伸到互联网，不到一个月，《中国好声音》网络覆盖量超 2 亿条，新浪微博已有 76 万粉丝，视频观看次数超 3700 万。还被列为广电总局表彰的 2012 年广播电视创新创优栏目之一”（覃晴和谭天，2012：36-39）。

《中国好声音》将对音乐的解读与评析贯穿节目始终。四位导师在点评时充分发挥专业主义精神，关注选手的唱歌技巧，更注重选手对歌曲深层次情绪的理解和表达，进一步诠释了“什么是中国好声音”。台上的四位导师真实自然又个性分明。他们可以跟随某个学员的演唱情不自禁地打节拍，也会为了吸引学员加入自己的团队而奋力吆喝，还会因为自己喜欢的学员惨遭淘汰而泪流满面。那英光脚和学员合唱、刘欢为学员几度落泪、杨坤为选手赠送 32 号球衣、哈林的幽默调侃……这些细节给观众留下了深刻印象。

对参赛选手来说，《中国好声音》就是电视媒体打造的一个帮助平民走向成功的绚丽舞台。它为选手提供了展示才艺的绝佳机会，选手通过参与节目不仅提高了演唱技巧，而且其个人志趣和价值满足也得到了极大强化与提升。而观众通过选手的成功，也获得了一种替代性的心理满足和情感升华，从而将节目气氛推向高潮。因此，《中国好声音》一经播出即引发巨大社会反响，吸引一众音乐爱好者蜂拥而至。他们珍视每一次参赛机会，并将之视为扬帆起航的起点而义无反顾、奋勇向前，这或许才是电视选秀节目的真正魅力所在。

2. 亲子家庭系列：以良好家风维系价值根基

自古希腊开始，“家庭是社会的基本单位”这一表述就在西方政治思想中得到充分发展。亚里士多德（Aristotle）在《尼各马可伦理学》和《政治学》中对“家庭”进行系统分析，指出“由于家庭要比城邦更早出现且更为必要，生育孩子对于动物而言也是普遍现象，因此从天性角度看，人首先是成双配偶的动物（coupling being），其次才是政治的动物”（转引自肖瑛，2017：159-180，207-208）。爱弥儿·涂尔干（Émile Durkheim）分析了家庭的意义，认为家庭是以人伦维护与传承来维系社会发展的，“社会的神圣性起源于家庭内部的宗教禁忌，家庭内部人伦的限定让家庭本身就具有宗教性的道德感，它构成社会道德的价值母体”（方旭东，2016：231-245，328）。

“家和万事兴”，良好家风是社会主义核心价值体系的根基。中国作为一个有着悠久历史的文明古国，对良好家风和和谐家庭的追求深深根植于中国人的思想意识。对于大多数人而言，工作、职业晋升、房子、车子等个人成功意义的外在表征，其最终指向基本都是一致的，即“家庭”。“家风虽然不能涵盖社会主义核心价值观的全部，但它是人们的价值观形成和精神成长的重要起点，是我们国家和社会能够形成核心价值观依托的文化土壤，对引导人们培育和践行社会主义核心价值观来说，是最基础的东西。”（陈晋，2014：6-7）

2014 年初中央电视台推出《新春走基层·家风是什么》系列报道，在社会上引起热烈反响。光明日报社、中央电视台、中国伦理学会联合主办“以家风家教弘扬社会主义核心价值观”研讨会，强调“家庭是社会的细胞，是连接个体与社会的桥梁”；优良的家风家教对个体发展和社会发展都具有非常重要的意义，它通过个体在道德观念上进行自我约束而获得进入社会的基本品质，因此“对于弘扬和践行社会主义核心价值观、促进社会和谐稳定、树立道德自信、实现中华民族伟大复兴的中国梦，具有独特作用”（张智萍，2014）。各大电视媒体纷纷围绕家庭和谐和家风建设进行创新创优，推出《爸爸去哪儿》《老妈驾到》《中华好家风》《我有传家宝》等家庭系列综艺节目，展示夫妻之间、亲子之间、兄弟姐妹之间的亲密和睦，传递尊老爱幼、平等互爱的家庭风貌，通过发挥良好家风汇聚社会好风气、传递社会正能量。

代表节目是《爸爸去哪儿》。《爸爸去哪儿》是湖南卫视从韩国MBC电视台引进的明星亲子体验真人秀节目，邀请明星父亲在陌生艰苦的环境中单独照顾孩子的饮食起居，同时完成系列挑战任务。2013年10月11日《爸爸去哪儿》首季开播，“首期CSM46城收视率即获得1.423，第二期火速涨到2.588，第三期则攀升至3.01，随之而来的是翻了一倍的广告，以及微博、微信朋友圈中的话题刷屏”（程惠芬和戴莉莉，2013）。2014年6月20日呼声高涨的《爸爸去哪儿》第二季播出，横跨整个暑期档，由第一季的12期增至16期。第三季、第四季、第五季分别于2015年7月10日、2016年10月7日、2017年9月7日播出。

《爸爸去哪儿》以亲子关系为切入点，引导家庭成员了解社会、研究社会，提高辨别分析问题的能力，让好家风释放正能量，传播真善美。

一是面对困难保持乐观积极的心态。在第一季“沙漠生存体验”节目中，爸爸们要下河捕鱼作为晚餐的食材。其他几位爸爸都陆续捕到了大鱼，只有郭涛一无所获。但他没有放弃，对岸上的儿子石头说要再尝试一次。郭涛给石头树立了一个很好的榜样，遇到困难要勇于挑战。第四季节目中，蔡国庆与儿子庆庆也是观众关注的焦点。轮胎游戏中，庆庆搬轮胎时又累又急而大哭。田亮就告诉他“滚轮胎可以更省力”；其他爸爸也不断给他掌声和鼓励，让他坚持下去。虽然胜负已经揭晓，但庆庆最终坚持了下去，和爸爸一起到达终点。

二是学会合作和分享。第二季节目中，老爸和萌娃们先后经过重庆武隆天坑、浙江新叶古村、湖南怀化苗寨以及四川都江堰原始森林腹地。面对层层出新的挑战，孩子们更加懂得合作和分享的重要。在新叶古村，Feynman（吴镇宇的儿子）没有把自己碗中的巧克力蛋糕让给贝儿，遭到老爸吴镇宇的批评。到了原始森林腹地的荒郊野外，五个家庭住大通铺，同吃同睡。在这样的氛围下，一直比较特立独行的小Feynman开始懂得照顾人和与人分享。当黄磊送给他最爱的蜘蛛侠风扇时，看到杨阳洋也很喜欢，他就把玩具让给了杨阳洋。在吃菠萝的时候，他还主动问小伙伴们有没有人要一起吃。节目为孩子们上了生动的一课，让他们学会在与他人相处的过程中懂得分享和分担，这样快乐才会加倍，痛苦才会减半。

三是倡导尊老爱幼的传统美德。2017 年 9 月 28 日播出的《爸爸去哪儿》第五季第 3 期，爸爸和孩子们来到具有 1600 年历史的山西省介休市的张壁古堡。节目将“长幼有序”这一传统美德巧妙地融入“吃鸡蛋”的互动环节，经过几轮的谦让，让年纪最小的实习爸爸邓伦最终吃下了鸡蛋，在孩子们面前适时地树立了一个“以身作则”的文化传承榜样。榜样的力量是无穷的。孩子们有样学样。细心的大姐姐 Neinei（吴尊的女儿）经过思考后找了一个完美的理由把鸡蛋让给弟弟妹妹；Jasper（陈小春的儿子）虽然自己也想吃，却还是坚持把鸡蛋留给爸爸。孩子们这些让人“惊喜”的表现，其实就是对传统文化的另一种理解和传承。节目在欢笑中担起社会责任，也给电视机前的孩子们树立了良好的学习榜样。

家风家教是传承社会主流道德文化的重要载体。“家庭成员彼此之间的人生观、价值观都是互相影响的，如果自身品味、品德水平不高，就无法给你的家人带来好的影响。”（向亚云和刘庆楠，2014：11）诸如《爸爸去哪儿》这样的亲子家庭节目通过传播家庭文化，引发社会各界关于家庭教育问题的探讨，为传承中华民族优秀文化找到了一条新路径。

3. 公益服务系列：以社会大爱传递价值能量

与综艺节目相比，电视公益节目并没有轰轰烈烈的光环效应，而是以切实提供服务、解决问题为指向。节目选材广泛，环境保护、保护农民工群体、捐资助学、关爱艾滋病孤儿等社会方方面面的内容都可以纳入节目范畴。但是，它提供的不是简单的物质满足，更是对精神信念的建构和维护，旨在透过传统慈善类节目道义帮扶的表象，“将叙事的笔触潜入了历史、社会以及人的灵魂深处，依托个人梦想的镜像投射、伦理亲情的心灵感化、民族文化的主体询唤，于茫然失措中重塑民众的价值取向，达成一场灵魂的救赎与精神信念的复兴”（李琦和周亦琪，2018：71-76），从而号召全社会关注、理解、支持、参与和推动公益行动，形成扶危济贫的良好社会风气。

1999 年湖北广播电视台推出中国首档电视综艺类公益节目《阳光行动》，通过故事讲述，呼唤社会对弱势群体的关爱，激发爱心并奉献爱心，受到广泛好评。此后，各大电视台掀起了一阵“公益风潮”。中央电视台的《温暖在身边》和《等着我》、四川卫视的《公益中国》、湖南卫视的《帮助微力量》和《天声一队》、江苏卫视的《芝麻开门》、深圳卫视的《极速前进》、天津卫视的《幸福来敲门》等公益类综艺节目开始进入大众视线。

公益类综艺节目整合大众诉求，协调多方利益关系，通过传递社会大爱，推动社会问题的解决。比如 2014 年 4 月中央电视台推出的大型公益寻人节目《等着我》，用双脚丈量民情、用心灵感受民生，讲述真实故事，传递真情实感，帮助民众寻找失联的亲人、友人和爱人。“巴基斯坦老人来寻中国医生”“瘫痪女作家寻觅恩师”“96 岁抗战老兵寻恩 77 年”“被拐 17 年少年的寻亲梦”……无数人为这一个个感人的故事而潸然泪下，为台上希望之门的开启而激动欣喜。节目播出五年多以来，累计帮助数以万计的家庭实现了团圆梦。天津卫视的《幸福来敲门》也立足“公益传播、全民幸福”，帮助普通人实现幸福心愿。由知名人士、行业精英以及专家顾问组成的“幸福帮助团”，形成强大合力，提升了全民幸福指数。来自北京的 29 岁青年邹飞，希望能召集更多人一起帮助白血病孩子，“照亮”他们的未来。年轻、美丽的她在节目中现场展示自己的“光头造型”，用乐观的态度和切实的行动感染所有的观众。

意大利共产党人葛兰西在论述意识形态时指出，通过意识形态的凝聚作用，可以保持整个社会集团在意识形态上的统一。美国学者迈克尔・罗斯金（Michael G. Roskin）也认为，“当理念变得更加实用、更为现实，意识形态就成为一个重要的凝合剂，能够把各种运动、党派、革命团体都聚合起来”（罗斯金等，2001：105）。公益类综艺节目既体现了社会普遍的愿望和追求，又覆盖不同的群体和阶层，特别是关注社会弱势群体，体现了社会主义核心价值体系的先进性和包容性，具有强大的整合力和引领力，形成社会思想道德的认同共识。

代表节目是《我们在一起》。《我们在一起》是江苏卫视推出的首档明星公益服务节目，于 2016 年 9 月 7 日首播，累计推出 12 期。节目将真人秀的趣味性与纪录片的讲述法相结合，在轻松幽默的氛围下解析发人深省的社会话题，唤醒大家对自身与周围生存环境的关注，影响更多人自愿加入公益事业，被国家新闻出版广电总局评为“2016 年度广播电视创新创优节目”。

该节目具有以下特色。

一是聚焦弱势，突出人文关怀。节目选题涵盖导盲犬、空巢老人、自闭症儿童、节能减排等主题。首期节目中，孙茜、俞灏明线上线下齐心协力，呼吁大家为导盲犬公益事业助力。俞灏明深入导盲犬养殖基地，亲身体验基地员的工作；孙茜则与盲人母亲促膝而谈，聊起导盲犬背后的故事。节目展现了导盲犬极度困难的养成过程，客观呈现了目前我国盲人及导盲犬的现状配比。面对导盲犬在社会中的生存窘况，感叹之余引发深思！节目第三期聚焦自闭症孩子，由何洁、王铮亮带领大家深入自闭症患儿，让大家了解他们在语言表达和社交方面的障碍，呼吁更多的人参与对“星星的孩子”的关爱和帮扶。12 期节目具体选题内容如表 4-3 所示。

表 4-3 《我们在一起》已播出节目的主题及嘉宾

期数	主题	嘉宾
第一期	导盲犬	俞灏明、孙茜
第二期	空巢老人	邓萃雯、刘维
第三期	星星的孩子	何洁、王铮亮
第四期	野生动物保护	李威、赫子铭
第五期	棒球少年	王祖蓝、毛俊杰
第六期	外来务工女性	付笛声、任静
第七期	节能减排	胡可、白举纲
第八期	听障儿童	鲍春来、李波儿
第九期	城市垃圾	于湉、厉娜
第十期	功夫爹	樊少皇、熊乃瑾
第十一期	白领健康	韩栋、梁静
第十二期	公益活动回顾和回访	前期所有参与节目的公益明星

二是寓教于乐，培育社会公益理念。节目将“娱乐”与“公益”有机结合，通过细节实现情感共鸣。第三期节目中，何洁和王铮亮走进自闭症患儿康复中心担任助教，给孩子们上苹果认知课，带他们玩击鼓传花游戏。对于正常孩子来讲，这些都是再简单和轻松不过的任务。但是，现场的孩子们却乱成一锅粥，有的孩子哭闹不已，有的孩子抓住应该传递给同伴的花不放，自顾自地玩耍。节目真实呈现了自闭症儿童在语言交流和社交方面的障碍，呼唤社会对他们给予更多的关爱。第八期节目中，前中国羽毛球运动员鲍春来和主持人李波儿来到创立于 2004 年的广东省东莞市渝星特殊儿童康复中心，跟随负责人饶彬渝走进听障儿童的世界。当了解了孩子们渴望看看大海，渴望听到浪花拍打海岸的愿望后，鲍春来和李波儿召集了 30 位志愿者，带领他们实现愿望。其中一位听障孩子第一次听到海螺里大海的回响，笑容像花一样在

她脸上绽放，兴奋地高喊："我听到大海的声音啦！"这些细节给观众带来别样的触动。

三是明星示范，激发公众参与。参与节目录制的孙茜、俞灏明、邓萃雯、王祖蓝、何洁等多位明星，本身一直致力于公益事业，充满正能量。孙茜多年来一直从事流浪动物救助。工作之余，她常常去流浪动物基地做义工；她的车上也常备有食物和水留给路上遇到的流浪动物。俞灏明在节目之外，将很多时间投入关注烧伤儿童及社会公益。2016 年 10 月 12 日，他还现身"一直播"，参与"我是你的小伙伴之关爱自闭症儿童艺术天赋"公益项目。"在直播采访中，俞灏明与项目负责人就心理问题进行交流，事实上很多天才都来自于自闭症患者，但在社会中却没有得到重视。俞灏明表示：'我一直觉得他们不善言辞，比较封闭自己的内心，这些都太表面，在深入了解后发现对他们而言更重要的是生存，因此要培养他们的自理能力和一技之长才能体现他们的自身价值。'"（林峰峰，2016）他随后还投身到宣传活动的拍摄，并捐出签名 T 恤、手写祝福信。前中国羽毛球运动员鲍春来在参与节目中，还现场为康复中心捐赠了一笔善款，希望能帮到听障孩子们。节目通过明星艺人的善举，鼓励、促动公众对公益事业的热情，带动更多的人去践行公益理念。

总的来讲，《我们在一起》寓教于乐，在轻松愉悦的氛围中向受众传递公益理念，扩散大爱仁心，使受众受到启迪和振奋。当这种理念根植于每个人的心中，社会和谐就有了成长的土壤和根基，我们的社会也必将是美好而温暖的。

4. 梦想追逐系列：以共同理想凝聚价值共识

社会共同理想是个体理想和利益得以实现的基础。按照马克思主义观点，"人的本质不是单个人所固有的抽象物，在其现实性上，它是一切社会关系的总和"（中共中央马克思恩格斯列宁斯大林著作编译局，2012：135）。

2012 年 11 月 29 日，习近平总书记在参观《复兴之路》展览时第一次阐述了中国梦的概念。他说："现在，大家都在讨论中国梦，我以为，实现中华民族伟大复兴，就是中华民族近代以来最伟大的梦想。"（习近平，2014：36）2013 年 3 月在第十二届全国人民代表大会第一次会议上，他再次对中国梦作了具体阐述："实现全面建成小康社会、建成富强民主文明和谐的社会主义现代化国家的奋斗目标，实现中华民族伟大复兴的中国梦，就是要实现国家富强、民族振兴、人民幸福，既深深体现了今天中国人的理想，也深深反映了我们先人们不懈追求进步的光荣传统。"（习近平，2014：39）

2012年以来，从《中国梦想秀》《梦想合唱团》，到《你就是奇迹》《加油！向未来》，再到《为梦想加速》，系列以“梦想”冠名的电视综艺节目相继出现，以实践助推中国梦的创新表达。2016年2月1日，中央电视台综艺频道推出以“中国梦·欢乐年”为主题的“新春播出季”，围绕“中国梦”这一核心主题精心策划，创下了总体平均收视份额位居全国上星卫视第一的佳绩。其中，《开门大吉》《回声嘹亮》《幸福账单》《我爱满堂彩》《越战越勇》《黄金100秒》单期节目收视均高于去年同期水平。浙江卫视的《中国梦想秀》致力于帮助平民百姓实现心中梦想，至今已推出10季，有上百组的追梦人在这个舞台上实现个人梦想，或成功展示了自我，或改善了生活，或实现了和亲人的团聚，收获了梦想成真的喜悦。“梦想”系列综艺节目的共同特质是：从人民群众切身利益出发，关注个体梦想，在激发个人潜能的基础上，发动全员参与，助推整个社会共同理想的实现。

代表节目是《为梦想加速》。《为梦想加速》是深圳卫视推出的大型商业竞赛创投电视综艺节目，于2016年3月17日起开播，截至2019年已推出四季。节目每期挑选两个具有创业梦想的团队，让他们在24小时内利用固定预算，在200平方米的户外真实空间中向路人展示自己的商业成果，完成投资人给出的商业挑战任务。获胜的创业团队将获得百万元投资基金以及商业合作机会。该节目被国家新闻出版广电总局评为“2016年度广播电视创新创优节目”。

节目倡导创新创业，弘扬时代精神。《为梦想加速》的亮点首先体现在内容的选取上。2015年大众创业万众创新高峰论坛（王晔，2015）提出：“要以大众创业万众创新催生新职业、新岗位，实现更加充分更高质量的就业，让更多的人富起来，实现机会公平、权利公平、人人参与又人人受益的包容性增长。要完善体制机制、加大政策支持、强化人才支撑、营造良好氛围，为大众创业万众创新提供有力保障。”该节目顺势推出，旨在为广大创业者提供展示梦想、实现梦想的舞台。“i烘焙”、“车非常色”、陌生人社交App“呀比呀比”、极酷女性运动App“UP Lady”等创业团队纷纷在节目中亮相。借助这个舞台，创业者不仅经历了种种考验，也收获了评委的中肯点评，更重要的是通过比赛知道了自身的不足，为实现创业梦想夯实了基础。

节目实现了个体梦想与社会理想的结合。社会的发展离不开个体的力量，而个体的发展也离不开社会为我们提供的物质保障和环境保障。为了帮助创业者实现梦想，节目组邀请胡海泉等明星担纲“创业导师”，为创业者设置商业任务挑战。“i烘焙”“车非常色”等创业团队的队长与胡海泉一起进入规定的电梯，需要利用从1层到35层的40秒时间来说服胡海泉，以赢得更好的融资机会。第二期节目围绕“酷玩时代”主题，两个App项目展开激烈挑战。而江映蓉、庄心妍两位风格迥异的歌手也前来站台，一个声嘶力竭“求关注”，一个头顶气球撒娇卖萌，为两支创业团队加油助威。节目通过参赛团队、创业导师以及各路明星的助阵，将个体与社会紧紧维系在了一起，由此激发了个体对社会的认同。

5. 诗词文化系列：以文化自信强化价值观自信

文化是一个国家、一个民族的灵魂。“文化自信，是更基础、更广泛、更深厚的自信。在5000多年文明发展中孕育的中华优秀传统文化，在党和人民伟大斗争中孕育的革命文化和社会主义先进文化，积淀着中华民族最深层的精神追求，代表着中华民族独特的精神标识。”（习近平，2017a：36）当今世界范围内意识形态斗争非常激烈，思想文化领域已经成为西方意识形态渗透的重要领域。2016年7月1日，习近平在庆祝中国共产党成立95周年大会上指出：“坚持不忘初心、继续前进，就要坚持中国特色社会主义道路自信、理论自信、制度自信、文化自信，坚持党的基本路线不动摇，不断把中国特色社会主义伟大事业推向前进。”（习近平，2017a：36）只有坚持文化自信，保持对本民族文化的礼敬与自豪，才能凝聚党和人民的价值共识。

2013年电视综艺节目刮起了一股文化之风。7月11日，河南电视台推出《汉字英雄》，初赛阶段的收视就位列全国卫视黄金时段收视排行的前10名，复赛阶段的播出更是一度升温，收视率最高达到0.9%，跻身全国省级卫视收视排行前三强；8月2日中央电视台科教频道开播《中国汉字听写大会》，首期播出后就迅速成为微博话题的热点，“在（2013年10月）19日公布的重点节目全国平均收视率中，央视一套和十套并机播出的《中国汉字听写大会》总决赛拿下2.6%的收视率，排名第一。关正文（《中国汉字听写大会》节目总导演）还给渤海早报记者发来一条短信，证实总决赛当晚收视观众达到了1.2亿之多”（杜琳，2013）。此后，《中华好诗词》《成语英雄》《中国谜语大会》《最爱是中华》《中国成语大会》等相继开播，文化类电视综艺节目遍地开花。2016年中央电视台的《中国诗词大会》以“赏中华诗词，寻文化基因，品生活之美”重磅出击，通过演播室比赛的形式，重温经典诗词，领会中华诗词的文化精髓，将文化类综艺节目推上新的高潮。通过资料搜集整理，2013年以来的诗词文化类综艺节目如表4-4所示。

表 4-4　2013 年以来的诗词文化类综艺节目汇总表

节目名称	播出时间	主持人	文化嘉宾	播出单位
《汉字英雄》	第一季：2013 年 7 月 11 日至 8 月 30 日 第二季：2014 年 1 月 17 日至 3 月 14 日 第三季：2014 年 7 月 18 日至 10 月 10 日	马东	于丹、高晓松等	河南卫视
《成语英雄》	第一季：2013 年 11 月 21 日至 2014 年 1 月 16 日 第二季：2014 年 3 月 21 日至 6 月 27 日	陈琨、朱冰	崔永元、蔡志忠等	河南卫视
《中国汉字听写大会》	第一季：2013 年 8 月 2 日至 10 月 18 日 第二季：2014 年 7 月 13 日至 10 月 10 日 第三季：2015 年 7 月 17 日至 10 月 2 日	冀玉华、郎永淳等	郦波、蒙曼等	中央电视台
《中华好诗词》	第一季：2013 年 10 月 19 日至 2014 年 1 月 24 日 第二季：2014 年 3 月 28 日至 9 月 12 日 第三季：2014 年 11 月 28 日至 2015 年 5 月 2 日 “诗词王中王”特别季：2015 年 5 月 23 日至 8 月 22 日 第四季：2015 年 11 月 7 日至 2016 年 3 月 6 日 “恰同学少年”大学季第一季：2016 年 7 月 2 日至 10 月 22 日 第五季：2017 年 8 月 5 日至 11 月 11 日 “恰同学少年”大学季第二季：2018 年 7 月 21 日至 10 月 13 日	王凯	赵忠祥、杨雨等	河北卫视
《中国灯谜大会》	第一季：2013 年 12 月 31 日至 2014 年 2 月 14 日 第二季：2014 年 12 月 31 日至 2015 年 3 月 5 日 第三季：2016 年 2 月 22 日 第四季：2017 年 2 月 11 日	文青	梁宏达	云南卫视
《最爱中国字》	第一季：2014 年 1 月 13 日至 4 月 28 日 第二季：2014 年 5 月 26 日至 10 月 27 日	英达	阿忆	黑龙江卫视

续表

节目名称	播出时间	主持人	文化嘉宾	播出单位
《最爱是中华》	第一季：2014 年 4 月 20 日至 7 月 6 日 第二季：2015 年 1 月 25 日至 5 月 13 日 第三季：2016 年 1 月 1 日至 4 月 22 日	林海	王立群、康震等	贵州卫视
《中华好故事》	第一季：2014 年 8 月 1 日至 8 月 3 日 第二季：2015 年 2 月 4 日至 3 月 25 日 第三季：2015 年 8 月 11 日至 9 月 29 日 第四季：2016 年 9 月 13 日至 11 月 15 日 第五季：2017 年 10 月 21 日至 12 月 17 日	蒋昌建、伊一等	钱文忠、蒋方舟等	浙江卫视
《中国成语大会》	第一季：2014 年 4 月 18 日至 7 月 6 日 第二季：2015 年 11 月 20 日至 2016 年 2 月 1 日	张腾岳	毕淑敏、蒙曼等	中央电视台
《中国谜语大会》	第一季：2014 年 2 月 11—13 日 第二季：2015 年 3 月 2—4 日 第三季：2016 年 2 月 20—22 日	周涛等	蒙曼等	中央电视台
《大国文化》	第一季：2014 年 7 月 24 日至 12 月 25 日 第二季：2015 年 3 月 1 日至 10 月 11 日 第三季：2016 年 1 月 16 日至 4 月 30 日	郭德纲、柳岩等	每期嘉宾不定	甘肃卫视
《挑战文化名人》	第一季：2014 年 7 月 20 日至 10 月 5 日 第二季：2015 年 2 月 8 日至 5 月 9 日	路一鸣、刘蔚等	蒙曼、纪连海等	江西卫视
《我是先生》	第一季：2015 年 7 月 5 日至 9 月 20 日 第二季：2016 年 10 月 14 日至 12 月 30 日	董姝	李咏、马未都等	山东卫视
《中华百家姓》	第一季：2015 年 10 月 8 日至 12 月 31 日 第二季：2016 年 10 月 24 日至 12 月 26 日	赵屹鸥、周群等	钱文忠等	安徽卫视

续表

节目名称	播出时间	主持人	文化嘉宾	播出单位
《中国诗词大会》	第一季：2016年2月12日至4月15日 第二季：2017年1月29日至2月16日 第三季：2018年3月23日至3月31日 第四季：2019年2月5日至2月14日	董卿	康震、蒙曼等	中央电视台
《朗读者》	第一季：2017年2月18日至5月15日 第二季：2018年5月5日至8月4日	董卿	曹文轩、郎平等	中央电视台
《诗书中华》	2017年4月14日至7月8日	骆新	张大春、钱文忠	东方卫视
《念念不忘》	第一季：2017年5月24日至7月5日 第二季：2018年2月7日至6月20日	郎永淳、于丹等	每期嘉宾不定	北京卫视
《汉字风云会》	2017年7月13日至9月28日	沈涛	胡铂、李岱	浙江卫视
《国学小名士》	第一季：2017年8月17日至11月2日 第二季：2018年8月8日至10月24日 第三季：2019年11月24日至2020年1月19日	王晓龙	李山、郦波等	山东卫视
《阅读·阅美》	第一季：2017年8月26日至10月28日 第二季：2018年7月14日至9月29日 第三季：2019年9月6日至10月25日	李响	曹景行、马薇薇、梁植等	江苏卫视
《见字如面》	第一季：2016年12月29日至2017年3月23日 第二季：2017年9月12日至2018年1月23日 第三季：2018年12月25日至2019年3月19日	翟毓红	张国立、归亚蕾等	黑龙江卫视

文化综艺类节目将传统文化的内核移植到综艺娱乐的土壤中，重新唤起受众对民族经典的追捧。无论是《中国汉字听写大会》，还是《中国诗词大会》，

参赛选手答对题目时的那种喜悦，与同伴合作成功闯关时的那种兴奋，和选手大战多个回合终于决出胜负时的那种轻松，都在无形中传递着传统文化的魅力和能量。另外，不少文化类综艺节目还对比赛中胜出的参赛选手给予多种形式的奖励。《中国汉字听写大会》设立了“中国汉字优学奖”，为参赛队伍提供诺亚舟经典学习机；《成语英雄》为获胜者提供蔡志忠的亲笔漫画作为奖励；《中华好诗词》总决赛前三名分别可获得 1 万、2 万、3 万元不等的奖金。这些节目用诗词盛宴提升了人们的文化自觉、文化自信以及文化创新的能力，为中国特色社会主义建设提供了强大的精神动力。

代表节目是《中国诗词大会》。《中国诗词大会》是中央电视台继《中国汉字听写大会》《中国谜语大会》《中国成语大会》之后推出的一档全民参与的诗词节目，以“赏中华诗词，寻文化基因，品生活之美”为基本宗旨，带领全民重温古诗词，领略诗词之美和诗词之趣，并获得第 22 届上海电视节白玉兰奖“最佳综艺栏目”奖。自 2016 年 2 月 12 日首播，截至 2019 年底，该节目已推出五季。

首先，节目重视对古诗词的解读。《中国诗词大会》中负责讲解诗词内涵的是康震、蒙曼和王立群等嘉宾，每期有两位嘉宾进行搭档。当观众不完全了解题目内容时，节目会对题目背后的来源、意义进行拓展。几位嘉宾风格各异，或温婉知性，或幽默风趣，很好地展现了诗词的创作背景及相关故事，引导选手、观众对诗词有更深的了解。这些细节看似和比赛关联不大，却具有很强的情感叙事功能，使古诗词在现代生活的语境下得到还原，充分展示了中华诗词的独特魅力。每场比赛的开场，百人齐声朗诵《将进酒》《山居秋暝》《望岳》《送杜少府之任蜀州》等名诗佳作，在声光舞美的配合下别有韵味。节目在微博上引发热议：“我特别喜欢王立群老师和郦波老师！好怕王立群老师变老。”“北大工科才女、制造康复机器人的陈更原来参加过很多文化类节目，这个博士好厉害。”“不管是老师还是选手还是主持人，对于古诗词都是出口成章，看来我要好好学习古诗词了。”有网友直呼：“不知唐诗宋词，焉知中文之美？古代经典诗词真的是我们中华民族的文化基因。”（张素芹，2016）

其次，节目善于以故事激发情感共鸣。节目中很多选手自带故事属性，缓解了答题的紧张气氛。来自上海的冯子一记忆力超群，8 岁已经上四年级了；独臂姑娘张超凡是一名国画老师；陕西的刘泽宇高考落榜，但没有放弃学习，通过努力成了一名小学语文老师；陈超凡虽然天生残疾却与命运顽强对抗；王铁隆为患病母亲放弃大城市工作机会……这些选手都是以真实身份面对观众，他们与诗词之间的故事同样也是真实的。他们不仅使观众领略了诗词的魅力，也传达了积极、乐观、向上的精神面貌。主持人、嘉宾、选手及场外的观众在观看节目过程中几度潸然泪下。

基于对传统文化元素的挖掘以及富有感染力的选手故事讲述，《中国诗词大会》系列节目已经在群体文化认同层面形成了重要影响力。2017 年 3 月 2 日全国政协十二届五次会议新闻发布会上，大会新闻发言人王国庆在谈到如何提振文化自信时，特别提到《中国诗词大会》，称：“《中国诗词大会》的走红体现了中国诗词是浩若烟海。你看‘飞花令’，多少啊，一首一首的。中华文脉绵延相传，牢牢扎根于民间，再次验证了习近平总书记关于文化自信是更基础、更广泛、更深厚自信的重要判断。”（新华网，2017）

6. 游戏竞技系列：以民族精神引领价值实现

“人无精神则不立，国无精神则不强。精神是一个民族赖以长久生存的灵魂，唯有精神上达到一定的高度，这个民族才能在历史的洪流中屹立不倒、奋勇向前。”（习近平，2017a：47-48）在五千多年的历史发展进程中，中华民族形成了以爱国主义为核心的团结统一、爱好和平、勤劳勇敢、自强不息的伟大民族精神。在近代中国发展进程中，民族精神的呐喊与中华民族的伟大复兴保持同步，是抗日战争和新民主主义革命胜利的关键；在改革开放和社会主义建设新时期，中国共产党人不断推动民族精神与时俱进，为传统民族精神注入了新的时代内涵。可以说，中华民族精神“既是中华民族积五千年之精华的结晶，又是中国共产党人领导人民在社会主义革命、建设和改革实践中所创造出来的时代精神的升华”（涂可国，2006：15-23）。

民族精神和社会主义核心价值观具有内在一致性，游戏竞技类节目成为弘扬民族精神的重要载体。2008 年夏季奥运会在北京举办，湖南卫视与湖南经视适时推出《奥运向前冲》，在全国掀起户外竞技综艺节目浪潮。安徽卫视的《男生女生向前冲》、浙江卫视的《冲关我最棒》、广东卫视的《全民亚运汇》、山东卫视的《爱拼才会赢》、宁波电视台的《今天我最强》等节目纷纷亮相。2009 年，山东电视台推出竞技真人秀节目《全运向前冲》，为全运会加油，获得高关注度。2013 年以后，游戏竞技类综艺节目再次出现井喷。2013 年 4 月相继推出的浙江卫视的《中国星跳跃》、江苏卫视的《星跳水立方》两档节目同以明星跳水为节目内容赢得不错的收视率。2014 年 10 月 10 日，浙江卫视再度重拳出击，与韩国 SBS 电视台联合打造《奔跑吧兄弟》，成为当时最具影响力的电视综艺节目之一。各大省级卫视不甘示弱，趁热推出类似节目，如东方卫视的《极限挑战》、深圳卫视的《极速前进》，一时竞技类综艺节目呈现出百花齐放态势。

游戏竞技节目充分彰显了自强不息、奋勇拼搏的民族精神。参赛选手们需要在节目中接受各种难度不等的挑战，突破重重关卡，最终赢取胜利。山东电视综艺频道的《快乐向前冲》每个赛季都会调整赛制和难度，从高空滑索、水上独木桥，到疯狂跑道、水上平衡木，再到美式转盘、弹跳抓绳网，甚至开设“中国好速度”环节，让选手组队比赛，强化竞技氛围，使节目充满悬念，跌宕起伏。江苏卫视的《星跳水立方》中，所有参赛明星需要在节目录制前进入专业跳水队，和跳水运动员一样进行高强度封闭式集训，接受国家级教练从零开始为期一个月的训练。节目导演张玲燕接受采访时表示：“参加这档节目的明星要有很大的勇气和吃苦的准备，有一些符合条件的艺人，连游泳都不会，培训的初期还要从游泳开始学。整个过程很难与家人见面，可以想象前期的培训过程也将会是一个漫长的耐力赛。”（凤凰网，2013）竞技挑战给了大众充分展示自我的机会。无论是颇有名气的明星，还是农民工或工薪阶层，他们在节目赛道上挑战自我极限，刷新纪录，让观众看到了他们快乐、勇敢的人格魅力，看到了他们面对挑战和困难时义无反顾的勇敢和坚韧。对于公众而言，这不仅是娱乐狂欢，更是民族精神教育的公开课。

代表节目是《奔跑吧兄弟》。《奔跑吧兄弟》是浙江卫视引进韩国 SBS 电视台综艺节目 *Running Man* 推出的大型户外竞技真人秀节目。第一季节目由浙江卫视和韩国 SBS 电视台联合制作，于 2014 年 10 月 10 日第一季开播，截至 2016 年 7 月 1 日，《奔跑吧兄弟》第四季收官。2017 年 2 月 13 日，《奔跑吧兄弟》第五季起正式更名为《奔跑吧》。截至 2019 年 7 月 12 日，《奔跑吧》前三季也已完结。

节目实现了游戏竞技与“文化+”，将历史、建筑、饮食等文化元素融合在每一期节目之中，全方位立体化展示中华文化的博大精深。在杭州拍摄时，节目不仅展示了西湖景区的美丽风景，还插入经典故事《白蛇传》，以及“十二生肖”“端午喝雄黄酒”等民俗文化；在西安拍摄节目时，节目加入了“张骞出使西域”等历史故事，以及“敦煌八大怪”等地域文化；在重庆拍摄时，节目以重庆美食代表“火锅”为主题，展开“火锅秘方争夺战”。随着“跑男团”脚步遍布全国，观众也领略到了祖国各地的建筑文化，其中不仅有古朴的敦煌、阳关，也有现代化的商业街区、旅游景区及大学城，由此深化了节目的内涵。

节目倡导“积极”“勇敢”“阳光”的时代精神。嘉宾们在面对游戏竞技的严厉规则时常常表现出当仁不让。第一季“白蛇传说”特辑中，王祖蓝在指压板晨跑中失败，但他却提出要挑战因身高差距而触摸不到的单杠，充满励志感。第二季“寻找X乐章”节目中，为了考验嘉宾们的智力、体力和心理承受能力,节目组设置了极限运动、乐器记忆力大考验和最终X乐章终极挑战环节。参赛嘉宾大鹏有恐高症，当得知需要乘坐垂直过山车后紧张到说不出话，但却依然勇敢地第一个上场，并且不断告诉自己“不要怕，我可以的，我可以很勇敢的”。2015年7月，《国家新闻出版广电总局关于加强真人秀节目管理的通知》要求：真人秀节目要“主动融入社会主义核心价值观，发挥好真人秀节目的价值引领作用；贴近火热现实生活，挖掘展示思想文化内涵和社会意义；植根中华优秀传统文化，大力推动创新创优；坚持以人民为中心的创作导向，关注普通群众，避免过度明星化；坚持健康的格调品位，坚决抵制低俗和过度娱乐化倾向；切实加强管理和调控，引导真人秀节目健康发展”（国家新闻出版广电总局，2015）。节目第三季从主题设计、策划立意等方面进行全面转型升级，“在向传统文化致敬的同时，节目主题努力做到‘入群众、接地气、聚人气、暖人心’，并充分融入了素人元素，真正多元融合”（宋心蕊和赵光霞，2015）。首期节目最后一轮挑战由洛阳市各行各业的代表和“跑男团”成员一起，66人同时完成跳长绳的高难度任务，实现人气、地气和时代主题的结合。

《奔跑吧兄弟》给社会注入了强大的正能量。“可望而不可即的大明星们用实际行动为自己塑造了平凡亲民的形象，镁光灯下光鲜亮丽的一线明星们的全情参与，刻画了一幕幕真实的电视记录，而‘不要停，跑起来’的主题，更迎合了时下最流行的‘热血’精神。”（王璨，2015：74-76）

第三节　电视综艺节目传播社会主义核心价值观的批判反思

综艺节目的总体价值取向是娱乐狂欢。它追求感官刺激、场域效应和世俗趣味；在表现形式上，它突出游戏化结构、戏剧化模式和情景化再造，迎合了大众的“狂欢”心理，也是市场竞争压力的选择和结果。但是，娱乐狂欢只有在合理的语境和限度内才有其存在的价值；如果超越了一定的界限，过度娱乐或者低俗娱乐泛滥，将引发道德危机，导致价值旨趣变异和人性异化，对社会核心价值体系造成负面冲击。近年来，公众在享受综艺节目带来的“娱乐盛宴”

的同时，有关节目低俗化、同质化的质疑和诟病也屡屡见诸报端。这些问题的存在严重损害了电视媒体的公众形象，也对社会主义核心价值观的社会共识造成阻碍，值得我们进一步反思电视综艺节目的未来发展。

一、电视综艺节目总体价值取向：娱乐狂欢

电视综艺节目的遍地开花和推陈出新，使中国荧屏呈现一派狂欢的热闹景象。各电视台一方面投入大量人力物力进行自主创新，另一方面不惜斥巨资购买国外成功节目的版权。一时间，大规模的资本和巨额广告纷纷流向综艺节目，使之成为风靡一时的节目类型。“现象级”综艺节目的出现制造了热门话题，也对社会心理和大众文化产生了广泛而深远的影响，使娱乐狂欢成为社会的普遍价值追求。

1. 娱乐狂欢的基本特征

娱乐狂欢的基本特征表现在感官刺激、场域效应、世俗趣味等方面。

1）感官刺激

如果说人类对快乐及愉悦感的追求是一种本能诉求，那么电视综艺节目就是对这种快乐及愉悦感的“镜头化”直观呈现。它以“超真实”的画面和可感知的具体对象物，为大众的本能诉求提供了满足欲望的幻象。光怪陆离的灯光效果，亦真亦幻的舞台布局，参赛嘉宾鲜明的个性特征以及丰富的肢体语言，最大限度地调动着人们的感官功能。观众的情感卷入状态好坏成为节目收视率高低的重要因素，也使得电视综艺节日进一步走向情感调度时代。

2）场域效应

电视综艺节目盛行的重要特质还在于：作为维系大众情感的纽带，它打造了一个能吸引广泛关注、连接人际关系的平台，将来自不同领域、不同层面、不同诉求的价值主体聚集在一起，营造出多元共存的场域效应。以浙江卫视红极一时的《中国好声音》为例。节目为学员的圆梦过程设定了特定程序，选手需要通过导师分班、导师考核、终极考核与巅峰之夜四个环节，才有机会获得年度中国好声音的荣誉和称号。于是，选手与选手之间需要在这个特定场域中展开竞争；同时，他们还需要和场域的主导者——主持人和评委进行挑战和对抗。从竞赛程序来看，这个场域是严谨规范、有特殊限定的；但是，在既定的框架范围中，作为选手的个体也可以进行竞争策略的多种搭配选择，从而使竞赛结果充满多种可能性，也为节目制造了多重看点。所以我们看到诸如吉克隽

逸这样的选手，虽然没有赢得第一季《中国好声音》的年度冠军，但却得到了导师组和大众的认可，成功开启了演艺之路。节目通过将参赛选手追寻梦想及圆梦的过程拆解为一个又一个的环节或者阶段，客观呈现了追梦人明确个人定位并通过努力逐渐实现梦想的历程。从个体发展角度而言，节目强调了主体作用，揭示了个体成员在面对竞争和高压的特定场域努力进取的积极意义。任何人只要按照既定规则完成系列关卡和任务，就有机会实现梦想。

3）世俗趣味

电视综艺节目实现了电视文化从宏大叙事到日常叙事的转型，百姓生活和世俗趣味占据主体地位。比如，中央电视台推出的真人秀节目《了不起的挑战》，一改综艺游戏节目的贯穿路线，让明星深入普通劳动者的生活场景，与从业者一起完成一系列艰难的任务挑战，普通人的日常工作由此成为明星们的一次次猎奇体验。撒贝宁化身绝壁清洁工、岳云鹏深入地下 600 米挖煤、沙溢乐嘉化身重庆棒棒工、华少和阮经天在通州泥潭挖藕……对于从业者来说，这样的工作场面就是他们的日常生活；但是，对于明星和旁观者而言，这可以称得上“奇观”。节目如实地还原了这些“奇观式”工作场景。撒贝宁在节目中频频展示的“撒式螃蟹舞”、恐高的阮经天在玻璃栈道上连声尖叫、阮经天和小尼在前往钻井平台的船上模仿电影《泰坦尼克号》中经典场景的桥段，让人笑中有泪，笑过后有思考。节目立足于现实生活，在日常生活的向度上寻找快乐与价值，接地气的明星真人秀成功吸引了众多年轻粉丝。

2. 娱乐狂欢的表现形式

从具体表现形式看，娱乐狂欢主要体现为游戏化结构、戏剧化表现及情境化再造。

1）游戏化结构

娱乐狂欢的主要表现形式就是基于动力心理结构的游戏化形式。约翰·克里斯托弗·弗里德里希·冯·席勒（Johann Christoph Friedrich von Schiller）在《审美教育书简》中指出，人的内心冲动可以分为感性冲动和理性冲动两种。虽然它们具有各自独立的运行规则，但可以通过游戏进行沟通。他说：“当那以外观为快乐的游戏冲动一出现的时候，立刻就产生模仿的创造的冲动，这种冲动认为外观是某种独立自主的东西”；“不论我们深入多么远，这种现象在摆脱了动物状态的奴役作用的一切民族中间总是一样的：对外观的喜悦，对装饰和游戏的爱好”（转引自王祖哲，2005：86-91）。湖南卫视的《快乐大本营》连续播出 20 余年，“长寿”的秘诀就是游戏互动；“就不听指挥”“谁是卧底”“请相信我”“我想静静”等经典游戏互动环节为节目制造快乐、传播快乐，起到了不可或缺的作用。近些年热播的各大综艺节目，如浙江卫视的《奔跑吧兄弟》、东方卫视的《极限挑战》、江苏卫视的《非诚勿扰》，以及中央电视台的《了不起的挑战》等，其节目设计与安排也都是围绕游戏框架而进行的。

2）戏剧化表现

为了追求轰动效应，提高收视率，电视综艺节目往往都会借助声光电等现代化技术手段，营造令人震撼的视觉效果和夸张的情感刺激，给人带来强烈的主观感受。纵观几档“现象级”节目，无论是《中国好声音》，还是《爸爸去哪儿》《奔跑吧兄弟》，它们在视听效果上都逼近极致。特别是歌曲竞演类的电视综艺节目，如《中国好声音》《我是歌手》《中国好歌曲》等，在音响设备和现场演奏效果上要求苛刻，顶级的专业设备与合作团队几乎成为常态，高水准的现场竞演为现场和电视机前的观众奉献了一场又一场的视听盛宴。户外真人秀节目则主要体现了人们在视觉上的奇观化要求，比如湖南卫视的《爸爸去哪儿》连续三季打造了海内外的热门旅游景点，节目通过奇观化的视觉呈现，“让黑龙江省海林市雪乡、云南省文山壮族苗族自治州普者黑、湖南省地笋苗寨、浙江省新叶村、新西兰等地成为了人们竞相追逐的旅行目的地”（田昊，2016：103-105）。

3）情境化再造

情境化主要是打破时间的连贯性和空间的整体性，将同一空间的多条时间线进行断裂和重组，或者将同一时间的多重空间进行并置和转换，时间不再按照历史序列进行线性延展，空间不再受现实疆域的限制，从而为观众提供新的情感体验。现代化的媒介技术飞速发展，为综艺节目的情境化再造提供了技术支撑。以东方卫视的《金星脱口秀》为例。节目主要由三个环节组成：主持人个人脱口秀环节、网友提问环节、嘉宾访谈环节。三个环节分别在三个场景空间中进行，个人脱口秀环节主持人站立在舞台的中央，网友提问环节主持人以坐姿在书桌后回答网友问题，嘉宾访谈环节的重要场景道具是两把红沙发，嘉宾选择一把红沙发接受采访。通过不同的场景空间整合，实现了节目内容的有机统一；而情境的转换同时也是对观众的心理暗示，意味着节目环节和节目进程的更迭。观众在多时空变换中获得了不同的主观感受。

3. 娱乐狂欢的社会根源

电视综艺节目的兴盛有着深刻的社会根源。从社会心理看，它迎合了受众娱乐狂欢的本能诉求；从传媒市场看，它也是电视媒体日趋激烈的市场竞争而导致的选择和结果。

1）“欲望”的满足——娱乐狂欢的心理根源

娱乐源自人性本能的欲望诉求。如伊曼努尔·康德（Immanuel Kant）所言，“每个人在按照自己的方式看待事物时毕竟全都在奔赴一个对每个人都是快乐的目标”（康德，2017：31），娱乐能确证人的存在价值，它不但是人的内在欲望的外在表现，也是一种复杂的情感刺激。它源于人对现实生活的感性和生存需要，通过娱乐可以缓解焦虑、消解紧张、实现心理调适。娱乐的价值就在于以消费形态存在，但是可以对既有制度和规范进行颠覆性、创造性的解构，实现人在感官及心理的愉悦感。从表面来看，娱乐导致的直接效果是“笑”，是一种乐观旷达的人生态度；究其实质，娱乐与人的审美理想和价值追求是趋于一致的，都包含着对创新精神的不断追求。

电视综艺节目塑造并强化了大众对娱乐狂欢的欲望诉求。许多综艺节目本身就定位为“快乐”，以满足人的感性需求为主旨；同时，它们还为欲望需求建构了具体对象，将之幻化为可感知、可观看甚至可触摸的消费物。无论是节目主持人、嘉宾还是参赛选手，在节目中都沦为一种“符号”，成为快乐及愉悦感的附着物。借助电视的戏剧化镜头语言，他们被打造成顺应大众心理、富有时代气息的欲望幻象，从而对受众构成一种真实的诱惑。正如精神分析电影理论所指出的，“部分魅力来自它容许观众暂时失去自我（观众[成为]另一个人），另一方面则同时加强自我的特性，就某方面来说，电影观众既失去自己，却又重新找回自己，电影观众反复并持续地重复第一次幻想性的认同，进而建立真正的自我认同”（罗伯特·C. 艾伦，1993：198）。对于观众来说，他们不仅能够在节目中获得某种快乐与自由，也可以通过对节目中人物形象和话语风格的模仿，实现主体的自我确认和自我重建，从而拥有一种想象性的、替代性的满足。

2）注意力时代——娱乐狂欢的市场根源

电视综艺节目的娱乐狂欢取向也是市场竞争压力的选择和结果。21 世纪以来，面对日趋激烈的传媒竞争，如何赢取受众注意力进而实现节目“变现”，成为横亘在各电视台面前的现实难题。资本将人的旨趣变成了增值的对象，消费把人的旨趣变成了消费的对象，并不断刺激着人的欲望。正如西奥多·阿道尔诺（Theodor Wistuqrund Adorno）所言：“文化工业引以自豪的是，它凭借自己的力量，把先前笨拙的艺术转换成为消费领域以内的东西，并使其成为一项原则，文化工业抛弃了艺术原来那种粗鲁而又天真的特征，把艺术提升为一种商品类型。”（马克斯·霍克海默和西奥多·阿道尔诺，2003：151）为了满足观众的情感需要，电视综艺节目成为精心设计的商品，凭借影像化的视觉表征带给人强烈的感官冲击，令人沉浸其中，成为受众感受与时间、精力进行交易的场域。

另一方面，热播综艺节目的高额利润回报，也印证了娱乐狂欢蕴含的强大商品价值。数据统计，2015 年，湖南卫视《爸爸去哪儿》第三季举行广告招标会，“经过 5 个多小时竞标，节目的 80%的硬广资源卖出 6.7 亿元，加上冠名权为 11.7 亿，吸金能力令人惊诧”（朱青，2015）。国内风靡一时的综艺真人秀节目《奔跑吧兄弟》的冠名费也节节高升。作为第三季的冠名商，“美丽说 HIGO 此次以 3.38 亿的价格夺得冠名商席位，如此不惜‘血本’的手笔，也足见顶级综艺对顶级品牌的吸引力”（陈育柱和李粼玮，2015）。而同年浙江卫视的《中国好声音》“第四季收视率破 5%，60 秒的广告卖出了 3000 万元，被称为‘史上最贵广告’”（徐颢哲，2016）。

二、娱乐狂欢对社会主义核心价值观的负面冲击

值得注意的是，娱乐狂欢只有在合理的语境和限度内才有其存在的价值；如果超越了一定的界限，过度娱乐或者低俗娱乐泛滥，将引发道德危机，导致价值旨趣变异和人性异化，对社会主义核心价值体系造成负面冲击。

1. 欲望追求的低级化

作为欲望消费而存在的娱乐狂欢是有限度的。从文化批评的角度看，娱乐狂欢固然能给人带来暂时的新鲜刺激和快感体验，但是，如果仅止于娱乐狂欢而无法对人的判断能力和鉴赏能力进行提升，那它就是低级的。正如康德所言：“每个人都必须承认，关于美的判断只要混杂有丝毫的利害在内，就会是很有偏心的，而不是纯粹的鉴赏判断了。”（康德，2017：31）电视综艺节目满足人的娱乐诉求无可厚非，但如果为了获得愉悦而刻意制造刺激和激动，就是超越底线的，需要通过理性来加以约制。

另一方面，人的欲求能力也有低级和高级之分。低级欲求能力源自感官，高级欲求能力源自知性。虽然二者都能使人愉悦，但导致的愉悦程度是不同的：高级欲求能力不仅使人获得愉悦享受，还能陶冶性情，激发创造能力，具有超越性。因此，娱乐狂欢不应一味指向感官刺激和窥视欲的低级欲求满足，而是需要对欲求能力进行限制，既承认人性本能，也不能丢弃人性尺度。在消费主

义语境下，电视综艺节目既要认识到感官刺激给人带来的愉悦享受以及人性解放，也要对过度的感官刺激和娱乐泛滥倾向保持警醒。

2. 情感追求的单向度化

“单向度”理论揭示的是一个与人性不相容的表面富裕的“病态社会”。马尔库塞认为，现代社会呈现出一种缺乏批判精神的单向度结构，“在这一模式中，凡是其内容超越了已确立的话语和行为领域的观念、愿望和目标，不是受到排斥就是沦入已确立的话语和行为领域”（赫伯特·马尔库塞，2008：11）。

电视综艺节目作为文化工业的产物，具有机械复制性，其娱乐狂欢是以极致化的情感体验来征服观众，以虚拟的在场感来表达内心的欲望，以情境化的愉悦感满足来替代理性的价值判断，其结果将导致人的情感追求的单向化，沦为马尔库塞所提出的“单向度的人”。从《开心辞典》主持人的“请听题”“确定了吗？不改了？”到《中国好声音》评委“选我选我就选我”“我们队里就差你这样的人”的狂热召唤，在电视媒介刻意营造的这种轻松娱乐、程式化的节目里，大众因繁忙工作和市场竞争而疲惫不堪的心灵得到了抚慰，沉重的现实压力得到暂时缓解。

而那些标榜一夜成名的选秀节目，以及以高额奖金为标的的益智博彩类节目，更是给观众提供了一种虚幻的满足。对梦想的追逐和对成功的渴望，驱使人们一次又一次地沉溺于电视机前，为参赛选手的精彩表现而欢呼，为中意的选手意外落选而沮丧。在火爆的娱乐氛围中，受众获得暂时的麻醉与精神的愉悦，在别人的成功中他们得到虚幻的满足。娱乐狂欢借助“精神霸权”提供虚幻的满足以填补人们精神上的空虚，最终将导致人类情感失真，不愿进行积极的情感交流；在娱乐狂欢的野蛮的情感刺激下，人的自由而丰富的情感逐渐异化为单向度。

3. 价值旨趣的世俗化

娱乐狂欢追求感官刺激与轰动效应，其价值旨趣是指向世俗性而非神圣性。它在日常生活中寻找快乐与满足，发掘庸常琐碎的日常生活中的笑点和价值。以《了不起的挑战》为例。节目颠覆了明星和普通人的关系：挑战自我，明星去当老百姓，从事百姓的普通工作；战胜极限工作，普通百姓游刃有余，也是大明星。而诸如《爸爸去哪儿》《奔跑吧兄弟》等明星真人秀节目，同样是将明星置于日常生活场景中，揭开笼罩在明星身上的神秘面纱，让他们和普通人一样去面对庸常生活和世俗烦恼。正如陶东风和金元浦所言：“宗教与人们的日常世俗生活脱钩，世俗政治与教会权力脱钩，民间的政治、经济、文化活动不再与一种神圣的精神价值相关联。”（陶东风和金元浦，1996：101-107）在这种价值引导下，老百姓开始更多地关注现实，尊崇日常生活。

值得注意的是，世俗化不等于庸俗化。电视综艺节目在感性维度上高扬日常生活哲学，以贴近受众、贴近生活的内容题材和话语表达方式来满足观众的情感诉求，反映了在传统社会向现代社会变迁过程中，价值追求逐渐从宗教禁欲主义中摆脱出来，走向现实和世俗的情况。但是，如果节目过度依赖日常生活中的琐碎片段来制造娱乐效果，就会导致为了娱乐而娱乐，走向价值的庸俗化。一旦明星的婚恋情变、两性生活、情感困惑等私人话题大批量地被纳入公共视野，私人话语和公共话语的界线将不复存在，尤尔根·哈贝马斯（Jürgen Habermas）曾预言的社会景象将成为现实：“公共领域变成了发布私人生活故事的领域，不论是所谓小人物的偶然的命运，或者有计划地扶植起来的明星赢得了公共性；抑或是与公共相关的发展和决策披上了私人的外衣，加以拟人化，直至无法辨认出来。”（转引自陈文敏，2007：28-29）这也是我们不得不警惕的。

三、社会主义核心价值观对电视综艺节目的新要求

虽然娱乐狂欢的狂欢化特质所带来的破坏性效应以及无限膨胀的欲望消费诉求是导致娱乐泛滥或过度娱乐的根源，也是对娱乐狂欢进行限制与批判的根本原因，但狂欢化特质所具有的创造力、解构力以及欲望消费能力的不断增长却是激发人进行无限想象和创造的动力。这就意味着具有积极的、创造力价值的娱乐狂欢才是真正有价值的娱乐狂欢。娱乐狂欢的价值不应局限于反映真实诉求、创造性解构、快乐增值等方面，还应当展现人的积极的创造力以及使人获得精神上的自由。

1. 张扬娱乐，但不放弃媒体责任

文艺是时代前进的号角，最能代表一个时代的风貌和引领一个时代的风气。2014 年 10 月 15 日，习近平总书记在文艺工作座谈会上的讲话中指出：“只有牢固树立马克思主义文艺观，真正做到了以人民为中心，文艺才能发挥最大正能量。”（习近平，2017a：314）电视综艺节目作为当下最为普遍、最受欢迎的文艺形式之一，其在社会主义事业中应该担负起相应的历史使命和责任便是不言而喻的。

作为电视节目的重要类型，综艺节目虽不能像新闻类节目等可以直接反映现实生活、履行社会责任，但是，相对于新闻类节目对待社会问题时常用的教

化式的点评与引导，电视综艺节目潜移默化、润物无声的优势更有利于广大受众接受其所传递的内容，更有利于社会责任的实现。现阶段，电视综艺节目应该从策划立项到制作播出全过程，主动地融入社会主义核心价值体系的内容和要求；节目生产者应该以帮扶、关怀、服务等为出发点，传递社会正能量，使得节目可以通过人物言行、情节故事、矛盾冲突、规则引导等去体现社会主义核心价值观。这方面，中央电视台的《了不起的挑战》这档节目值得借鉴。整个节目展现了棒棒工、煤炭工、景区保洁工等的生活智慧和劳动精神，传递了“平凡生活，挑战了不起”的社会正能量。这种让明星有目的地参与到节目进程、切实深入到社会基层、挖掘普通劳动者身上“爱国、敬业、诚信、友善”一面的做法，是主动融入社会主义核心价值观建设的优秀做法，是当下电视真人秀节目的创作者面临节目转型升级最应该学习和运用的做法。

2. 贴近生活，但不浮于表相

文艺创作的重要原则就是要坚持以人民为中心。正如习近平总书记所言：“文艺工作者要想有成就，就必须自觉与人民同呼吸、共命运、心连心，欢乐着人民的欢乐，忧患着人民的忧患，做人民的孺子牛。”（习近平，2017a：318）

电视综艺节目作为现阶段最喜闻乐见的艺术作品，应该是来源于生活又高于生活，在贴近生活的同时又深挖其思想内涵。节目创作应坚持中国梦主题，紧紧围绕以改革创新为核心的时代精神，反映我国改革开放和社会主义现代化建设的伟大进程，引导人们正确认识社会的发展和民族的进步，激发全社会对美好未来的自信心。北京卫视的《暖暖的新家》作为一档聚焦现实生活的装修类真人秀节目，在对遴选出的 12 个家庭进行装修的同时，展现老百姓对家的眷恋，并邀请心理专家帮助解开家庭成员间的情感矛盾，将情感沟通和房屋改造完美地融合在一起。这样一来，家庭再装修的过程也是家庭成员心理再装修的过程，掀起了全民对待“家庭”的心理复健热潮，具有深远的社会意义。

3. 追求收视，但不放弃品质

收视率是评价节目是否成功的重要标志，但是，高收视率不意味着节目就一定是品牌，具有高品质。电视综艺节目在制作和传播时，一定要理性对待收视率，破除“收视率至上”的观点，建立科学的评价标准，提升节目品质。

电视文艺创作的繁荣离不开科学的评价标准。“缺乏科学标准的电视文艺批评，势必沦为经济指挥棒的附庸，缺乏科学监督的电视文艺创作，也必将逐渐沦为市场经济规律控制下的纯粹商品，丧失艺术作品的独立品格和超功利的审美价值。”（包新宇，2010：43-45）在激烈的市场竞争下，当前许多电视台都非常重视收视率，节目好坏单纯由收视率高低决定，甚至采取收视率末位淘汰制；投资方和广告主也将收视率高低作为是否投资的重要指标甚至是唯一指标。这在某种程度上加剧了媒介责任的弱化，成为媒体奇观化、媚俗化的直接诱因。因此，“唯收视率”的评价机制显然是不科学的。我们急需建立一套科学的评价体系，将收视率、观众满意度、媒体公信力等指数纳入综合评比，兼顾经济价值和社会效益，树立正确的价值导向。正如湖北广播电视台总编辑向培凤在接受笔者访谈时所说的：“虽然当下很多流行的娱乐综艺节目很火爆，也创造了非常高的收视率，但是作为一个有责任心、有价值观的电视平台，我们追求的不仅是有意思，还要有意义。要去做一些真正有深度、对百姓有启发教育意义的内容。”这是主动回归电视文艺原本价值和功能定位的最佳体现。

4. 取悦观众，也要培养媒介素养

在注意力经济和媒介竞争日趋加剧的当下，电视观众在整个电视传播实践活动中的话语权越来越大，已经由电视传播活动的参与者逐渐成为电视传播内容和传播方式的决定者，直接决定了电视传播效果和传播价值。这对电视观众的社会担当、整体素质、审美水平、媒介素养等提出了更高的要求。遗憾的是，目前部分电视节目所出现的低俗媚俗、窥探隐私、作假作秀等价值取向偏失都受到部分观众审美趣味降低的影响，出于对观众价值主体“某些需要”的满足，出现了部分谄媚低俗的电视真人秀节目，甚至陷入了越是低俗越有收视的发展陷阱；同时，那些拥有较高审美趣味的观众也因为社会担当的不足，对这些低俗媚俗的节目采取了冷漠无视的态度，并没有从价值主体角度扭转这类价值取向偏失。所以，电视观众必须积极参与对电视真人秀节目的批评监督，努力提高自己的媒介素养，让媚俗低俗等价值取向偏失的节目没有市场，对观众不再有任何价值，自然也就保证了整个节目生态的健康持续发展。

要努力提高电视观众的媒介素养。电视传播内容的最终决定权在观众。扭转当前部分电视真人秀节目价值取向偏失的问题，提高创作者的价值判断能力和业务素质固然很重要，但也离不开电视观众媒介素养的提高。这要求：①电视真人秀节目的创作要注重价值引领，通过品牌影响提高观众的思辨能力和批判意识；②展开媒介素养教育，在电视传播如此繁荣的今天，大众传播基础知识应该成为我们的通识课程，特别是针对世界观、价值观还未成熟的青少年进行教育，以提高观众的思辨能力和审美能力；③加强宣传，引导电视观众认识到自己在电视传播实践活动中的重要地位，唤醒观众群体的主人翁意识，自觉提高媒介素养。

第五章　电视剧传播社会主义核心价值观的现状分析

“电视剧是当下规模最大、受众最多、影响最广的大众文艺形式，在凝聚民族精神、引导价值观念、滋养国民审美方面发挥着巨大作用。”（梁建增，2017：15-17）党的十八大以来，我国电视剧生产适应时代发展新要求，取得了骄人的成绩，呈现出勃勃生机，在创作过程中紧密结合社会主义核心价值观的传播要点和实际传播需要，通过各种题材内容广泛反映我国在社会主义经济建设中取得的重大成就，展示在全面深化改革中取得的重大突破。另一方面，社会转型期思想文化的多层次、多样化，也给电视剧创作提出了诸多挑战。如何防止过度娱乐化和低俗倾向，满足广大电视观众的多样化收视需求，更好地弘扬社会主义核心价值观，成为值得深思的现实课题。

第一节　电视剧发展现状扫描

一、电视剧宏观政策环境

1. 电视剧主要价值导向进一步明确：以社会主义核心价值观为引领

2010 年 5 月 14 日，国家广播电影电视总局发布的《电视剧内容管理规定》指出，电视剧内容的制作、播出应当坚持为人民服务、为社会主义服务的方向和百花齐放、百家争鸣的方针，坚持贴近实际、贴近生活、贴近群众，坚持社会效益第一、社会效益与经济效益相结合的原则，确保正确的文艺导向（国家广播电影电视总局，2010）。2016 年 4 月 27 日，国家新闻出版广电总局发布《国家新闻出版广电总局办公厅关于进一步完善规范电视剧拍摄制作备案公示管理工作的通知》，要求：电视剧拍摄制作备案公示阶段不再受理剧名变更申请；申报电视剧拍摄制作备案公示剧目的 1500—2000 字剧情梗概，须对思想内涵作出概括说明。电视剧创作要始终把社会效益放在首位，自觉提升作品思想价值和文化内涵（国家新闻出版广电总局办公厅，2016）。2017 年 6 月 26 日，国家新闻出版广电总局、国家发展和改革委员会等联合发布《关于支持电视剧繁荣发展若干政策的通知》，要求：加强电视剧创作规划，编制 2017—2021 年电视剧创作生产规划，推出一大批讴歌党、讴歌祖国、讴歌人民、讴歌英雄的精品佳作，发挥示范引领作用；加强电视剧剧本扶持，坚持以社会主义核心价值观为引领，着重扶持重大革命和历史题材、现实题材、农村题材，着重扶持原创，着重扶持计划在重要时间节点播出的选题项目，形成价值内涵和艺术品格相统一的优秀剧本遴选、资助、推介机制；等等（国家新闻出版广电总局等，2017）。

2. 国家对电视剧的政策扶持力度加大

2013 年，国家新闻出版广电总局设立“电视剧剧本扶持引导专项资金”，开展优秀电视剧剧本推荐评审及资助活动，大力扶持反映建设中国特色社会主义的伟大事业，反映改革开放和现代化建设的伟大历程，反映实现中华民族伟大复兴的中国梦的生动实践的剧本，以加强社会主义核心价值体系建设，弘扬民族精神和时代精神，发挥文艺作品引领风尚、教育人民、服务社会、推动发展、抚慰心灵、鼓舞信心的作用。截止到 2017 年底，累计 121 部剧目入围优秀电视剧评选，既突出重点“高峰”又兼顾多样性平衡，形成以点带面、点面结合的扶持格局。具体情况如表 5-1 所示。

表 5-1 2013—2017 年度优秀电视剧剧本扶持引导项目名单

年度	重点项目	一般项目
2013 年（18 部）	《北平无战事》《生活永远沸腾》《填四川》《国家血脉》《晋文公》《忽必烈》《大路上》《劝架的女人》《大江作证》《青果巷》《底线》《林则徐风雪长征》《老农民》《东方战场》《建军大业》《二十四道拐》《我在北京·挺好的》《爱在八月》	
2014 年（21 部）	《生死三八线》《抗倭英雄戚继光》《东方战场》《东北抗联》	《历史转折中的邓小平》《开国元勋朱德》《十送红军》《舰在亚丁湾》《红流》《为了明天》《领袖》《向幸福前进》《海棠依旧》《8848》《大平原》《草帽警察》《岁月如金》《守望正义》《青年医生》《青春之花，爱的守则》《平凡的世界》
2015 年（27 部）	《彝海结盟》《马兰谣》《小镇大法官》《白鹿原》《铁血淞沪》	《人民总理周恩来》《天涯浴血》《少帅》《西柏坡的回声》《天演惊雷》《桃花盛开的地方》《我叫阿米提》《灵与肉》《红色钧官窑》《大好时光》《女不强大天不容》《猎场》《女大学生的太阳部落》《月亮上的篝火》《青谷子》《漂》《刀尖》《最后一张签证》《大西迁》《生死黎平》《金藏传奇》《思美人》
2016 年（22 部）	《三军大会师》《爱人同志》《天下粮田》《冯子材》《脊梁》《安居》	《烈火海洋》《十个连长一个班》《长征大会师》《前夕》《战争零距离》《那时我们正年轻》《特勤精英》《楼外楼》《于成龙》《江山大同》《义商》《创时代》《啊，父老乡亲》《高原儿女》《走进马兰》《外滩的钟声》

续表

年度	重点项目	一般项目
2017 年（33 部）	《大运河》《一马三司令》《将军农民》《第十二村民小组》《云上绣娘》《西京故事》《阳光法庭》《摘棉花的女人》《急诊科医生》《索玛花开》《天骄》	《烽火抗大》《布衣天下》《丝绸之路大国脉》《爱国者》《鸿雁》《齐白石》《长河落日》《革命者》《王初一与刘十五》《平遥人家》《迷猎》《绽放吧，百合》《城里的月光》《向前进》《百步亭的春天》《都挺好》《幸福俱乐部》《创业时代》《南方有乔木》《北部湾人家》《破冰行动》《断玉》

注：①根据国家新闻出版广电总局 2013—2017 年度优秀电视剧剧本扶持引导项目评审结果公示整理；②2013 年第一年启动优秀电视剧剧本扶持项目，未作区分，2014 年以后才明确区分为重点项目和一般项目。

其中，2013 年度列入扶持计划的有 18 部；2014 年度共 21 部，含重点项目 4 部、一般项目 17 部；2015 年度 27 部，含重点项目 5 部、一般项目 22 部；2016 年度共有 22 个剧目入围优秀电视剧评选，含重点项目 6 部、一般项目 16 部；2017 年度 33 部，含重点项目 11 部、一般项目 22 部（图 5-1）。

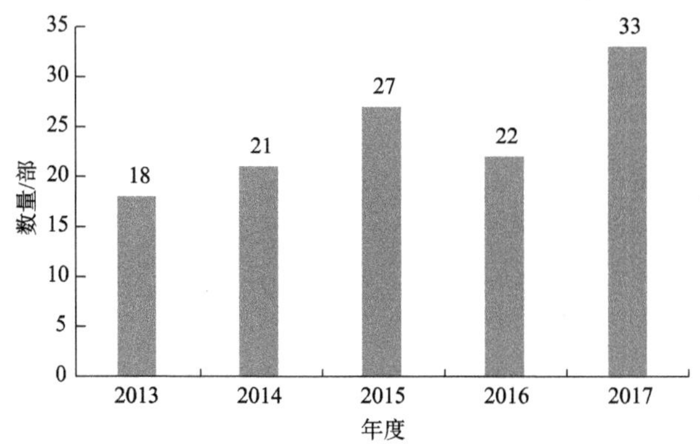

图 5-1　2013—2017 年度优秀电视剧剧本扶持项目数量

注：根据国家新闻出版广电总局 2013—2017 年度优秀电视剧剧本扶持引导项目评审结果公示整理

2018 年 3 月 22 日，《国家新闻出版广电总局电视剧司关于做好 2018-2022 年重点电视剧选题规划工作的通知》出台。该通知要求，“重点电视剧选题规划要着力表现源自于中华民族五千多年文明历史所孕育的中华优秀传统文化，着力表现熔铸于党领导人民在革命、建设、改革中创造的革命文化和社会主义先进文化，着力表现植根于中国特色社会主义的伟大实践”（国家新闻出版广电总局电视剧司，2018）。列入选题规划的《大江大河》《外滩的钟声》《共和国血脉》等剧目播出后获得良好反响。

3. 电视剧创作的责任意识进一步提升

中国广播电视社会组织联合会也在 2015 年 8 月制定《中国电视剧制作行业自律公约》，“努力营造电视剧和谐的制作环境，构建良好的市场秩序，维护行业的社会形象，规范从业人员的职业行为，建立行业自律机制，促进本行业健康有序的发展”（中国广播电视社会组织联合会，2015）。9 月 15 日，中国广播电影电视社会组织联合会、中国出版协会召集新闻出版广播影视 50 家行业社团，联合签署《新闻出版广播影视从业人员职业道德自律公约》，要求：新闻出版广播影视行业从业人员维护党的领导和国家利益，不发表或传播损害党和国家形象的言论；秉持真实客观公正原则，不搞有偿新闻和虚假新闻；传递正能量，不在网络及其他媒介上制作或传播有害信息；追求健康向上的文化品位，不使用低俗粗俗媚俗的语言、文字和图像；确保制作服务质量，不提供粗制滥造的出版物、视听作品和技术服务；对社会公众负责，不制作、代言和传播虚假广告；崇尚契约精神，不做出影响行业诚信和秩序的违约行为；积极自主创新，不抄袭剽窃他人创意及成果；开展健康的媒介与文艺批评，不贬损他人名誉及作品；树立良好职业形象，不涉“黄赌毒”和违反公序良俗的行为（李明远，2015）。自律公约的签署在全行业起到了良好的示范作用。

二、2012—2017 年国产电视剧市场规模

近年来我国一直保持世界电视剧生产第一大国的地位，电视剧产量每年都超过 13 000 集，占电视节目播出总量的 30%以上，是各播出机构非常重要的内容资源。国家统计局国民经济和社会发展统计公报数据显示，2012 年全年生产电视剧 506 部 17 703 集，2013 年生产电视剧 441 部 15 783 集，2014 年生产电视剧 429 部 15 983 集，2015 年生产电视剧 394 部 16 540 集，2016 年生产电视剧 334 部 14 912 集。2017 年全年获准发行电视剧虽然有明显下滑趋势，但仍保持 314 部 13 470 集的规模。具体状况如图 5-2 所示。

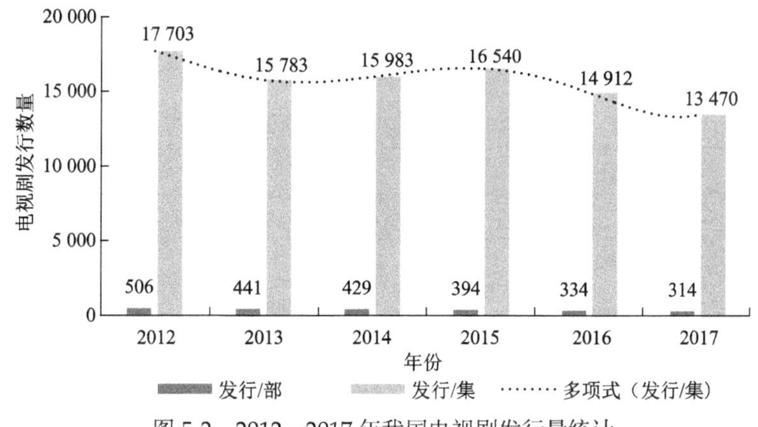

图 5-2　2012—2017 年我国电视剧发行量统计

注：根据国家新闻出版广电总局（国家广播电影电视总局）2012—2017 年度获准发行电视剧统计数据整理

作为播出体量最大的电视节目形态，电视剧继续保持收视主力军的地位。2017 年 1—5 月，央视、卫视频道播出电视剧 700 余部，累计播出时长 62 975 小时，占总播出时长的 41.4%，相比上年同期上升 2.8%。对于省级卫视频道来说，电视剧地位更加强化（江录辰，2017）。

电视剧投资前景被普遍看好。截至 2016 年底，我国具有电视剧制作资质的公司有 12 000 多家。深、沪两市上市的文化企业有 95 家，其中涉及广播影视录音制作业类企业 46 家。从 2015 年至今，电视剧投资搭上了行业大发展的“资本快车”，影视股迅速扩容。统计数据显示，“2016 年投资过亿的电视剧约有 20 部，《幻城》总投资达到 3 亿元，《青云志》总投资约 2.8 亿元。2017 年播出的剧目投资额持续攀升……《军师联盟》投资 4 亿元，《海上牧云记》总投资达 3 亿元”（张苗苗，2017：18-20）。

三、目前电视剧主要内容题材

按照国家新闻出版广电总局（现国家广播电视总局）的分类标准，电视剧按时间轴线可以分为当代、现代、近代、古代及重大。从内容来看，又可分为军旅、都市、农村、涉案、传奇、宫廷、传记、武打、神话等不同类型。2003 年，为加强对重大革命和历史题材电影、电视剧的创作、播映的管理，国家广播电影电视总局成立重大革命和历史题材影视创作领导小组，下设电影组和电视剧组，电影组办公室设在国家广播电影电视总局电影管理局，电视剧组办公室设在国家广播电影电视总局办公室。凡以反映我党我国我军历史上重大事件，描写担任党和国家重要职务的党政军领导人及其亲属生平业绩，以历史正剧形式表现中国历史发展进程中重要历史事件、历史人物为主要内容的电影、电视剧，均属于重大革命和历史题材影视剧（国家新闻出版广电总局，2013b）。2013—2017 年我国发行的电视剧题材分布及比例如表 5-2 所示。

表 5-2　2013—2017 年我国发行的电视剧题材分布及比例

题材分类	2013 年		2014 年		2015 年		2016 年		2017 年	
	数量/部	占比/%	数量/部	占比/%	数量/部	占比/%	数量/部	占比/%	数量/部	占比/%
当代	229	51.93	234	54.55	186	47.21	177	52.99	174	55.41
当代军旅	6	1.36	5	1.17	6	1.52	3	0.90	9	2.87
当代都市	159	36.05	156	36.36	139	35.28	136	40.72	112	35.67
当代农村	19	4.31	27	6.29	15	3.81	14	4.19	14	4.46
当代青少	5	1.13	5	1.17	6	1.52	3	0.90	12	3.82

续表

题材分类	2013 年		2014 年		2015 年		2016 年		2017 年	
	数量/部	占比/%	数量/部	占比/%	数量/部	占比/%	数量/部	占比/%	数量/部	占比/%
当代涉案	21	4.76	20	4.66	11	2.79	10	2.99	14	4.46
当代科幻	4	0.91	2	0.47	5	1.27	2	0.59	2	0.64
当代其他	15	3.40	19	4.43	4	1.02	9	2.69	11	3.50
现代	13	2.95	9	2.10	16	4.06	13	3.89	16	5.10
现代都市	4	0.91	3	0.70	9	2.28	5	1.50	7	2.23
现代军旅	1	0.23	2	0.47	2	0.51	0	0	2	0.64
现代涉案	0	0	1	0.23	0	0	0	0	0	0
现代农村	0	0	0	0	0	0	2	0.59	3	0.96
现代其他	8	1.81	3	0.70	5	1.27	6	1.80	4	1.27
近代	155	35.16	132	30.77	138	35.03	99	29.64	80	25.48
近代革命	87	19.73	64	14.92	82	20.81	48	14.37	35	11.15
近代传记	1	0.23	2	0.47	35	8.88	0	0	1	0.32
近代都市	3	0.68	6	1.40	4	1.02	2	0.59	3	0.96
近代青少	1	0.23	1	0.23	0	0	0	0	0	0
近代传奇	38	8.62	40	9.32	0	0	40	11.98	32	10.19
近代其他	25	5.67	19	4.43	17	4.31	9	2.69	9	2.87
古代	37	8.39	46	10.72	47	11.93	39	11.68	38	12.10
古代传奇	18	4.08	27	6.29	30	7.61	15	4.49	22	7.01
古代宫廷	1	0.23	2	0.47	0	0	0	0	0	0
古代传记	0	0	0	0	2	0.51	5	1.50	1	0.32
古代神话	5	1.13	7	1.63	2	0.51	5	1.50	6	1.91
古代武打	4	0.91	4	0.93	3	0.76	6	1.80	2	0.64
古代其他	9	2.04	6	1.40	10	2.54	8	2.40	7	2.23
重大	7	1.59	8	1.86	7	1.78	6	1.80	6	1.91
重大革命	6	1.36	8	1.86	5	1.27	6	1.80	5	1.59
重大历史	1	0.23	0	0	2	0.51	0	0	1	0.32
总计	441	100	429	100	394	100	334	100	314	100

注：根据国家新闻出版广电总局 2013—2017 年度获准发行电视剧统计数据整理。

从统计结果可以看出，2013—2017 年当代题材电视剧居首位，除了 2015 年占比 47.21%，其他四年都占据发行总数的 51%以上。近代题材位居第二，

2013 年、2015 年比例超过 35%，其他年份基本保持 30%左右的份额。古代题材也是热门，每年保持约 10%的比例。各题材类型所占百分比见图 5-3。

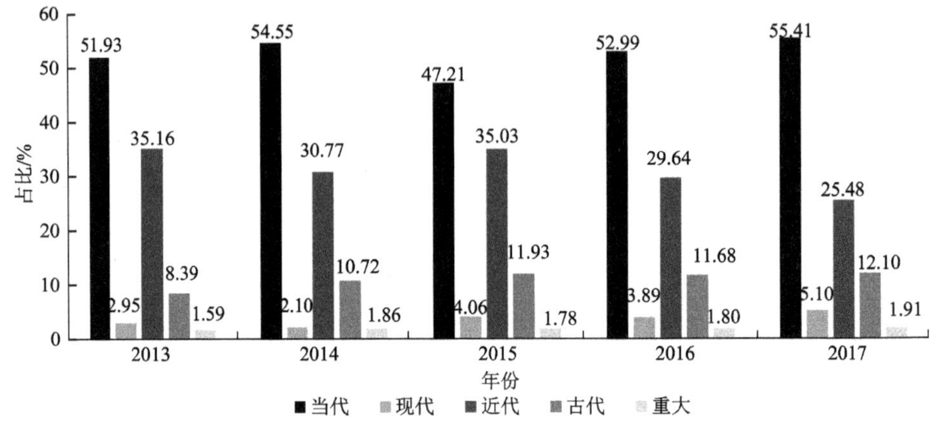

图 5-3　2013—2017 年各题材类型电视剧所占百分比

四、电视剧发展总体特征

1. 类型化

类型是影视节目发展的重要推动力。美国得克萨斯大学的传播学教授托马斯·沙莰（Thomas Schatz）在《好莱坞类型电影》一书中敏锐地指出："类型的价值不是由它自身的特质，而是由它的功能决定的。这里所说的功能就是沙莰理论核心的文化仪式功能，即一种电影类型有能力将文化冲突和矛盾转化为大众熟悉和能接近的特定的结构形式。"（桂琳，2017：82-87，149-150）21 世纪以来，国产电视剧经过探索、学习到自主创新，形成了为数众多、形态相对成熟的类型化作品。

从内容看，电视剧与社会生活、社会问题密切相关，故"题材和艺术形态组合成的类型特别地集中于人类生存的某些永恒性的悖论和困境，这些悖论和困境就是我们的神话所关注和处理的人类内心的迷思"（郝建，2008：68）。诸如以《甄嬛传》《美人心计》《武则天秘史》《武媚娘传奇》等为代表的古代宫廷系列，以《北京青年》《放羊的星星》《何以笙箫默》为代表的青春偶像系列，以《姨妈的后现代生活》《虎妈猫爸》《我的前半生》为代表的家庭伦理系列，以《悬崖》《伪装者》《胭脂》《麻雀》为代表的谍战系列，以《小丈夫》《离婚律师》《翻译官》为代表的现代职场系列，等等。从某种程度上讲，类型是基于对受众心理及传播效果的准确把握而提炼和抽取出的一个规范程式。只有熟练掌握了这种程式，才能推动电视剧的创新发展。因此成熟的类型电视剧能够使观众形成情感共鸣，构筑电视剧的多元文化格局。

2. 年轻化

数字媒体技术的发展和多媒体终端的便捷性，一度让看电视沦为“老年娱乐”的代名词。但是，近年来电视产业却呈现出年轻化态势。

一是主旋律电视剧“变脸”。2011 年以来，《我的青春在延安》《开天辟地》《永不磨灭的番号》《红槐花》等红色电视剧，都开始大量启用八〇后、九〇后熟悉的青年演员，如《开天辟地》中扮演毛泽东的黄海冰，《革命人永远是年轻》中扮演小伙计陈志的聂远。讲述毛泽东等革命先驱年轻时代的红色青春剧《风华正茂》，饰演毛泽东、杨开慧和陶斯咏的也是新生代偶像王雷、江铠同、潘之琳。这些新鲜面孔的加入，为主旋律电视剧增加了看点。2015 年年初，《武媚娘传奇》一度收视率破 5，改变了历史题材不被年轻人看好的传统格局。

二是贴近年轻受众的题材内容比例增多。诸如《北京爱情故事》《爱情公寓》等都是根据年轻人身边的真实故事改编而来的。特别是陈思诚自编自导自演的《北京爱情故事》，围绕“凤凰男”“富二代”“面包爱情”等热门题材展开，受到年轻群体热捧。2016 年，由北京完美影视传媒有限责任公司出品，拉布拉多犬小七、王洋、张云龙领衔主演的都市青春萌宠时尚情感剧《神犬小七》开播，“将励志正能量与都市偶像情感大胆融合，加之动物演员的增多，维系了现代都市剧的‘新鲜感’”（唐平和陈苑，2016）。在 4—23 岁观众中的收视率始终霸占第一宝座，收视率高达 4.37%，远超其他电视剧集（新浪娱乐，2016）。

三是电视剧对青年群体的反响增强。2015 年 1 月 10 日《何以笙箫默》在江苏卫视、东方卫视首播，截至 2015 年 12 月 31 日，网络点击率突破 13 亿。百度贴吧“电视剧何以笙箫默吧”关注人数 120 555，相关帖子有 2 171 396 个。剧中主演钟汉良被广大网友奉为“男神”，被戏称“十年修得柯景腾，百年修得王小贱，千年修得李大仁，万年修得陆励成，亿年修得何以琛”；女主角唐嫣的服装、首饰及假发也成为网络爆款，在天猫、唯品会等电商平台同步热销。2017 年，《欢乐颂 2》在万众期待中开播，“播出 32 天网络总播放量超 220 亿次，不输前一阵子的‘现象级’电视剧《人民的名义》”（徐颢哲，2017）。由剧情衍生的话题量不断增加，逐日刷新各大网站热搜榜，在青年群体中产生强烈的连带效应。

第二节　电视剧传播社会主义核心价值观的探索和实践

电视剧能够给受众带来独特的审美体验。它是受众在开放、轻松、自由的条件下自发的一种审美活动。在观看电视剧时，人们会不自觉地跟随剧情参与其中，去感同身受，体验剧中角色的喜怒哀乐，或忧或愁，或笑或哭，产生深深的默契和共鸣。再加上电视剧一般具有较长的剧集，全部播完会持续一定的时间，受众的这些体验也随之被拉长，形成更强的情感刺激。党的十八大以来，中央倡导大力弘扬和践行社会主义核心价值观。电视剧创作紧密围绕中央精神，迎合新时代电视观众的需求，借助不同类型题材对社会主义核心价值观进行感官化、立体化、形象化塑造，增强社会主义核心价值观的感染力和影响力，推出了一批精品力作。

如前所述，国家新闻出版广电总局（现国家广播电视总局）将电视剧分为五类：当代题材、现代题材、近代题材、古代题材、重大题材。每种题材又细分为都市、军旅、涉案、青少、传奇等不同类型。从近些年电视剧发行状况看，当代、近代及古代题材剧目数量占比分别位居前三，其中，又以当代都市题材、近代革命题材及古代传奇题材为热门。以 2017 年上半年为例，近代题材电视剧播出时长占比达 56%，当代题材占比 29%，古装剧占比 13%；近代革命、当代都市、古代传奇三大题材占据电视剧播出时长 80%以上（江录辰，2017）。

因此，本节分别选取这三类题材，对其传播社会主义核心价值观的状况进行分析。

一、当代都市题材电视剧传播社会主义核心价值观的探索

当代题材电视剧是指年代背景为改革开放以来的各类电视剧，根据具体的故事内容可分为当代军旅题材、当代都市题材、当代农村题材、当代青少题材、当代涉案题材、当代科幻题材等。近些年电视剧发行领域，当代题材属于重点。统计显示：2013 年当代题材剧目 229 部，占比 51.93%；2014 年当代题材剧目 234 部，占比 54.55%；2015 年当代题材剧目 186 部，占比 47.21%；2016 年当代题材剧目 177 部，占比 52.99%；2017 年当代题材剧目 174 部，占比 55.41%。可见当代题材电视剧基本处于当前国产剧半壁江山的地位（表 5-2）。

都市题材电视剧是当代题材电视剧的热点。它立足都市，反映当下社会情

状以及都市人群的丰富情感，主要包括都市青春偶像系列、都市家庭伦理系列和都市职场白领系列等。

1. 都市青春偶像剧："青春"与"励志"的凸显

青春偶像剧采用年轻演员、以现代都市作为主要生活场景，围绕浪漫爱情展开。"青春偶像剧，顾名思义，青春靓丽，是年轻人的故事，是年轻演员的营地，是少男少女的梦幻世界。"（杨红菊，2004：77-80）"在青春偶像剧躁动和迷惘的情绪深层，蕴积的是反叛和奋进的力量。这种力量，是青春生命的成长力量，也成为了青春偶像剧中青春叙事动力线索的主要推动力量。"（宋素丽，2010：112-116）1990 年的《十六岁的花季》堪称都市青春偶像剧的雏形；1998 年的《将爱情进行到底》使青春偶像剧开始走进大众视野；2007 年的《奋斗》热播，塑造了青春偶像剧的收视巅峰。2010 年的《杜拉拉升职记》，2011 年的《回家的诱惑》，2012 年的《北京青年》《北京爱情故事》，2013 年的《新恋爱时代》，2014 年的《小时代》《新闺蜜时代》，2015 年的《北上广不相信眼泪》《何以笙箫默》，以及 2016 年的《神犬小七》《欢乐颂》将年轻人成长过程中的爱情、亲情、友情和工作联系起来，成为当代青年最喜爱的电视剧类型。

青春偶像剧凸显了"青春""励志"主题。近年来，很多青春偶像剧不再将重心着眼于对爱情的追求，而是转向刻画八〇后、九〇后的奋斗经历和励志人生。《我的青春谁做主》《奋斗》《北京青年》等剧目大量反映出年轻一代为理想打拼，即使遭受挫折仍不言弃的剧情。这些经历不仅让他们收获了成长，实现了梦想，也成为时代发展的榜样。《我的青春谁做主》中的钱小样出生在一个平凡的家庭，相貌不漂亮，只有中专学历，但怀揣远大梦想，向往北京、向往自由、向往爱情，为了自己的理想哪怕付出沉重的代价也不怕。在生活的坎坷中艰难跋涉的她可以说是全剧的亮点所在。2011 年的《摩登新人类》讲述八位誓为理想出头的职场新人的励志人生，包括一心想要成为公益律师却踏足时尚领域的谢非凡、立志成为服装设计师的花布少女夏红果、忧郁的菜鸟摄影师沈蔷等。八位性格迥异的职场"菜鸟"在各自的职业领域备受挫折，但仍然迎接挑战奋力前行，赢得最后胜利。

这些励志奋斗的"小人物"，与当今的八〇后、九〇后有着相似的人生境遇。他们为人生、为理想而奋斗的想法和做法，是当代中国青年现实生活的缩影，充满了时代感。观众在观看的时候，会感觉剧中的人物就好像是自己或自己身边的人；剧中的故事讲述的就是自己曾经亲身经历过的事情。而剧中人物为了追求梦想以及理想的人生而努力拼搏的精神，也引发青少年对“青春”及“梦想”的思考，引导他们应该做一个什么样的人，并且如何行动。

2. 都市家庭伦理剧：“幸福”与“和谐”的呼唤

家庭伦理剧以家庭为主要叙事场景，将发生在家中的社会伦理道德问题搬上荧幕。“家庭是叙事的背景和架构，而家庭又是每个人人生的起点和终点，家庭的感受是人人共同拥有的，因此家庭叙事就成为大众叙事、普遍叙事。”（吴圣刚，2008：135-138）这类剧以老百姓的家长里短生活为切入点，展示夫妻之间、婆媳之间、亲子之间的种种复杂矛盾关系，反映爱情与婚姻、工作与生活中的矛盾冲突，具有强烈的现实主义特征。

2007 年，《金婚》以编年体的叙述方式讲述了佟志与文丽从 1956 年至 2005 年跨越半个世纪的爱情和婚姻生活，为家庭伦理剧留下了浓墨重彩的一笔。随后家庭伦理题材电视剧出现井喷之势，相继出现《蜗居》《人到中年》（2009 年），《婚姻保卫战》《老马家的幸福往事》（2010 年），《家的 N 次方》《裸婚时代》（2011 年），《夫妻那些事》《岳母的幸福生活》（2012 年），《咱们结婚吧》《小儿难养》（2013 年），《父母爱情》《大丈夫》（2014 年），《虎妈猫爸》《嫁个老公过日子》（2015 年）等。

2016 年活跃荧屏并引发较大话题热点的就是一批都市家庭伦理剧，如《小别离》《中国式关系》《好先生》等。《小别离》讲述了三个家庭面对孩子升学、留学以及青春叛逆期的故事。该剧最大的成功是道出了“中国式教育”的痛点，又生动地表现出家长们的自知和无奈。《中国式关系》直面官场、商海、人情世故，讲述中年大叔马国梁突遭失业、失婚，从官场博弈到下海打拼五味杂陈的人生。从他破解中年危机的故事里，我们看到了中国社会中各个层面的微妙关系。《好先生》和《中国式关系》虽然故事迥异，但都真实反映了中国社会各阶层的生存状态，成为当代都市人的真实写照。

家庭伦理剧体现了“幸福”与“和谐”的大众呼声。借助家庭生活场景，家庭伦理剧以“小家”唤起人们对社会“大家”的关注：“一方面，个人生活的喁喁细语、琐碎开始得以在大众传媒中以自足独立的身份出现；另一方面，在社会由政治型社会向经济型社会转型的过程中，与市场经济相伴而来的经济理性、人际关系的冷漠开始弥漫于社会，甚至也会折射到家庭关系中。在这一历史语境中，传统美德与和谐淳朴的人际关系在怀旧的愁绪中出现于公众视野。”（贺艳和祝光明，2012：69-73）家庭伦理剧顺应这种社会心理，注重“回家”，呼吁“孝道”，转向对传统伦理的回归，用日常生活化的叙事方式和含蓄动人的视听表达手段，探讨婚姻、家庭的意义，努力诠释着传统质朴的幸福观。《老大的幸福》中老大知足常乐，老二以经济利益衡量一切，老三迷恋权力追求仕途亨通，四妹以嫁入豪门为人生幸福。但最终他们的所谓幸福都烟消云散，只有知足常乐的老大才获得了真正的幸福。《老马家的幸福往事》讲述老马家三个子女跌宕起伏的人生。虽然他们都历经艰难的人生选择，但一直坚守人性的底线，追求平淡、质朴的幸福。该剧还设计了马一山及村长等负面形象，他们混淆黑白，泯灭人性，追求利己主义，最终葬送了自己的幸福。2014 年 12 月 17 日在北京影视频道首播的《我的博士老公》，以喜剧方式呈现当代青年博士群体的生活困境及矛盾，虽然涉及的话题略沉重，但人物语言俏皮而幽默，剧情选择以皆大欢喜的方式化解矛盾冲突。剧中沙溢饰演的文学博士梁鸿名承受着巨大的社会压力，比如买房、职称晋升、科研不顺，虽屡屡碰壁，但他不放弃拼搏和努力，同时坚守理想和气节，让大家看到了社会健康发展的希望所在。不可否认，家庭伦理剧在一定程度上对青年的伦理道德观产生了积极的影响。

3. 都市职场白领剧：“独立”与“自强”的女性观

都市职场剧围绕某一具体职业的人员，在特定的工作环境中展开。旨在传递某个职业的理念，塑造从业人员的精神面貌。近年来，都市职场剧集中在办公室白领及医生、律师，以及翻译、广告等时尚产业，先后涌出《律政佳人》《丑女无敌》《时尚王国》《娱乐没有圈》《杜拉拉升职记》《窈“跳”淑女》《李春天的春天》《爱上女主播》《产科男医生》《离婚律师》《欢乐颂》《是！尚先生》《麻辣变形记》《亲爱的翻译官》等系列剧目，并都取得良好反响。

都市职场系列主要塑造了现代都市白领特别是女性独立、自强的精神风貌。2016 年大热的电视剧《欢乐颂》讲述了居住在欢乐颂小区互为邻居的五个青春女性的成长故事。剧中的五个女性成为中国当代都市职场女青年的典型代表，她们中既有“海归”安迪和曲筱绡，也有樊胜美、邱莹莹、关雎尔等都市职员。在现代都市的快节奏生活中，她们充分表现了很强的独立自主能力和社会生活能力。《是！尚先生》展现了时尚设计界职场女性的风采。它与郭敬明导演的电影《小时代》在风格上有相似之处。剧中的富二代尚铂燃拥有巨额遗产，却并未因此放弃努力，而是坚持做一艺术家的志趣，展现了富二代们积极向上的一面。《女不强大天不容》以新闻从业者视角直击了中国社会许多痛点的新闻事件，对现实迎头痛击，毫不避讳现实的龌龊。2016 年 8 月开播的《麻辣变形计》，围绕青春女保镖这一特殊职业展开，讲述了以关小迪和梁大巍为首的青年男女经过训练之后成长为保安公司的骨干保镖的故事。该剧根据保镖行业的特性，设计了较多的打斗戏，使得全剧充满动感；加之女性保镖在当今社会尚属新生事物，对观众具有较强的新奇感和吸引力。剧中多次出现美女格斗以及男女相斗女胜男的情节，彰显了“巾帼不让须眉”的当代女性观。

都市职场剧建构的各种女强人形象，给观众带来了前所未有的视觉盛宴和审美体验，也改变了社会对女性的固有判断，“时代对女性美的要求已不单是柔，而更为关注柔中之健；已不单是传统的属性，而更为关注现代的属性”（任一鸣，2004：141）。而剧中展示的女强人自立自强的精神风貌、令人羡慕的高学历、坚忍不拔的毅力以及通过个人奋勇拼搏而获得的骄人业绩，为当代女大学生走入社会、进入职场打造了良好范本，激励她们更清楚地认识自我、完善自我，摆脱传统观念束缚，争取与男性在人格和事业上的平等，从而实现主体价值。

二、近代革命题材电视剧传播社会主义核心价值观的探索

近代题材电视剧是近年来电视剧发行量排名第二的类型，其年代背景为辛亥革命至 1949 年，根据具体故事内容分为近代革命题材、近代都市题材、近代青少题材、近代传奇题材、近代传记题材等。2013 年近代题材剧目 155 部，占比 35.16%；2014 年近代题材剧目 132 部，占比 30.77%；2015 年 138 部，占比 35.03%；2016 年 99 部，占比 29.64%；2017 年 80 部，占比 25.48%（表 5-2）。

革命题材是近代题材电视剧的重头戏，占年度发行量 15%左右的比例。具体又可分为革命历史剧、革命传奇剧、革命生活剧等。

革命历史剧：反映辛亥革命至 1949 年中华人民共和国成立以前的重大革命历史事件，包括辛亥革命、抗日战争、解放战争等。辛亥革命历史剧，如《辛亥革命》（2011 年）全景展示 20 世纪中国发生的第一次历史性巨变：以孙中山为首的革命派，一举推翻清朝政府，结束统治中国几千年的君主专制制度，建立民主共和国。抗日战争历史剧有《东北抗联》《平原枪声》《小兵张嘎》《历史的天空》《抗日名将左权》《血溅津门》《决战东线》《鲁南抗日游击队》《八路军》《新四军》《铁道游击队》《在太行山上》《永不磨灭的番号》《雪豹》等。据统计，仅 2012 年一年就生产了 200 部抗日战争题材电视剧，2011 年审批生产的新电视剧中，超过一半是革命题材（新华网，2013）。解放战争

历史剧有《江阴要塞》《解放》《济南战役》《解放大西南》等。

革命传奇剧：又称“谍战剧”，以各方势力在虚假面具下开展的秘密救国故事展开，杂糅爱情、悬疑等多样元素。它“以特务或间谍活动为核心事件或主要情节，表现我党我军以及爱国群众为了建设和巩固国家政权，打击国内外敌对势力的破坏和颠覆活动，并以敌我双方的斗争为中心展开叙事”（魏南江，2011：364）。2005 年的《暗算》开启了谍战剧的春天。2009 年围绕中华人民共和国诞生的谍战剧如《绝密 1950》《重庆谍战》《谍影重重之上海》《红色电波》批量上市，总数超过百部；经典谍战剧《潜伏》更掀起了收视高潮。2010 年延续热潮，《永不消逝的电波》《决战南京》《黎明之前》获得收视和口碑双赢。2011 年适逢中国共产党建党 90 周年，同时也是纪念辛亥革命 100 周年，这一年的谍战剧更是占据了电视剧的半壁江山，《黑狐》《旗袍》《螳螂》《掩护》等成为年度热门。此后，为迎合年轻受众的口味，谍战剧大量启用偶像明星参演，以《悬崖》（2012 年）、《伪装者》（2015 年）、《麻雀》（2016 年）为代表的剧目将谍战剧引入“颜值”时代。

革命生活剧：这一类电视剧围绕清末民初到 20 世纪三四十年代的百姓生活故事展开，它们不像革命历史剧那样直接展示宏大的民族历史，而是以个体命运的坎坷波折，搭配乱世儿女情长来折射时代变迁，如《红色》《王大花的革命生涯》等。2014 年播出的《红色》，以淞沪会战后沦为孤岛的上海为背景，讲述了身怀绝技却隐居做小会计的徐天，为了帮助共产党运送物资而卷入与日本人的厮杀。原本只想过普通人平凡生活的徐天，被共产党人前仆后继的英勇精神感染，最终也成为一名光荣的共产党员。剧中徐天和恋人田丹的爱情，为剧情增添了革命浪漫主义色彩。《王大花的革命生涯》（2015 年）讲述一个具有喜剧人格的农村女性王大花，在国难当头走上革命道路。剧中加入了姐弟恋和轻喜剧元素，淡化了战争的残酷，让革命信仰变得更加接地气。

21 世纪以来，革命历史剧紧扣民众对革命年代的怀旧心理，或还原“红色经典”，展示辉煌的革命历史荣光；或打造军旅硬汉，讴歌激情昂扬的英雄人格；或精心编织峥嵘岁月血与火交织的革命爱情故事，丰富革命历史剧的人文内涵，增强节目张力。

1. 历史还原：革命荣光的辉煌再现

近代革命题材电视剧再现了中国共产党的光荣历史。《长征》《延安颂》《西柏坡》《秋收起义》等一系列再现不同时期的历史事件和历史人物的重大革命历史题材电视剧，构成了具有史诗性的宏大画卷。两万五千里长征，是中国共产党历史上的一次伟大的战略转移。从1934年至1936年，中国共产党领导的工农红军历时两个寒暑纵横14个省，终于实现了从东南到西北的战略大转移，红军三大主力胜利会师。整个长征路，红军不仅要应对国民党反动派的围追堵截，也要经受极端恶劣的自然环境考验，还要与党内冒险主义和分裂主义斗争。这些宏大历史在电视剧《长征》中得到恢宏再现。伟大领袖毛泽东以非凡的战略智慧指挥红军将士，成就中国共产党领导下的工农红军惊天地、泣鬼神的伟大壮举，创造了中国战争史上的奇迹。《延安颂》表现了中国共产党在延安由小到大、由弱到强的十年历史。1935年10月，红军在毛泽东的带领下结束了两万五千里长征胜利到达陕北。蒋介石百般阻挠，要以一困二剿三消灭的政策把红军冻死、饿死在陕北。以毛泽东同志为核心的党的第一代中央领导集体以无与伦比的胆略和才识，呼唤引导中国革命从国内战争走向民族解放战争。剧中还客观再现了瓦窑堡会议、洛川会议等重大历史事件。2017年播出的革命历史题材电视剧《秋收起义》，讲述了毛泽东等革命先驱在军阀与地主武装联合绞杀的危险时刻，率领一支工农武装部队开始秋收起义，在风雨飘摇中点燃革命火种，建成一支由党绝对领导的新型人民军队的革命史实。该剧将重大革命历史与红色青春相结合，谱写了一首壮丽的英雄史诗。

革命历史题材电视剧激发了民众的“红色情结”，成为社会主义核心价值观教育的有力载体。“红军不怕远征难，万水千山只等闲。”借助历史题材电视剧的宏大叙事，红军将士们用鲜血和生命抒写的不朽传奇，让我们重温了党的伟大征程。南湖的红船、井冈山的红旗、长征的铁流、抗日的烽火、中国第一支人民军队的名称、中国第一个人民政权的光辉、中国第一个人民政党党旗的本色等等元素融合在一起，凝结成中国共产党独有的“红色文化”，这也是马克思主义中国化的实践成果。习近平总书记明确指出：“革命理想高于天。中国共产党之所以叫共产党，就是因为从成立之日起我们党就把共产主义确立为远大理想。我们党之所以能够经受一次次挫折而又一次次奋起，归根到底是因为我们党有远大理想和崇高追求。”（习近平，2017a：34）

革命历史题材电视剧以革命史实为基础，借助非凡的领袖形象、恢宏的历史画卷、大气磅礴的场景，展现了中华民族的苦难历史和抗争精神。电视剧播出以后，观众通过重温历史再次形成新的个人记忆和集体记忆。“我们在今天重温这些历史上曾经存在过的政治人物，并以一种严肃的创作精神，以一种唯物主义的辨证历史观，在荧屏上力图艺术化地真实再现他们的历史活动和心路历程，不是为了钩沉过往岁月和回味历史的沧桑，而是为了启迪现在、走向未来。”（魏南江，2011：117）只有在这个基础上，民众才能清楚地把握中华民族历史命运发展的精神脉络，形成对民族统一和国家认同的清醒认识，培养理性的爱国主义。

2. 家国一体：爱国主义的集体礼赞

“家国一体”是中国传统社会结构的基本模式。对于中国人来说，家和国具有价值统一性。家是国的缩影，国是家的放大；血缘关系与政治关系的联结是“家国一体”伦理政治赖以生存的前提和纽带，“通过血缘关系在政治生活领域中全面渗透，把政治关系网络变成以宗族、家族式管理为核心的血缘关系网络”（柳俊杰，2006：12-17）。“家国一体”为爱国主义提供了思想根基。爱国等于爱家，齐家方可治国。一个人从出生开始，他所做的每一件事实际上都与国家发生着关联。真正的爱国者往往思考的是民族与国家的未来，将国家和民族大义置于个体利益之上，勇于革新，锐意进取，捍卫国家尊严，保持民族气节。

近代革命历史题材电视剧彰显了以“仁”为中心的和合、求大同人生信仰，构成了军旅硬汉爱国主义情怀的集体礼赞。《亮剑》中的李云龙“面对强大的对手明知不敌也要毅然亮剑”，“即使倒下也要成为一座山一道岭”，展示了将生死置之度外的霸气。他的部队在他的带领下也感染上了悍不畏死勇往直前的气势，打了一个又一个胜仗。《十送红军》勾勒了铁血军队群像，包括勇敢为苏区垫后的敢死队、遭遇严重伤亡的狙击手连队、火力支援攻击遵义的二连、为四渡赤水拼死夺桥护桥而全体阵亡的红军某部，谱写了一曲为革命大局牺牲自我的英雄赞歌。《血色湘西》描写了以田穗穗、石三怒、龙耀文、龙耀武等为代表的湖南湘西抗日军民为国家舍弃自我，誓死捍卫家园不顾一切的英雄气概，在观众中产生强烈反响。

革命历史题材电视剧对爱国主义的集体礼赞，为践行社会主义核心价值观提供了有力支撑。“中华民族作为一个自觉的民族实体，是近百年来中国和西方列强对抗中出现的，但作为一个自在的民族实体则是几千年的历史过程所形成的。”（费孝通，2007：50）中华民族何以能够在复杂的革命进程中夺取一个又一个的伟大胜利，不断迈向新的征程？这无疑与“在漫长的岁月中，经过一代代先人在实践中不断的探索、积累、完善”而逐渐形成的“一套相当成熟的协调模式”以及“古人高度的政治智慧和中华民族深厚的文化底蕴”（费孝通，2007：437）密不可分。重构个人层面的社会主义核心价值观，必须弘扬和继承“家国一体”的传统，培育个人的社会担当意识。

3. 乱世英雄：人性之美的真实演绎

英雄是推动社会发展、文明进步的重要精神力量。无论是侠盗罗宾汉，还是蒙面侠佐罗，他们所处的时代都充满着压迫与暴虐，作为正义化身的他们，锄强扶弱，主持正义，有着鲜明的时代特色。正所谓“时势造英雄”，英雄作为时代榜样，具有强大的社会功能。“英雄可以是旗帜，指引人民前进；可以是号角，鼓舞人民前行；可以是规范，指导人民行动。”（朱凤荣，2016：11-14）在“两个一百年”奋斗目标的时代背景下，我国社会需要千千万万个当代英雄，作为人民群众的忠实代表和光辉榜样，为实现中华民族伟大复兴的中国梦提供强大的精神动力。

传统社会语境下，影视作品塑造的英雄形象往往具有完美主义和悲情主义特征：一方面，英雄被符号化、脸谱化、去个性化，被固化为缺乏活动和感染力的英雄雕像，与人们产生较强的距离感；另一方面，成为英雄往往会付出沉重代价，具有强烈的悲壮意味，从而使人们对英雄的追求望而却步。“其表现就是——无论是哪种类别的英雄都是完美无瑕的，看不出多少有和平常老百姓相同或类似的性格特征。在宣扬时，如果有确实难以回避的瑕疵，惯用的手法是采用隐瞒和美化的方式去掉这点所谓的不完美。”（李伟，2012：99-101）21 世纪以来，社会价值观念趋于多元，“高大全”式的英雄话语模式已不能满足人们的审美需求。革命军旅题材电视剧在英雄塑造方面开始追求创新，一些带有丰富个性特征甚至是“缺陷”的另类英雄被推为主角。

新时期的革命英雄是不完美的。《亮剑》中的李云龙喜欢爆粗口，“老子”等常挂嘴边；“做事无规矩”，常常违抗上级命令，自以为是；新婚妻子被日军俘虏后，他不顾我军整体部署，愤然带队横扫平安县城，搅动整个西北战场。《狼毒花》中的常发当过山大王，能喝酒爱吹牛，口头禅是“马背上没有酒和女人还算是男人吗”。他一直不按常理出牌，片子一开始就绑架了地委书记，为了帮八路军渡过经济危机而敲诈土财主，一个人闯进日本人地盘救老百姓。《历史的天空》中姜大牙经常鹦鹉学舌说错话，浑身充满草莽气息，带着农民的狡黠甚至是“自私”。但同时，他们有情有义、侠肝义胆，在战场上屡建奇功，“在人物个性上，将浸润着民间化的草莽侠义与革命英雄气概相融合，具有一种亦正亦邪的美”（魏南江，2011：276）。甚至一些我们熟知的伟人形象也不再高高在上。如《长征》为伟大领袖毛泽东增添了生活化细节：与儿子嬉戏，用“骑大马”的方式逗儿子欢乐；冲妻子发脾气。

电视剧还充分展示了传奇英雄面临个体利益和民族大义矛盾冲突时的复

杂“内心戏”。《士兵突击》中的许三多初到钢七连时一度想过放弃，在退伍与转士官问题上也有过犹豫。凭借着对“好好活”的自我认识，他最终成为连队优秀标兵，在不断的成长与反思中诠释了“不抛弃，不放弃”的军人气节。《我的兄弟叫顺溜》中，顺溜眼睁睁地看着姐姐姐夫一家被日本人坂田杀害，国恨家仇让他冒着生命危险深入敌后执意追杀坂田。但是在个人情感与组织纪律的较量中，他还是选择了后者，放弃复仇。顺溜矛盾复杂的内心坚守阐释了何为真正的中国军人。正如第26集中司令员所说：“当兵这么久，我从来没有遇到这样的兵，可以像狼像虎拼尽最后一颗子弹，拼尽最后一滴血，但在最需要冷静面对困境的时候，他却可以恪守一个军人的职责和纪律，去控制自己的情绪和内心。”编剧朱苏进说：“他虽然只是一个小人物，甚至不是一个方方正正的士兵，但他的光荣和悲哀，却凝结了最为纯粹的军人气质。”（邵岭，2009）

塑造英雄形象，就是塑造一个民族理想人格的过程。所谓英雄，“其实在很大程度上就是能及时地准确地感知环境的挑战，并能作出恰当的反应，从而成为民族群体核心的人物”（施惟达，1993：55-61）。无论是中华人民共和国的缔造者，还是平民战士，他们都具有鲜明的个性，有着丰富的内心世界，血肉丰满，充满生气。他们身上所表现出来的品质，既有那个时代的局限性，又有超越于时代的精神品质。他们所展现的朴素的理想人格及抽象精神寄托因而具备了更强的生命力。以英雄主义的名义塑造传奇英雄、讲述传奇故事，“以另类化的人物塑造颠覆和改写革命英雄形象，将传奇性融入到英雄主义叙事中”（魏南江，2011：275），给观众营造了更为真实的心理体验。电视剧播出后，大众对剧中形象的肯定和认同，反映了转型期社会价值取向的多元化，一定程度上也折射出社会整体对“高大全”式英雄人物的摒弃，以及对更真实饱满的英雄形象的心理期待。

三、古代传奇题材电视剧传播社会主义核心价值观的探索

古代题材电视剧是目前仅次于当代题材、近代题材的热播电视类型。根据国家新闻出版广电总局2013—2017年度获准发行电视剧数据统计：2013年古代题材剧目37部，占比8.39%；2014年古代题材剧目46部，占比10.72%；2015年47部，占比11.93%；2016年39部，占比11.68%；2017年38部，占比12.10%（表5-2）。

2011年，由同名网络小说改编的古装剧《甄嬛传》播出后不断刷新电视剧

收视纪录，2011 年 12 月 18 日“创下单集收视率 10.78%的纪录，位列同时段各地电视剧收视率之首”（陈家堃，2011）。《光明日报》称：“《甄嬛传》则以对人性的深度开掘，对封建皇权的强烈批判，对真善美的热情讴歌而获得了观众的认可，为泥沙俱下、良莠不齐的古装剧市场挽回了声誉。”（韩业庭等，2011）此后，古代传奇题材电视剧作为一种文化和娱乐商品，得到越来越多编剧及制片的青睐。

本书将近年来热播的古代传奇题材电视剧分为古代历史正剧、古代历史戏说剧、宫廷系列历史剧三种类型。

古代历史正剧以古代历史上真实发生的事件为基础，通过虚拟与真实并存的情节描述，以引人入胜的艺术方式表达出来。“一些重大的历史事件、重要的历史人物在历史剧中被活灵活现地演绎出来，带给我们的是最直接的感官感受，并由感官经验转化为生活经验。”（王满和张德安，2012：155-156）代表剧目有《大明王朝 1566：嘉靖与海瑞》《穆桂英挂帅》《康熙王朝》《雍正王朝》《抗倭英雄戚继光》《大秦帝国》等。

古代历史戏说剧相对于历史正剧，情节含有更多虚构和想象成分。戏说剧是一种变形的历史剧，其核心在于游戏的“戏”，而非戏剧的“戏”，“戏说剧中的历史通常仅以背景的形式出现，历史人物、历史事件的原貌并不重要，故事通常是现代人对它们的臆测”（江逐浪，2006：117-121）。1991 年的《戏说乾隆》开了戏说历史剧之风。乾隆帝在剧中被描绘成一个游戏人间的君主，除了他以外的人物在历史上都是子虚乌有。“事实上，戏说剧成功的关键通常不在戏说的内容，恰在于戏说的内容与观众所了解的事实之间的差异，在‘戏说’中所表现出的游戏态度和观众在接受历史教育时形成的传统历史观念之间的差异。”（江逐浪，2006：117-121）近些年播出的此类电视剧有《欢天喜地俏冤家》《唐朝好男人》《乐战三国》《大汉情缘之云中歌》《秦时明月》等。

宫廷系列历史剧一般会以古代历史上某个王朝为故事背景，围绕皇帝后宫嫔妃间的权谋与斗争展开。2006 年香港经典剧目《金枝欲孽》的播出大受关注，宫斗题材一时成为热门；2011 年的《甄嬛传》将宫斗剧推至巅峰。随后《画皮》（2011 年）、《步步惊心》（2011 年）、《宫锁心玉》（2011 年）、《宫锁珠帘》（2012 年）、《我为宫狂 1》（2013 年）、《我为宫狂 2》（2014 年）、《宫锁连城》（2014 年）、《后宫那些事儿》（2014 年）、《妻妾成群》（2014 年）、《芈月传》（2015 年）、《女医明妃传》（2016 年）、《锦绣未央》（2016 年）等相继亮相荧屏，激发了广大群体的收视热情。

一切历史都是当代史。近些年的古代传奇题材电视剧毫不掩饰自身的意识形态诉求："历史在这里成为一种现实的意识形态话语，它以其权威性加强着人们对曾经创造过历史奇迹的政治集团及其信仰的信任和信心。"（尹鸿，1998：8）故事中对价值观的追求与构建为观众提供了新的解释系统，为历史话语的当代价值建构进行了创新探索。

1. 借古喻今，铸造民族共同体

德国现代社会学的创始人斐迪南·滕尼斯（Ferdinand Tönnies）曾提出了"共同体"这一概念。"共同体的类型主要是建立在自然（有机）基础上的群体（家庭、宗教）里实现的，它也可能在小的、历史形成的联合体（村庄、城市）以及在思想的联合体（友谊、师徒关系等）里实现。在此书中，滕尼斯归纳了三种共同体的类型：血缘共同体、地缘共同体、精神共同体。"（转引自张国芳，2019：78-85）以血缘关系为基础的家庭、家族共同体是最基础的共同体；地缘共同体保留了家庭共同体的血缘、地理和文化的亲和性，并从空间上拓展了其疆域；精神共同体则从心理层面保证了共同体的意志统一。中华民族在融合发展的历史进程中，也形成了不同的次级共同体，它们"既有着中华民族共有的语言、信仰、情感和共同的历史记忆，也有着自身所延续下来的特定的情感思想、风俗传统、信仰习惯及其所塑造的文化心理模式"（张伟，2017：39-43）。

古代传奇题材电视剧借古喻今，将新时期社会公众对民族统一、国家富强、长治久安等价值诉求融入其中，可以减少不同层级共同体的差异，凝聚共识，推动国家共同体的构建。2014 年播出的《隋唐英雄 3》，根据传统说书《罗通扫北》《薛仁贵征东》综合改编，全新演绎隋唐的时代变迁和社会更迭。宏大气势的战争场面、波澜壮阔的历史画卷，展示了众多历史人物在改朝换代的风云变幻中沉落起伏。隋炀帝杨广凶狠残忍，穷奢极欲，李世民消灭他们，实现了天下归一、民求安定的愿望；李世民先做太子，又当皇帝，把济世安民的愿望变成了现实；处处以隋朝灭亡为教训的唐太宗李世民，顺应天下思治的民心，任用贤能，爱惜民力，开创了一个国泰民安的盛世。2015 年播出的《抗倭英雄戚继光》，讲述明嘉靖年间东南沿海汪直等人与真倭勾结，大举入寇东南沿海诸府县，引发东南大患。戚继光受命抗倭，平定东南倭患，又调守蓟镇维护北方和平，所以才有了后来隆庆年间海外民间贸易的繁荣昌盛。2017 年的《大秦帝国之崛起》围绕公元前 305 年秦国历史上执政时间最长的君王秦昭襄王嬴稷展开。嬴稷在其母宣太后和舅舅魏冉的扶植下，从稚嫩少年成长为坚毅沉着、威仪天下的真正王者；秦国也由势力一般的小国跃升为傲视群雄的超级大国。灭义渠、修长城、重创齐国、攻陷楚国、降伏魏韩、拿下大敌赵国，最后一举消灭西周收纳九鼎，雄傲中原无可匹敌。

历史总是充满了偶然性。但是从漫长的历史长河来看，它与现实生活之间依然存在千丝万缕的关联。许多古代题材历史剧以真实的历史人物、历史事件为原型，在此基础上进行合理虚构，经过艺术加工，成为建构中华民族史的一个重要组成部分，它们以浓墨重彩的笔法、雄浑的笔调，向观众集中展示了盛世朝代的壮丽画卷。无论是从汉文帝和汉景帝的文景之治开始到汉武帝时期达到顶峰的西汉盛世，还是从唐太宗实行贞观之治到唐玄宗时期达到顶峰的开元盛世，抑或是从清朝康熙到乾隆年间中国封建历史上最后一个盛世——康乾盛世，电视剧“以可视的画面形象与明晰的语义符号向受众传递着这样一些讯息：我们一贯是一个能够统摄四方、使八方来仪的优秀民族，曾经拥有征服与感召周边兄弟民族的强力与仪范”（杜莹杰和黄巧莉，2015：95-98）。这种主旨与新时期中华民族伟大复兴的共同期盼是不谋而合的。“历史题材电视剧正是通过英雄神话的制造慰藉了大众的心灵，帮助他们完成了对英雄的想象、对理想生活的幻想以及对日常生活的认同”（李庚，2008：64-65），与社会主义核心价值观达成了高度的一致。

2. 激浊扬清，构建法治新中国

党的十八届四中全会对全面推进依法治国作出了总体部署，提出“在推进依法治国过程中，必须大力弘扬社会主义核心价值观，弘扬中华传统美德，培育社会公德、职业道德、家庭美德、个人品德，提高全民族思想道德水平，为依法治国创造良好人文环境”（习近平，2017a：117），科学阐明了依法治国与培育和践行社会主义核心价值观的有机关联，并将其统一性上升到一个新的高度。

古代传奇题材电视剧深度挖掘各朝各代具有法治精神的人物和事件，对秉持法治正义的历史人物进行高度褒扬，对实施独裁、缺乏法治正义的帝王及朝代进行无情鞭笞。《天下粮仓》中，乾隆元年天下大旱引发粮食灾荒，官仓舞弊、社会动荡。危难之际，刑部尚书刘统勋扶棺履任，为官近五十载，多次奉命审理官员贪渎案件。从弹劾三朝元老张廷玉徇私枉法、擅作威福，到按律查办西安将军都赉、江西巡抚阿思哈，民主法治话语充分展示了对传统文化的胜利。《一代廉吏于成龙》中的于成龙上任合州时，土地极度荒芜。他亲自为百姓区划田舍、登记注册，设立奖励垦荒制度，不到两年，合州人口骤增，田地开辟。黄州府歧亭镇（今湖北麻城市歧亭镇）盗贼劫路伤命，严重影响百姓生活。于成龙以郡丞身份坐镇治盗，采取“宽严并治”和“以盗治盗”的方法，排解许多重大疑案、悬案，使错案得到平反，被百姓呼为“于青天”，留下“鬼有冤枉也来申”的美名。身为“治官之官”，于成龙始终把整顿吏治放在首位，颁布《兴利除弊约》，对灾耗、私派、贿赂等 15 款积弊严厉惩治，并制订了以“绝贿赂，杜私派，崇节俭”为内容的《新民官自省六戒》作为地方官的行为准则。时人说凡他所到之处，“官吏望风改操”。该剧拍摄于 2000 年，2014 年被作为优秀剧目展播。该剧蕴含的主题与中国共产党力倡的反腐倡廉契合，具有很强的教育意义。2007 年 1 月 8 日在湖南卫视首播，时隔 10 年再度回归荧屏，于 2017 年 2 月 13 日在优酷视频网络独播的《大明王朝 1566：嘉靖与海瑞》，同样以复调手法描绘了明朝嘉靖年间暗潮汹涌、剑拔弩张的朝政格局，海瑞等朝廷大员的施政谋略，以及百姓的世俗生活。嘉靖皇帝被塑造成一个唯我独尊、专横独裁的君主，成为朝政混乱和民不聊生的根源。而不惧强权、刚正不阿，帮助实现吏治清明的清官海瑞，让百姓看到了希望。

2015 年热播的古装电视剧《琅琊榜》，将时空置于南梁大通年间。麒麟才子梅长苏为昭雪冤案、扶持新君付出了数十年的心血。尽管遭受灭门之灾，但是作为天下第一大帮江左盟首领的梅长苏并没有选择以暴制暴，快意恩仇，而是忍辱负重，大力辅佐新君，最终借助朝廷法制机构悬镜司，重新对冤案进行审理，还了赤焰军清白。梅长苏身上所体现的不畏强权、敢于和恶势力斗争到底的精神是当今社会所提倡的精神品质；他运用法律手段来合理维护权益，伸张正义，也与当今社会主义核心价值观所提倡的爱国、法治、公正等理念高度一致。而剧中反派大梁国宁国侯谢玉以权谋私、无视法纪、贪污受贿最终遭到抄家流放，也具有鲜明的警示作用和教育意义。

历史题材电视剧将社会主义核心价值观融于古代叙事，使观众在观剧中能以史为鉴，激浊扬清，吸取历史经验教训。一直以来都有一种传统观点，认为古代治国理政都是靠君主一家之言。以刘统勋、于成龙、海瑞等为代表的历史人物，在其从政期间总结出的有关立法、司法、守法等见解及实践成效，为构建现代法治中国找到了传统文化根基，也为当今社会语境下如何坚持“古为今用”原则，弘扬传统法治精神，建设现代民主社会进行了积极的探索。

3. 礼乐传承，重振礼仪之大邦

中华民族源远流长，在五千年的历史长河中曾经创造了灿烂的人类文明，形成了具有独特风范的道德准则以及相对完整的礼仪规范，留下了“文明古国，礼仪之邦”的美名。中国的礼文化发端于远古时期的宗教活动。在祭祀、祈祷等仪式中即产生了原始的“礼”；而后周公“制礼作乐”，孔子“引仁入礼”。“‘礼’逐渐与政治制度、伦理道德、哲学思想、宗教、法律等内容结合在一起，成为中国文化的根本特征。”（刘慧莹，2017：44-46）

相较于其他题材类型，古代传奇题材电视剧在弘扬传统礼仪，继承优秀文化基因方面具有更明显的优势。剧中人物无论是言行举止、行事风范，还是衣冠服饰，都带有特定历史时代的印记。优秀的历史剧大到架构，小到人物的发髻以及日常习俗，都会以历史原貌为基础，蕴含着传统文化基因。以 2014 年播出的《卫子夫》为例。该剧在服饰、器物、礼仪、官制等方面非常考究，将不同身份等级的人之间的礼仪与规矩都展示得非常到位。比如女性走路需要小步快走，特别是从长者身边走过时更要“亦步亦趋”表示恭敬；跪坐是合乎礼节的坐姿，“箕踞”在当时是极其不礼貌的；人与人之间的参拜方式有万福礼、揖礼、拜礼等多种，等级不同参拜方式会各有差异。剧中王珞丹饰演的千古一后卫子夫充满了汉朝女性的柔美和韵味，举手投足间的不经意小动作都透露了独特的汉朝礼仪。网友直呼剧中造型美得真实，非常尊重历史：“女主角卫子夫就是标准汉女形象，《国宝档案》里的汉代席镇铜人像就是她这种形象。”（刘卫东和陈霄，2014）

2015 年播出的电视剧《琅琊榜》也邀请了古代礼仪研究专家，严谨考证南梁时代人物交往之间的行为礼仪和重大场面礼节规范，力求剧中人物的言行举止与等级身份吻合。无论是出生富贵的穆小王爷，还是行事洒脱的言豫津，在拜见尊长时都会保持恭敬有礼的庄重神态；梅长苏在太皇太后去世后坚持以病弱之躯遵行禁食、跪经和叩灵，体现了古代丧礼仪节。除了扣人心弦的剧情、细致唯美的构图、忠于历史的服饰道具，《琅琊榜》以儒家思想贯穿始终，“既在人物的礼仪规范、行为举止、谈吐言论方面展现出温润如玉的君子风貌，又在人物的思想品格、内在修养、价值追求上遵守仁人君子的道德操守，将艺术加工和历史价值相结合，塑造了一个‘内仁外礼’的君子形象，传递出真实的君子之美”（刘慧莹，2017：44-46）。

古代传奇题材电视剧展示传统服饰文化及礼仪知识既旧且新，一方面是推动情节发展的必要元素，另一方面也对当代受众特别是八〇后、九〇后青年一代形成了强烈的吸引力。其中蕴含的传统社交人际之道具有典型的民族特征，也为浮躁的社会风气提供了一次精神洗礼，让我们反思如何珍惜祖先留下的文化遗产，重振礼仪之邦，建设和谐美丽的新中国。

第三节　当前电视剧在传播社会主义核心价值观中存在的问题

一、传播主体层面：价值导向意识有待加强

1. 夸大史实，英雄被传奇化和偶像化

电视剧传播社会主义核心价值观最常用的方法就是塑造英雄人物形象。近年来，电视剧中的英雄人物突破了传统的“高、大、全”式刻板印象，“从曾经的圣坛之上走向人间，经历了从‘精英英雄’、‘江湖英雄’、‘草根英雄’的不断‘人性化’的历程”（戴清和焦朦，2011：24-26）。但是，目前不少电视剧又陷入夸张娱乐化的误区，使英雄被传奇化和偶像化。

抗日剧中，原本严酷的敌我斗争历史被戏剧化，抗日胜利成果被夸大，抗日英雄也个个神勇无比。剧中的八路军和游击队武器装备充足且先进，甚至比真实的日军还要充足；在战争现场，我方动辄就是以少胜多。《亮剑》中李云龙率领的独立团如快刀斩乱麻，两分钟之内发出 3600 颗手榴弹，一举歼灭日军山崎大队；《永不磨灭的番号》里，八路军独立团用三天时间消灭了日军半个师，战果超过百团大战。为了吸引观众眼球，编剧不惜编造各种神奇剧情。《利箭行动》中不仅有飞天打斗的场面，甚至出现了比子弹跑得快的奇人。《飞虎神鹰》里的燕双鹰，会修枪、做炸药，飞檐走壁一人干掉多名狙击手。而《抗日奇侠》中每位大侠都神功盖世，女妖的绵沙掌、铁头侠的铁砂掌、鬼魂的鹰爪功、王神风的太极拳甚至是绣花针的针都令日本鬼子闻风丧胆。

“艺术的真虽然不同于生活的真，但是艺术的真必须立足于生活的真，因为只有基于生活的真实升华为艺术真实的审美创造，才会具有永久的生命力。”（杜莹杰，2010：79-82）历史剧在荧屏长盛不衰，足见大众对历史的真爱。基于此，历史剧更应背负更多的社会价值传播使命。夸张失真的历史剧会对公众形成误导，特别是“将抗战‘武侠化、偶像化、脸谱化’，将战争表现得如同玩电子游戏一样，甚至出现明显违反常识的夸张桥段，不但失去了艺术水准，更扭曲了对战争历史的民族共同记忆”（晋爱荣，2013：75-78）。

2. 解构崇高，核心价值观被消解

解构主义作为后现代思潮的一种，由法国当代哲学家雅克·德里达

（Jacques Derrida）提出。它强调碎片化、多样性、差异化，反对体系化；强调个性自由和不确定性，反对中心权威；主张消解深度的"平面化"理论，反对传统价值观以及意义的崇拜及信任。总之，"解构与重构都是后现代主义的特征"；在后现代文化中，"历史感、价值意义、普遍本质反映等，在根本上是被解构了。而消解历史意识、削平意义深度，实质上消除了文化的精神特性"（葛晨虹，2013：96-103）。

在当代中国，后现代价值思潮挟裹着市场经济的快速发展，给人们带来了多元的价值冲击。传统价值观在失落，工具理性在替代价值理性，反映在电视剧创作领域：一是反对正统叙事，在历史剧中把历史的真实置于一旁，却肆意虚构、篡改和游戏历史，以迎合市场；二是矮化英雄甚至是淡化英雄历史，展示其人性"恶"的一面，津津乐道于其私生活和花边新闻，将崇高精神渲染成"自虐"行为，认为"牺牲""奉献"是一条"极端的反现实主义道路"。

在近几年非常流行的宫斗剧、穿越剧中，解构主义表现得尤为明显。其首要特征就是无中心、无历史根据。《梦回唐朝》中的女博物馆研究员、《神话》中的易小川，以及《武林外传》中的佟掌柜与白展堂都是虚构的人物，其剧情是完全虚构的。历史不再是历史，而已经沦为符号和道具；剧中人物披着历史的外衣，演绎着现代人的爱恨情仇，实现狂欢式的情感宣泄。其次它们都不再以传播特定的意识形态体系和价值观念为目标指向。《王的女人》中项羽爱上吕后，虞姬成为第三者插足，演出了一场三角恋爱闹剧，让人啼笑皆非。《新洛神》中，曹操与儿子曹丕、曹植相互争夺甄氏的爱情，展开了一场乱伦的四角恋爱，成为一场"娱乐至死"的媚俗表演。而《宫锁心玉》《步步惊心》以穿越的方式实现历史与现代的共存，在游戏和拼贴中实现平面、机械的仿真，权威和中心不复存在，沦为"历史虚无主义"，"就如同《还珠格格》中的主角'小燕子'一样，解构了传统视野中关于神圣、权威、秩序、常规的概念，削平了作为大众传播媒介的电视剧所要表达的深度模式，制造出了一场场嬉笑胡闹的视觉狂欢，观众在伴随着消费历史、娱乐历史的游戏快感之后也会陷入到一种虚无和困惑之中"（金丹元和游溪，2013：92-96，132）。

3. 伦理失范，低级流行主义盛行

在消费主义思潮的推动下，为了迎合受众的多元化需求，电视剧不断翻新花样，甚至不断挑战传统伦理底线，由此造成的文化污染和文化资源浪费屡见不鲜。

古装剧热衷于戏说和穿越，在营造一派繁荣景象的同时，将嫔妃、太监、宫女的工于心计演绎为人与人之间的正常关系，价值导向意识缺失。美艳如花的嫔妃们为了争夺皇帝的恩宠，姐妹反目、互相残害，各种手段无所不用其极；太监、宫女为安身立命，也在主子的明争暗斗中周旋推波助澜。宫斗剧将人性中恶的一面无限放大，“充斥着勾心斗角、争风吃醋、相互算计”，“对历史的解构背后隐藏着对权力、恩宠、一夜走红、一夜暴富的向往和对享乐主义的崇拜，既无益于认识历史，也无益于思考人生”（金丹元和游溪，2013：92-96，132）。而玄幻穿越剧则无一例外地热衷于情爱主题。《仙剑奇侠传》展现了李逍遥与女娲后人赵灵儿、林家堡大小姐林月如之间的感情纠葛；《花千骨》中描绘了长留上仙白子画与花千骨的师徒之恋；《古剑奇谭》上演了百里屠苏和风晴雪的旷世之恋；《三生三世十里桃花》里，青丘帝姬白浅和九重天太子夜华的爱恨纠葛经历了三生三世的轮回辗转……创作者一味地打“偶像牌”，硬生生将作品打造成了“粉丝剧”。

当代剧为了满足少数受众的好奇心、窥探欲等低级趣味，将婚外情、第三者、多角恋、未婚先孕、离婚等情感纠葛作为热门主题，摒弃主流、拒绝崇高。《欢乐颂》（2016 年）展示了五位性格不同的女孩在大都市打拼中面临的种种问题，包括职场问题、恋爱问题、亲情问题以及友情问题等，击中当代年轻人的内心，一度创造了收视巅峰。但剧中的樊胜美作为职场、情场老手，以高富帅、傍大款作为自己的人生目标，对当代年轻人的价值观有着不良暗示；该剧对职场精英安迪及富家女曲筱绡的华丽衣着、高端住所、豪车及生活方式的浓墨重彩渲染，在某种程度上成为当代大学生物质享受、互相攀比的助推器，刺激了拜金主义、消费主义的蔓延。《我的前半生》（2017 年）开篇就以婚外情拉开帷幕。十指不沾阳春水的全职太太罗子君因发现丈夫出轨而离婚，跌到人生谷底；闺蜜唐晶多年来一直对她不离不弃，但她最后却夺走了唐晶的男朋友；而对向她示好的男人老金，她虽然一开始就明白两人不可能在一起，但却并未明确拒绝，坦然地享受对方对自己的投入。无怪乎有网友义愤填膺地表示：“《我的前半生》在宣扬不正的三观！”《我们的爱》（2017 年）围绕凤凰男许光明和丁雪为了一套学区房假离婚，随后许光明与学生李梦竹纠缠不清，导致夫妻反目成仇假戏成真，能歌善舞的女儿也遭遇意外失聪，揭示了赤裸裸的婚姻纠葛。

穿越剧、宫斗剧、情感剧热播的背后，体现的是一种低级流行主义。正如美国大众文化批判理论家德怀特·D. 麦克唐纳（Dwight D. MacDonald）所指出的，大众文化“是一种低级的、琐细的文化，同时出现了深层的现实（性、死亡、失败、悲剧）和质朴自然的快感，因为现实是太现实了，快感是太活跃了，而无以被诱使……麻利地接受大众文化以及它所销售的商品，来替代那些游移无定、无以预测，因而也是不稳定的欢乐、悲剧、巧智、变化、独创性以及真实生活的美”（转引自肖建华，2007：8-15）。“在消费主义思潮盛行的今天，如何避免市场化过程中在追求文化产业的经济利益时在精神塑造和价值传递上可能产生的负面效应，已经成为一个不容忽视的课题。”（罗永雄，2012：26-27）

二、传播内容层面：同质化现象较为突出

1. 内容题材的集中化

如前所述，当前电视剧对社会主义核心价值观的传播主要集中在当代题材、近代题材及古代题材。各种题材中，有四类题材所占比重较大，分别为反特/谍战类（20.1%）、军事斗争类（19.4%）、近代传奇类（13.0%）和都市生活类（11.9%）。CSM 相关人士指出：“目前我国的制播市场经过多年的供需调整与摸索，已经进入一种良性循环的状态，题材高度集中化容易造成跟风创作、扎堆播出，不利于节目创新和小类题材的发展。”（宋宇晟，2015）

电视剧内容题材的集中化与国家宏观政策导向有着密切关联。2009 年，国家广播电影电视总局首次推荐献礼剧，为庆祝中华人民共和国成立 60 周年献礼；2011 年为庆祝中国共产党成立 90 周年第二次推荐了献礼剧。在《永远的忠诚》《烈火红岩》《五星红旗迎风飘扬》《八路军》《延安颂》等剧目的带动下，以弘扬爱国主义、民族主义和英雄主义为主题的“红色剧”扎堆出现，表现家庭生活的电视剧相对较少。

经过多年的经营与观众培育，不同的电视台已形成不同的题材偏好，差异化与同质化同时存在。比如，湖南卫视 47%的剧都是言情类，江苏卫视和浙江卫视也偏重言情类，但分别只占 26%、22%；北京卫视和东方卫视偏好都市生活类，定位、广告规模相仿，因此 2015 年“一剧两星”时拼播剧较多；山东卫视的热播剧多为军事斗争题材，而中央电视台综合频道重大革命题材剧最多，占了 26%。

2013 年 12 月 23 日中共中央办公厅印发了《关于培育和践行社会主义核心价值观的意见》。电视剧也开始“走基层、转作风、改文风”，实现“三贴近”，现实题材电视剧开始增多，涌现了《马向阳下乡记》《生活启示录》《产科医

生》《幸福请你等等我》等剧目。

2. 故事情节的模式化

电视剧传播内容同质化的第二表现就是故事情节的模式化。宫廷题材电视剧一般都是从女主角入宫开始，因为某些原因被赶出宫（或遭到压制），后来又借助某个机缘（或者在某人帮助下）重新回归，将故事情节推到高潮。《美人心计》（2010 年）讲述西汉王朝皇宫深处杀机四伏，刀光剑影。少女杜云汐随奶娘九死一生逃出皇宫，却在命运的安排下再度入宫。改名为窦漪房的她不得不在狠毒多疑的吕后身边周旋，最终攻克一个又一个难关，当上王后，成就千秋大业。《甄嬛传》（2011 年）讲述美丽善良的女孩——大理寺少卿甄远道长女甄嬛因容貌酷似已逝的纯元皇后，意外得到雍正的赏识而步入皇宫。但是，在皇后和华妃两方势力的夹击下，她一次次被卷入残酷的宫闱斗争，被迫离开后宫。后来她遇到果郡王，在精心谋划下重新回宫，经历无数明争暗斗，终于成为太后。《芈月传》（2015 年）也是延续同样的套路。身为战国时期最受宠的小公主的芈月在楚威王死后生活一落千丈：母亲被驱逐出宫；她和弟弟芈戎也遭遇一次次追杀。芈月后来与楚公子黄歇相爱，但却被作为嫡公主芈姝的陪嫁媵侍远嫁秦国，成为秦王的宠妃。在诸子纷争中，秦王嬴驷抱憾而亡，芈月和儿子被发配到燕国。在义渠军力的帮助下，芈月重返秦国平定内乱，儿子嬴稷登基为王，芈月成为史上第一个太后。除此之外，后宫中的女性为了争得皇帝恩宠，所使用的手段基本都是投毒、自杀、暗杀等，缺乏新意。

故事情节的同质化与重复化与当前我国电视事业的市场化环境也不无关联。为了在竞争中取胜，获取更高的市场效益，电视人一方面需要努力实现创新和突破，另一方面也要拼命降低风险、增加利润。而一般来讲，对既定成功模式的模仿是最经济也是最稳妥的办法。于是，《甄嬛传》火了，一时宫斗题材火爆荧屏；《伪装者》火了，类似谍战剧风生水起；《婆婆来了》火了，《丈母娘来了》《继父来了》也接踵而至。面对泛滥成灾的同质化电视剧，观众必然陷入审美疲劳，失去观看兴趣。

三、传播形式层面：视觉效果的倚重与无厘头

1. 偶像崇拜与“小鲜肉”热

偶像崇拜是从古至今一直存在的社会文化心理现象。不同学科的研究者尝试从不同的视角解读这一复杂现象。它特指基于“光环效应”而形成的社会认

同和情感依恋。这种现象在青少年身上尤为多见。从目前青少年所崇拜的偶像类型来看，歌星、影星、球星等最为常见。而影视节目在青少年偶像崇拜方面无疑扮演着非常重要的角色。偶像文本从甄选、包装到与社会文化的意义连接，无不以大众传媒为载体进行。

偶像崇拜分为两类：一种是表层性欣赏，其重点是欣赏偶像人物的容貌、身材、发型等外在形象特征，以及服装、动作等流行时尚特征；另一种是实质性欣赏，其重点是欣赏偶像人物的性格、为人等个性特征，以及举止、风度等气质特征。两种类型代表了个体在偶像崇拜中的不同价值取向。“一般说来，青少年在最初的崇拜偶像中往往都是表层性欣赏。这是因为一个偶像人物的选择，其外部特征和表现是人们最直观、最初级的选择标准。”（闵忠华，2009：56-57）

一方面，电视剧为了迎合年轻群体的喜好，纷纷向长相俊美的年青明星伸出橄榄枝，以天价片酬作为节目卖点之一。由今日头条评选出的 2017 年中国名人收入排行榜（张东浩，2017：98-99）中，热门偶像明星在前十强中位居四席，其中鹿晗以 18 160 万元的年收入位列排行榜第二位，李易峰以 17 070 万元位列第四，杨颖以 14 680 万元位居第八，吴亦凡紧随其后以 13 680 万元位列第九。老牌香港功夫巨星成龙和内地当红实力派演员胡歌分别仅位列第五和第十。在薪酬不断攀升的同时，有些演员却在职业素养和社会道德方面屡曝丑闻，吸毒、自杀、炫富、飙车，不仅对文艺界的整体风气造成污染，也会对成长中的青少年造成潜移默化的负面影响。

另一方面，某些电视剧以青春元素为突破点，大肆进行肉体展示和身体消费。《我是特种兵之火凤凰》（2013 年）花样调用军营元素来衬托女兵们的美貌和性感：安然穿着经过修改、剪裁合身的军服以衬托窈窕身材；叶寸心做完两百个俯卧撑后在遍布泥浆的脸上冲出两道白皙泪痕，遭人怜爱；文工团舞蹈演员唐笑笑用跳芭蕾的优美身姿跨上吉普车……节目大量启用观众此前都不太熟悉的新人，“一群青春靓丽、充满活力的年轻女兵上演了一部耐看、养眼的偶像剧”（易凯，2013）。

当偶像追捧和身体消费成为电视剧赢取收视率的手段，当消费者顺从这种消费主义将满足窥视欲望视为一种正当需求而不再遮遮掩掩，“毫不夸张地说，在弗洛伊德思想的影响下，肉体的、生理的快感在 20 世纪由逐步解禁而到凯歌高奏，乃至进入到审美文化领域的核心地带”（季中扬，2009：129-132）。

2. 视觉特效的粗制滥造与无厘头

影视特效曾经是大屏幕的专利，随着数字技术的快速发展，电视剧也开始越来越倚重特效技术，提高观众视觉体验。2012 年热播的《爱情公寓 3》电视剧中，特效镜头多达 210 个。2015 年大型玄幻剧《幻城》投拍，其中六成资金用于特效制作，“剧组在怀柔的中影基地至少搭建了 6 个主要场景，其中‘无尽海’一景就占地 7000 多平方米，所用人工模拟的雪景材料多达 500 吨”（李夏至，2015）。热播电视剧《琅琊榜》也大量借助特效，不仅有大场面的战争镜头，也有出神入化的轻功，甚至主角胡歌在扁舟上吹笛、鸽子飞掠峡谷等写意的文戏镜头都是用特效做出来的，烘托了画面的美感。

数字特效提高了电视剧的视觉看点，使节目变得更具冲击力和感染力。但我们也发现，有些电视剧为了增加数字特效而忽略了节目主题内容，忘记了电视剧要传递的价值导向，被吐槽为“五毛特效”。2015 年的热播剧《花千骨》，开篇就出现巨型怪兽，给人带来日本动漫《奥特曼》的即视感；随后出现的灵虫“糖宝”，和微信表情中的“毛毛虫”撞脸，而且刚出生就被画上了眼影。此外，女主角花千骨在过生日时吃的包子也经过了特效处理。抗日剧中“雷人”特效也频频出现。《箭在弦上》中的抗日女兵在痛苦挣扎中抓起地上的弓和箭跃身而起，随后裤子自动穿上，抽弓，搭箭，一气呵成，而且每一发都有三支箭，箭无虚发，将一众日本兵和汉奸射倒；《永不磨灭的番号》第 34 集里，孙成海营长向天上扔了一颗手榴弹，竟把日本飞机打了下来。

毋庸置疑，在科技、信息、网络三者的紧密融合下，一种新的电视剧视觉语言正不断突破传统审美局限而崛起。但是，我们也要注意数字特效技术也并非万能；对于电视剧而言，具有正确价值导向的内容题材是根本，毕竟“电视剧的‘景观化’仍然是叙述故事的载体，而不是剧集的全部或表现重点，景观电视剧需要体现人文内涵，需要理解大众审美文化与审美心理”（周晖晖和徐世超，2017：82-84）。

第六章　新时代电视媒体传播社会主义核心价值观的应对策略

在传播和践行社会主义核心价值观的现实进程中，电视媒体借助自身传播优势积极进行探索和实践，推出了系列代表成果，与此同时也暴露出了一些问题和不足。放眼全球，在经济一体化、信息网络化和文化多元化的今天，无论是电视媒体自身，还是社会主义核心价值观话语权的建构，都遭遇着复杂、多变的现实境遇。但是，不管时代如何发展，环境如何变幻，作为党和政府的喉舌，电视媒体都必须直面传媒市场以及意识形态领域的种种冲击和挑战，在社会主义核心价值观的主体建构、内容建构以及话语建构方面进行创新，大力推进社会主义核心价值观的传播和渗透，以有效维护和巩固中国共产党的意识形态话语权地位。

第一节　现实之境：电视媒体传播社会主义核心价值观面临的挑战与机遇

一、电视媒体传播社会主义核心价值观面临的挑战

1. 数字新媒体对主流媒体话语权建构的冲击

2019 年 8 月 30 日，中国互联网络信息中心（China Internet Network Information Center，CNNIC）在京发布第 44 次《中国互联网络发展状况统计报告》。报告指出：截至 2019 年 6 月，我国网民规模达 8.54 亿，较 2018 年底增长 2598 万，互联网普及率达 61.2%，较 2018 年底提升 1.6 个百分点；我国手机网民规模达 8.47 亿，较 2018 年底增长 2984 万，网民使用手机上网的比例达 99.1%，较 2018 年底提升 0.5 个百分点；网络视频用户规模达 7.59 亿，较 2018 年底增长 3391 万，占网民整体的 88.8%（中共中央网络安全和信息化委员会办公室等，2019）。数字新媒体技术的蓬勃发展，给电视等传统主流媒体意识形态话语权的建构带来了巨大冲击。

（1）数字新媒体消解传统媒体的话语权威。传统媒体时代，信息流通是单

向度的，从传播者到受众，“你播我听”，受众无异于应声而倒的“靶子”；媒介机构因为把握着信息传播的主动权，在传播中具有绝对的话语权威。伴随着数字信息技术的飞速发展，互联网、手机等新媒体以惊人的速度实现了对社会各领域的渗透，信息传递的封闭格局被打破，开启了“人人皆为传播者，人人皆为受众”的众声喧哗时代。多元声音的传递，信息的极端丰富化和裂变，使人们开始习惯于以质疑、批判的眼光审视传统媒体所传递的信息，由此导致传统媒体不再一枝独秀，笼罩其周的神圣光环也逐渐变弱。

（2）数字新媒体改变传受格局。传统媒体时代，大众是面容模糊的均质化存在，主体个性被抹杀。新媒体利用互联网信息技术构建了一个多向交互的虚拟平台，它将个体的真实身份遮蔽；将财富、学识、职业等现实差异抹杀掉，人与人之间可以平等、自由沟通，主体个性得到张扬。一些具有强烈批判意识和主体精神的观点通过新媒体渠道得到传播和放大。特别是那些在传统媒体时代被压抑的非主流观点，在新媒体时代因为获得赖以滋生的繁盛土壤而迅速膨胀。主体个性的张扬为社会发展注入了新鲜血液和活力，但是，它也给一些非主流意识形态的滋生和蔓延提供了契机；一些与主流意识形态相矛盾甚至恶意歪曲主流价值观的观点在各种新媒体平台散播和渗透，成为触发社会不稳定的因素。

（3）数字新媒体造就了传播的“碎片化”。新媒体互联网时代，知识和数据如浩瀚的海洋层出不穷。为了实现快速传播，抢占传播先机，微博、微信、手机客户端等各式新媒体平台话语表达“碎片化”，以寥寥数百字简述来代替深度新闻，以不完整信息来勾勒事实全貌；传播时间“散点化”，电视媒体传统的整点新闻播报被 24 小时随时更新、随时插播取代；传播价值取向“碎片化”，上一个新闻线索还没完全调查清楚，就马上被新的新闻所取代。信息的海量出现以及快速更新，使信息接收者头脑中的各式信息储存也呈现“碎片”状，人们无法形成对信息的完整认知，仅仅停留于一知半解。而快节奏的生活也使人们更习惯于碎片化阅读和碎片式汲取；传统媒体时代那种系统化、深度化的信息传播模式面临被解构的危险。

2. 多元文化对社会主义核心价值观的解构

多元文化是社会转型期的一种独特文化现象，是指“文化主体在价值取向、价值规范、思想观念乃至行为方式上呈现出的异质性和多样性”（王桂芬，2010：23-26）。伴随着改革开放和全球化的发展，当下中国呈现出多元文化融合碰撞的景象。一是传统文化与现代文化并存：一方面，传统文化的优秀基因被再度发掘和传承，引发国学热、古诗词热等潮流时尚；另一方面，内容丰富、形式多样的现代文化正在与社会经济的协调发展中孕育成型。二是东方文化和西方文化的交流与对话日益频繁，个人主义、拜金主义、享乐主义等西方资本主义价值观借助影视作品在全球渗透，对青少年群体的价值观形成产生了负面影响。三是受众主体意识崛起，主流文化和大众文化冲突加剧。

多元文化对社会主义核心价值观形成了解构，首先表现在传统一元价值体系的瓦解。传统社会坚持一元价值观主导，社会各成员拥有共同的“真”“善”“美”标准，对高尚行为、优秀品质怀有普遍敬意，对低俗行为和丑恶现象持有同样的批判。随着多元文化时代的来临，人们开始重新审视生存的价值和意义，寻求自己在世界中的地位，传统价值体系的统治地位受到怀疑乃至动摇，人们在价值追求上出现了困惑、疑虑和徘徊，陷入“价值迷失”，突出表现为四种形式：“价值标准的多元化；传统价值观与现代价值观的冲突；腐朽价值观的侵蚀；物质利益和精神追求的失衡等等。”（李羊城和叶美霞，2011：111-113）传统价值系统中本来属于不言而喻的东西逐渐瓦解，失去原有的价值象征。

其次，多元文化消解社会主义核心价值观的整合力。传统社会领域倡导集体主义价值观，强调个人服从集体，个人利益让位于集体利益。多元社会语境下，社会主导价值观的感召力和影响力被弱化；个体价值诉求日益强烈，个人主义张扬。“作为西方资本主义的核心价值观，个人主义虽然包含一定的合理因素，但它对个体的过度张扬容易导致‘将社会中的每个人与其他成员脱离，与其亲戚朋友分开，从而形成他自己的一个小圈子，并置社会于不顾’。”（转引自何林，2014：70-73）因此，多元文化虽然满足了不同阶层、不同群体的价值诉求，但也同时暗含社会解体的危险和人们的价值沦陷。

最后，多元文化冲击社会主义核心价值观的法律根基。依法治国和以德治国具有内在的耦合性；法律为培育和践行社会主义核心价值观提供了基本的制度保障，确保代表人民意志利益的主流价值观念高效地实现。当前，我国的社会阶层发生了新的变化，社会利益格局也随之面临调整。为了谋取个人利益，一些人不惜铤而走险，“以罚代法、贪赃枉法、徇私枉法的司法腐败；买官卖官、结党营私和大搞裙带关系的吏治腐败与人事腐败；利用职务之便，个人或集体贪污、侵吞或挥霍国家和集体财产，明目张胆地弄虚作假，五花八门的形式主义和官僚主义”（李习彬，2003：70-74），不断挑战法律底线。面对意识形态领域的尖锐复杂斗争，必须要以法律推动核心价值观建设，“把社会主义核心价值观贯彻到依法治国、依法执政、依法行政实践中，落实到立法、执法、司法、普法和依法治理各个方面，用法律的权威来增强人们培育和践行社会主义核心价值观的自觉性”（马一德，2014）。缺乏对个体行为强有力的法律约束和管控，培育和践行社会主义核心价值观这个目标就失去了庇护和保障。

3. 二元对抗困境中传统新闻伦理的异化

改革开放以来，我国社会结构开始从计划经济体制向市场经济体制全面转型。20 世纪 80 年代中期，政府实行新闻媒体改革，推行“独立核算、自负盈亏”的新体制。电视等新闻媒体的属性从过去单一的政治属性演变成政治属性与市场属性二元并存，传媒的发展由此陷入二元对抗的困境。一方面，作为党和政府的喉舌，媒体必须承担相应的舆论引导和社会监视职能；另一方面，面对激烈的市场竞争压力，它需要在经营理念、操作模式、运营管理等方面不同程度地进行调试，以实现资本与知本的相互转换。

二元对抗的局面使传媒的精神之塔发生了倾斜。为了迎合市场需求，有些媒体竞相突出内容产品的感官刺激效果，由此滑入以绯闻、隐私、色情、暴力等恶俗题材为主的误区。一些传媒从业者在强大的经济诱惑面前也纷纷庸俗化，“道德的威严在不道德行为面前变得微乎其微，高尚的道德行为就变成了一种口头称道的对象而非行为上仿效的范式，新闻伦理的异化也由此开始”（管成云和谭婷，2009：94-98）。

传媒市场竞争的加剧，客观上加速了新闻伦理的异化。近年来伴随着新媒体的崛起，电视等传统媒体的生存空间遭到强势冲击。数据显示：改革开放 40 多年以来，依托市场经济体制的确立及纵深发展，中国电视产业曾经历了一个高速发展期。从 1984 年到 2014 年，“广播电视行业总收入由 14.81 亿元增长到了 4226.27 亿元，电视广告收入由 0.34 亿元增长到 1278.50 亿元。2015 年却是电视产业的显著拐点，电视广告经营额首次出现趋势性大幅下降，降幅达 10.31%；这年互联网广告却增长 35.3%，并以 1589 亿元的广告经营额首次超过了电视行业的 1146.69 亿元”（转引自易旭明，2017：118-123）面对日益激烈的市场竞争，新闻炒作、有偿新闻、虚假新闻、侵犯隐私等有悖新闻伦理的现象频频上演，导致新闻伦理生态环境的持续恶化。

新闻伦理异化现象早已引起相关管理部门及研究者的关注。2012 年 4 月 18 日，新闻出版总署发出《关于开展打击“新闻敲诈”治理有偿新闻专项行动的通知》，要求自 2012 年 5 月 15 日至 8 月 15 日在全国开展为期三个月的打击“新闻敲诈”、治理有偿新闻的专项行动（新闻出版总署等，2012）。2019年11月7日，中华全国新闻工作者协会第九届全国理事会第五次常务理事会对《中国新闻工作者职业道德准则》进行修订，要求“新闻工作者坚持以马克思列宁主义、毛泽东思想、邓小平理论、‘三个代表’重要思想、科学发展观、习近平新时代中国特色社会主义思想为指导，增强‘四个意识’，坚定‘四个自信’，做到‘两个维护’，牢记党的新闻舆论工作职责使命，继承和发扬党的新闻舆论工作优良传统，坚持正确政治方向、舆论导向、新闻志向、工作取向，不断增强脚力、眼力、脑力、笔力，积极传播社会主义核心价值观，自觉遵守国家法律法规，恪守新闻职业道德，自觉承担社会责任，做政治坚定、引领时代、业务精湛、作风优良、党和人民信赖的新闻工作者”（新华社，2019）。但总体来讲我国的新闻伦理制度还并不健全，“传统的新闻伦理制度受到市场经济和外来文化的冲击而被解构，适应新形势发展要求的新的为社会所普遍认同的伦理制度尚未建立，导致一系列新闻伦理问题从转型期出现的伦理制度的断裂中产生”（管成云和谭婷，2009：94-98）。

二、电视媒体传播社会主义核心价值观面临的机遇

尽管数字新媒体的蓬勃发展给电视媒体的发展带来了重重压力，也给社会主义核心价值观话语权的建构埋下了隐患，但是，换个角度来看，它也为电视媒体传播社会主义核心价值观带来了新的可能。

1. 新媒体拓宽了社会主义核心价值观的传播渠道

传统媒介环境下，主流意识形态主要借助报纸、广播、电视、户外宣传标语等渠道进行传播。基于互联网信息技术的数字新媒体使主流意识形态的传播渠道实现了跨越式革新；QQ、微博、微信等即时通信软件及各式手机客户端，极大地丰富了大众的信息接收空间。

（1）纸质媒体开始积极向新媒体转型。2014年6月12日，人民日报客户端正式上线，这是人民日报社适应媒体变革形势，加快推进传统媒体与新兴媒体融合发展迈出的重要一步。截至2014年6月18日14时，相关新闻网民跟帖、留言超过万条；仅仅一周时间，人民日报客户端就有200多万的下载量（徐蕾，2014）。2014年7月22日，由《东方早报》转型而来的新闻客户端——澎湃新闻客户端正式上线，成为国内备受瞩目的新媒体产品。2016年12月，澎湃新闻启动视频项目，其英文项目 Sixth Tone（第六声）正式上线。2017年1月1日起《东方早报》休刊，澎湃新闻全面接管《东方早报》原有的新闻

报道和舆论引导功能，成为互联网原创新闻最重要的内容供应商之一，“每天平均发稿超过 300 篇，其中原创稿约占 60%，原创稿量在国内各大新闻网站占绝对优势，稿件被转载的比例几乎达到 100%”（李嵘，2017：23-25）。新闻客户端的兴起引起了国内外业界的高度重视，主流媒体纷纷推出自己的专属客户端。特别是上海作为中国媒体重镇，“自 2014 年起陆续推出‘上海观察’、‘澎湃’、‘界面’等新闻客户端，堪称上海报业集团成立后新媒体领域的‘三驾马车’。”（朱瑞，2014：47-49）

（2）电视媒体开始尝试直播和跨屏传播。“2016 年已被广泛认定为‘中国网络直播元年’。”（陈建飞，2016：113-115）2016 年 8 月 3 日，中国互联网络信息中心发布的第 38 次《中国互联网络发展状况统计报告》显示，截至 2016 年 6 月，中国网民规模达 7.10 亿。网络直播服务在 2016 年上半年逐渐受到社会重视，并在资本力量的推动下实现了快速发展。截至 2016 年 6 月，网络直播用户规模达到 3.25 亿，占网民总体的 45.8%（中国互联网络信息中心，2016）。网络直播为传统媒体发展开启了新纪元。2016 年 5 月底，《鲁豫有约》通过王思聪创办的熊猫 TV 对亚洲首富王健林进行拍摄并直播，展示王健林一天的工作生活。从 5 月 27 日鲁豫和万达董事长王健林登机开始，到 28 日《鲁豫有约》官方微博发放红包正式落幕，“共计吸引了近 500 万人的观看，网友的参与互动热情也是极其高涨，在一段鲁豫与网友互动的直播中，屏幕几乎被弹幕霸占，直播也一度中断”（赵春晓和李昉，2016）。2016 年 5 月 31 日，《奇葩说》主持人马东在映客试水直播，总观看人数达 661 万。2016 年 9 月 4—5 日杭州 G20 峰会期间，中央电视台新闻频道在《新闻直播间》节目对西湖边的央视 G20 直播中枢进行现场连线。与此同时，中央电视台新闻客户端也对会议进行了直播，实现了电视直播和网络直播双屏互动，成为跨界、跨屏直播的一次有益尝试。

数字新媒体的崛起是我国社会经济技术迅速发展的产物。互联网、智能手机、平板电脑等移动智能终端的普及，为社会主义核心价值观的传播提供了多种可能，也有效推动了社会主义核心价值观传播的现代化、信息化转型。

2. 新媒体丰富了电视媒体传播社会主义核心价值观的手段

新媒体运用更现代化、人性化和鲜活生动的传播手段，为社会主义核心价值观营造善于理解、便于接受、易于认同的传播语境。

从技术手段来讲，新媒体较之于传统媒体更注重个体感受。比如为了满足不同用户的信息需求，各式新闻客户端提供了信息检索功能，如“凤凰新闻”

的“搜索”栏目、“腾讯新闻”的“新闻搜索”栏目；“今日头条”“搜狐新闻”等采用大数据分析，为客户进行相关主题新闻推送；结合最新信息技术完善产品布局，实现文字新闻、视频新闻、音频新闻的多形态覆盖。为了营造更人性化的阅读体验设计，“腾讯新闻”提供“夜间阅读”和“日间阅读”两种备选模式；推出“图文切换”模式，图片模式以采用头条图片+新闻报道，左边配图，右边配文予以呈现，文字模式则将首页全部更换为“标题+内容简介”，更为直观简洁，节省流量。“这些细节虽然微小，但给用户带来了更大的使用满足感。”（朱瑞，2014：47-49）

从话语表达来看，新媒体采用了更为通俗易懂的大众话语。2016 年 10 月澎湃新闻推出专题报道《致敬|好人耀仔：一位宁德村支书的 45 岁人生》，综合采用文字、插画、动漫、H5、视频多种手段，讲述了福建宁德一位乡村支书周炳耀在抗击台风“莫兰蒂”中以身殉职的故事。周炳耀生前最后的抢险故事采用了手绘插画形式再现，以动画效果营造的下雨场景给了受众身临其境的感觉。“好人耀仔”H5 上线一月点击量超过千万，“既圆满完成了中宣部布置的‘打头炮’任务，又体现了澎湃新闻内容和技术的标杆效应，成为正面宣传形式和成果的新突破”（李嵘，2017：23-25）。2017 年 3 月全国两会期间，大河报·大河客户端推出《春光的春光》报道，以贫困户闫春光脱贫故事为主线，将一人、一村、一县、一省脱贫攻坚的故事浓缩在 8 分钟的光影作品里，引发微信朋友圈大量转载。2017 年 5 月 14—15 日，第一届“一带一路”国际合作高峰论坛在北京举行。中央电视台全媒体矩阵制作并播出时政类微视频《“一带一路”高峰时刻》。视频围绕“习近平和他们说了哪些‘悄悄话’？”展开，综合采用环境渲染、字幕动画、领导人会晤同期声等手段，“将电视的声画结合的优势展示得淋漓尽致，视频发布之后立即被各主流媒体争相转载，荣登各门户商业网站推送榜首，成为峰会期间新媒体分发的最大亮点”（张梦雄，2017：171-172）。

新媒体传播的典型特征就是现代化、人格化。它突破了先进典型报道的传统刻板和说教印象，大胆引入互联网传播的新形式，将文字、音频和视频的内容同时整合到一篇报道中，为社会主义核心价值观传播摆脱晦涩难懂、脱离生活现实的窠臼提供了良好借鉴，也为新时代社会主义核心价值观传播如何争取更广泛的群众基础做出了积极探索。

3. 新媒体提高了电视媒体传播社会主义核心价值观的效力

一方面，新媒体提高了传播的时效性。时效性是新闻传播的重要生命力。

通常来说，对重要事件“发声”时间越早，其价值就越大；超过了一定时间限度，新闻报道就失去了意义。基于互联网信息技术的瞬时性和实时传递功能，微博、微信、新闻网站、手机客户端等新媒体平台将新闻的时效性从“对新近发生的事件的报道”提高到“对正在发生的事件的报道”。一旦重大事件发生，网络和手机等新媒体会启动快速响应机制。无论是汶川地震这样的灾难事件，还是奥运金牌的诞生，抑或是美国总统大选的出炉，新媒体总是能够“先发制人”，比报纸、电视等传统媒体更早一步将信息发布出去。

另一方面，新媒体大幅提升了传播的效力和感染力。2016 年 10 月 7 日，浙江卫视的《中国新歌声》年度总决赛在鸟巢唱响。为了实现传播效力的最大化，多频联动、视频直播成为节目的一大特色。电视主屏幕上，主持人除了口播新闻，还不断提示大家参与直播互动环节；网络直播平台实时播出各路新媒体记者对彩排现场、明星红毯、化妆直播间的赛前探访。与此同时，浙江卫视的官方微信、官方微博也展开《中国新歌声》年度总决赛、年度排行榜等热门话题讨论，以“电视+社交”结合的方式强化与年轻受众的对话和沟通，营造了趣味性、多层次、多屏互动的观看体验，同时在线观看直播的人数超过 10 万，达成超过 600 万次的互动总量。

随着视频网站和网络电视的崛起，大量电视剧也开始实现多屏同步播出，实现优势互补，在新旧媒体的深度融合中延续受众的持续收视热情，推高电视剧的社会影响力。一是电视剧在多屏间“联买联卖”，如 2011 年，《新还珠格格》“一台七网”联动播出，新版《水浒传》五大媒体同时推出。借助网络的口碑传播，很多原本只在卫视频道播出的电视剧赢得了不错的轮播价值。诸如《奋斗》《蜗居》《潜伏》等都是因为有了网络热议，才引发了电视平台的二次收视热潮。不仅如此，互联网的海量储存特性也为电视媒体传播营造了“长尾效应”。那些热播的电视剧在卫视平台播放以后，通过优酷、爱奇艺、搜狐视频等网站可以供受众多次反复下载和观看，从而焕发新的生命力。

新媒体的全方位渗透和普及也开始逐渐改变学界和业界对媒体传播效力的评判标准。2013 年 7 月，北京文化传媒数据咨询服务机构“泽传媒”发布“中国全媒体卫视收视率排行榜（2013 年 1—6 月）”，首次结合了电视、微博、视频等数据样本，构成了一份全新形态的动态电视排行榜。有人认为，该榜单的发布预示着国内电视媒体收视统计正式进入全媒体统计时代：“在新的受众、新的社会关系和新的需求面前，‘多屏共存、跨屏传播’将是电视剧新的生存方式，网络视频、移动视频等新媒体将和电视媒体一道，共同满足和制造电视剧受众的需求，从而使电视剧在崭新的媒介环境中获得新生。”（张红军，2014：81-83）可以说，新媒体不仅在改变传媒格局，更是在改变社会关系和社会结构，改变公众的信息消费偏好、信息消费行为以及消费体验的评价标准。

第二节　主体之维：建立政党领导下多元互动的电视传播主体格局

如前所述，传播具有三大要素：传播主体（谁在说、向谁说）、传播客体（说什么）及传播环境（怎么说）。传播主体对传播的目标、方式和内容施加重要影响，包括直接或间接参与传播活动的执行、评估和监控的个人、团体或组织。从组织归属来看，传播主体还可分为内部主体和外部主体两大类。内部主体包括传媒行政管理人员和一线的记者、编辑等，他们既具有个人主体的身份，又具有明显的组织特征，在传播价值观的树立、践行和评估中较容易达成观点的一致。外部主体包括政治党派、政府系统、社团、利益团体以及作为个人的公民等。他们通过各种方式对传媒传播什么、如何传播施加压力，以维护自身利益。他们不直接规定传播价值观的形态，但往往构成传播价值观变迁的依据。

从社会主义核心价值观的传播角度而言，在新的历史条件下电视媒体要实现社会主义核心价值观的话语权建构，需要建立政党领导下的电视媒体工作者、社会有机知识分子以及大众广泛参与的主体格局，实现社会主义核心价值观传播者与人民群众之间的有效互动。

一、发挥领导干部和党员的引领作用

各级领导干部是党的路线、方针、政策的制定者、执行者，是广大人民群众的引领者。毛泽东很早就说过：“每一单位的整风，必须在整风过程中形成一个以该单位的首要负责人为核心的少数积极分子的领导骨干，并使这一领导骨干和参加学习的广大群众密切结合，才能使整风完成任务。”（毛泽东，1986：568）邓小平也指出：“搞好安定团结，发展社会主义经济，需要加强党的领导，把我们党的优良作风发扬起来，坚持下去。这是一个非常重要的问题。”（邓小平，1983：12）2012 年 11 月，党的十八大报告从国家、社会、个人三个层面明确提出培育和践行社会主义核心价值观：“倡导富强、民主、文明、

和谐，倡导自由、平等、公正、法治，倡导爱国、敬业、诚信、友善，积极培育和践行社会主义核心价值观。”（胡锦涛，2016a：638）这是新的历史条件下中国共产党对全体党员干部的基本要求，也是全社会广大人民群众的基本价值取向。只有领导干部以身作则，率先践行，才能真正赢得人民群众对社会主义核心价值观的认同和信服。在社会主义核心价值观传播中，领导干部和党员要扮演好设计者、传播者和示范者角色身份，充分发挥引领作用。

1. 领导干部要做好社会主义核心价值观传播的设计者

领导干部要做社会主义核心价值观传播的顶层设计者，凝练社会主义核心价值观传播的最佳话语模式和路径。马克思、恩格斯曾指出：“‘精神’从一开始就很倒霉，受到物质的‘纠缠’，物质在这里表现为振动着的空气层、声音，简言之，即语言。语言和意识具有同样长久的历史；语言是一种实践的、既为别人存在因而也为我自身而存在的、现实的意识。”（中共中央马克思恩格斯列宁斯大林著作编译局，2012：161）意识形态需要借助一定的语言或形态来表达自己；建构合适的话语体系是维护和巩固意识形态话语权的必要途径。

在经济一体化、信息网络化、文化多元化的社会语境下，社会主义核心价值观要实现在广大人民群众中的渗透和认同，必须创新传播方式和方法。2013年12月23日中共中央办公厅印发《关于培育和践行社会主义核心价值观的意见》，强调“培育和践行社会主义核心价值观要坚持以下原则：坚持以人为本，尊重群众主体地位，关注人们利益诉求和价值愿望，促进人的全面发展；坚持以理想信念为核心，抓住世界观、人生观、价值观这个总开关，在全社会牢固树立中国特色社会主义共同理想，着力铸牢人们的精神支柱；坚持联系实际，区分层次和对象，加强分类指导，找准与人们思想的共鸣点、与群众利益的交汇点，做到贴近性、对象化、接地气；坚持改进创新，善于运用群众喜闻乐见的方式，搭建群众便于参与的平台，开辟群众乐于参与的渠道，积极推进理念创新、手段创新和基层工作创新，增强工作的吸引力感染力”（中共中央办公厅，2013）。习近平总书记也多次强调：“要利用各种时机和场合，形成有利于培育和弘扬社会主义核心价值观的生活情景和社会氛围，使核心价值观的影响像空气一样无所不在、无时不有。”（习近平，2014：165）

领导干部要加强对新时代条件下社会主义核心价值观的大众化传播过程和规律的研究，将社会主义核心价值观传播与现代化建设实际结合，与人民群众需求结合，与科技发展潮流和趋势结合，掌握社会主义核心价值观传播的最新技术手段，创新社会主义核心价值观传播的时代话语体系，让社会主义核心价值观走近普通大众身边，渗透入百姓生活的方方面面，最终将之内化为人民大众广为认同的价值信仰，成为全体公民所共同遵守的个人品德、职业道德、社会公德及价值准则。正如胡锦涛所说的："马克思主义只有与本国国情相结合、与时代发展同进步、与人民群众共命运，才能焕发出强大的生命力、创造力、感召力。"（胡锦涛，2016b：621）社会主义核心价值观如果不能真正转化为民众的价值认同，终究也是没有生命力的。"大力推进理论创新，不断赋予当代中国马克思主义鲜明的实践特色、民族特色、时代特色。"（胡锦涛，2016b：639）

2. 领导干部要做好社会主义核心价值观传播的服务者

社会主义核心价值观的培育有赖于社会政治、经济、文化等各方面的制度完善和创新。制度是在社会共同价值观念指导下所形成的规则体系，"本身必然蕴涵着社会的价值规范，是社会共同的价值观念、伦理精神的具体化、规范化"（乔春霞和张泽一，2014：83-85）；"一个社会的核心价值体系和核心价值观，只有融入贯穿于整个社会的制度体系中，才会避免流为无所依附的观念漂浮物；只有形成制度化的建设机制，才会获得扎根现实、持续推进的有力保障"（沈壮海，2013）。2016 年 12 月，中共中央办公厅、国务院办公厅印发了《关于进一步把社会主义核心价值观融入法治建设的指导意见》，提出"要从巩固全体人民团结奋斗的共同思想道德基础的战略高度，充分认识把社会主义核心价值观融入法治建设的重要性紧迫性，切实发挥法治的规范和保障作用，推动社会主义核心价值观内化于心、外化于行"；"要坚持以社会主义核心价值观为引领，恪守以民为本、立法为民理念，把社会主义核心价值观的要求体现到宪法法律、法规规章和公共政策之中，转化为具有刚性约束力的法律规定"（中共中央办公厅和国务院办公厅，2016）。

领导干部要以社会主义核心价值观为价值原则和标准，制定有利于推动社会主义核心价值传播和培育的制度规范，为社会主义核心价值观传播营造良好的政策环境。就宏观而言，强化社会主义核心价值观培育的制度支撑，"把社会主义核心价值观贯彻到依法治国、依法执政、依法行政实践中，落实到立法、执法、司法、普法和依法治理各个方面"（蒋传光，2017：78-88）；就微观而言，以制度的刚性确保社会主义核心价值观培育、传播和践行工作常态化、持续化、落到实处。

具体来讲，一是针对互联网新兴媒体的传播特点、运行规律及发展趋势，结合国际先进经验，完善民商法、行政法、刑法等部门相关新媒体立法，以法律手段治理传媒领域特别是新媒体发展中存在的有悖职业道德和社会伦理等现象，依法查处有害文化信息、不良文化产品和服务，严惩网络谣言、欺诈、传播淫秽色情等行为，维护国家文化安全和意识形态安全；二是加大优秀节目扶持力度，以公益基金、后期资助、评优评奖等形式，鼓励电视台及电视媒体从业者投入到社会主义核心价值观的传播中来，形成创先争优的良好氛围；三是对社会主义核心价值观建设中涌现的先进集体、先进个人进行表彰和奖励，加大学习宣传的力度。领导干部要充分扮演好服务者的角色，为电视媒体传播社会主义核心价值观提供政策、资金、技术等多方面的支持和服务，构建起配套完备的法规制度体系，推动社会主义核心价值观的传播。

3. 领导干部要做好社会主义核心价值观传播的践行者

传播和践行社会主义核心价值观，需要充分发挥领导干部和党员的示范作用。党员干部是整个社会的表率。邓小平曾指出："凡是需要动员群众做的，每个党员，特别是担负领导职务的党员，必须首先从自己做起。"（邓小平，1983：301）因为"一个政党要赢得意识形态话语权，不仅要看它的意识形态传播和宣示的是什么样的价值、理想与信念，而且更要看坚持这一意识形态信仰的政党是否愿意为了实现这些价值、理想与信念而付出艰辛努力，甚至是不惜做出自我牺牲，并最终使这些价值、理想和信念成为社会现实"（杨昕，2014：10-14）。

领导干部和党员要以身作则，深化社会主义核心价值观理论涵养。一要始终坚持用马克思主义及其中国化的最新理论成果武装全党，使组织上下对当代马克思主义有全面、深入、透彻的理解；二要努力推动马克思主义的时代化和大众化，加强社会主义核心价值观的理论解读和阐释；三要积极同各种非主流意识形态进行斗争，帮助人们厘清认识，理性对待多元价值体系的冲击，从而确立正确的价值目标、价值追求和价值信仰。

领导干部要加强自律，争做践行社会主义核心价值观的榜样。2016 年 10 月，习近平总书记在党的十八届六中全会第二次全体会议上指出："要坚持不懈强化理论武装，毫不放松加强党性教育，持之以恒加强道德教育，教育引导广大党员、干部筑牢信仰之基、补足精神之钙、把稳思想之舵，坚守真理、坚守正道、坚守原则、坚守规矩，明大德、严公德、守私德，重品行、正操守、养心性，做到以信念、人格、实干立身。"（习近平，2017a：181）严格自律是党肩负历史使命之需要。各级领导干部要切实加强自律，注意德行修养，坚持走群众路线，以严谨务实的工作作风和执政实践践行社会主义核心价值观，以旗帜鲜明的党员形象感化和引领全体社会成员学习跟进，担当起实现中华民族伟大复兴的中国梦的历史使命。

二、建设一支高素质的社会主义核心价值观电视人才队伍

事业要发展，关键在人才。加快推进社会主义核心价值观传播，需要建设一支具有高度理论自觉、拥有深刻理论涵养、适应现代传媒技术发展、掌握良好传播技巧和素养、踏实敬业、甘于奉献的电视人才队伍，推出一批优秀播音员、主持人、知名编辑和记者，以及优秀的经营管理和技术人才，积聚人才优势，为提升电视媒体的竞争力和舆论引导力提供保障。

1. 建设一支具有高度理论自觉的电视人才队伍

理论自觉就是主体的自觉和自醒，是“主体运用高度的抽象和一般来‘同化并控制世界，好像是在于将世界的实在加以陶铸锻炼，换言之，加以理想化，使符合自己的目的’的具体实践”（陈殿林，2009：22-26），可以具体体现为“对理论在推动社会历史进步中地位与作用的认识，对理论发展规律的正确把握，对发展理论历史责任的主动担当”（杨昕，2015：187）。理论自觉对推动社会关系有序化具有重要意义，它在一定程度上能够加速或者延缓社会的运行。诚如恩格斯所指出的：“这些特定的人关于自己的真正实践的‘想象’、‘观念’变成了一种支配和决定这些人的实践的唯一起决定作用的和积极的力量。”（中共中央马克思恩格斯列宁斯大林著作编译局，2012：173）主体理论自觉的价值选择是从社会发展前景的角度来考虑的，是力求合乎社会主体目的性的表现，它可以避免社会不同主体在利益纠纷的斗争中毁灭，从而维持社会有机体的正常运转。

社会主义核心价值体系的建立是中国共产党在社会利益分化和多元化的新时期所做出的重大理论战略部署。2006 年 10 月，党的十六届六中全会通过《中共中央关于构建社会主义和谐社会若干重大问题的决定》，首次明确了“建设社会主义核心价值体系”重大命题，指出：“马克思主义指导思想，中国特色社会主义共同理想，以爱国主义为核心的民族精神和以改革创新为核心的时代精神，社会主义荣辱观，构成社会主义核心价值体系的基本内容。”（中国共产党第十六届中央委员会第六次全体会议，2006）2011 年 10 月 18 日，党的十七届六中全会通过《中共中央关于深化文化体制改革、推动社会主义文化大发展大繁荣若干重大问题的决定》，强调“社会主义核心价值体系是兴国之

魂，是社会主义先进文化的精髓，决定着中国特色社会主义发展方向。必须强化教育引导，增进社会共识，创新方式方法，健全制度保障，把社会主义核心价值体系融入国民教育、精神文明建设和党的建设全过程，贯穿改革开放和社会主义现代化建设各领域，体现到精神文化产品创作生产传播各方面，坚持用社会主义核心价值体系引领社会思潮，在全党全社会形成统一指导思想、共同理想信念、强大精神力量、基本道德规范”（中国共产党第十七届中央委员会第六次全体会议，2011）。2012 年 11 月，党的十八大报告首次以 24 字对社会主义核心价值观进行明确概括和表述：“倡导富强、民主、文明、和谐，倡导自由、平等、公正、法治，倡导爱国、敬业、诚信、友善，积极培育和践行社会主义核心价值观。”（胡锦涛，2016a：638）习近平总书记在党的十九大上所作的报告中进一步阐述了社会主义核心价值观的丰富内涵和实践要求，充分反映了我们党在价值理念和价值实践上达到了一个新的高度。

电视媒体工作者要着力增强社会主义核心价值观建设的理论自觉，认真学习贯彻党的十九大精神，深刻认识电视媒体在新时代所面临的新形势、新任务，为发展中国特色社会主义提供强大的舆论支持。舆论具有强大的社会影响力。在当前社会转型期，社会思想活跃，利益格局调整，多元价值观碰撞，迫切需要一种主流的社会价值观来引导人们的思想。电视媒体要充分发挥舆论功能，把社会思想统一到中国特色社会主义核心价值体系上来，为发展中国特色社会主义营造良好的舆论环境和精神动力。

2. 建设一支具有高水平传播能力的电视人才队伍

电视媒体工作者是社会主义核心价值观传播的重要主体，也是社会主义核心价值观向广大党员和群众渗透的桥梁和纽带。电视人才队伍的理论素养和传播水平高低，直接影响着人民群众对社会主义核心价值观的认知、理解和接受程度。因此，在新的社会语境下，我们必须要努力建设一支高水平的电视人才队伍，通过这一队伍的工作和努力来实现社会主义核心价值观的普及化和大众化。

一是提高电视媒体工作者的内容生产能力，为巩固和深化社会主义核心价值体系提供多样化的文化资源。在全球经济一体化的今天，世界文明呈现出日益开放化、多元化的发展态势。这对社会主义核心价值观的传播和建构既是一个挑战，同时也是难得的机遇。着眼未来，电视媒体要着力构建更具包容性和开放性的电视文本，打造一种多元的紧贴时代的文化。“其实，在这个多元化已不可阻挡的时代，任何所谓的文化霸权都不能将其对立阶级和边缘阶层的文化进行彻底的压制和消灭，而是将其整合在现有的社会文化秩序之中，为其提供必要的生存空间。”（欧阳宏生和唐英，2006：6-9）无论是电视新闻、电视剧还是电视综艺节目，都必须坚持公益优先的原则，将百姓生活与和谐社会建设、民族复兴结合在一起，以百姓喜闻乐见的方式对社会主义核心价值观予以多元化解读，不断增强节目的吸引力和感召力。

二是把握机遇，提高电视媒体工作者的新媒体传播和新技术运用能力。当今时代，互联网信息技术已经成为人们日常生活、工作和社会交往的主要手段，也是思想政治工作的重要途径。“互联网已经成为思想政治工作一个新的重要阵地。国内外敌对势力正竭力利用它同我们党和政府争夺群众、争夺青年。我们要研究其特点，采取有力措施应对这种挑战。”（江泽民，2006：94）面对新的媒介技术环境，电视媒体工作者一方面要坚守传统传播主阵地，另一方面要适应新形势要求，加快改革步伐，利用新媒介技术拓展传播平台和传播效力。比如当下时兴的 H5 技术、VR 技术，都可以拿来进行信息的分发和推广；视频直播、多屏互动也可以丰富节目环节，为受众开辟多元体验场和多功能空间。网络论坛、新闻客户端等渠道也可以为电视媒体所用，成为收集受众反馈、了解受众需求、掌握社会舆情的良好手段。

三、吸纳社会各界有机知识分子的参与

1. 高度重视有机知识分子的主体地位

知识分子是一个历史文化范畴，在不同历史时期和文化背景下，知识分子具有不同的内涵和外延。西方马克思主义者葛兰西将知识分子分为传统知识分子和有机知识分子。

有机知识分子是社会主义核心价值观建设的重要主体。2013 年 12 月 23 日，中共中央办公厅印发了《关于培育和践行社会主义核心价值观的意见》，指出培育和践行社会主义核心价值观是全社会的共同责任，要“坚持全党动手、全社会参与，把培育和践行社会主义核心价值观同各领域的行政管理、行业管理和社会管理结合起来，形成齐抓共管的工作格局……加强同知识界的联系，引导知识分子用正确观点阐释和传播社会主义核心价值观”（中共中央办公厅，2013）。由于社会主义核心价值观是一种高度凝练的价值体系，既关注不同层面主体的价值愿望的一致性，也关注不同层面主体的价值追求的差异性，基于主体对象分布范围广泛，认知能力参差不齐，在话语权的构建过程中需要采取多种渠道和方法。一方面，知识分子从人民群众中来，与群众有着千丝万缕的

关联；另一方面，他们掌握了一定的知识和技能，对待问题能够保持科学公正的态度，提出合理化的意见和建议，容易获得群众的信赖。通过知识分子对底层大众的引领作用，有利于唤醒人民群众的自觉意识，坚决抵制非主流意识形态的侵蚀，自觉认同社会主义核心价值观。

2. 充分发挥有机知识分子的建设作用

一是利用有机知识分子深化社会主义核心价值观的理论解读。社会主义核心价值观提出之后，党内外知识分子都自觉担负起社会主义核心价值观的传播重任，通过撰写论文和著作，以及创作影视作品、绘画、雕塑等形式，对社会主义核心价值观进行大众化、通俗化解读。电视媒体可以借助“培育和践行社会主义核心价值观”系列专栏，对这些理论成果进行集中展示，增强人们对主流价值观的认知和认同。在这方面，中央电视台发挥了很好的示范作用。在《新闻联播》“践行社会主义核心价值观”系列专题栏目中，我们经常可以看到党政领导、专家学者、模范人物被邀请参与到节目中，向公众传递他们对社会主义核心价值观的理解。

二是利用有机知识分子整合多元社会思潮。传播学家拉扎斯菲尔德曾在《人民的选择》中提出了“意见领袖”这一概念。“在传播学中，活跃在人际传播网络中，经常为他人提供信息、观点或建议并对他人施加个人影响的人物，称为‘意见领袖’。”（郭庆光，2011：189）目前随着数字技术、网络技术的普及和应用，“互联网已成为各种社会思潮、各种利益诉求的集散地，成为意识形态较量的一个重要战场”（胡锦涛，2016a：64）。一些论坛版主、网络大 V 和草根领袖人物借用自己的威望和专长，积聚了超强人气，拥有一呼百应的感召力。在社会主义核心价值观的传播中，我们要高度重视这部分有机知识分子在舆论引导中的积极作用，吸纳他们加入宣传队伍，围绕社会主义核心价值体系的建设与网民展开即时沟通，积极回应热点、疑点和难点问题，及时消解非主流意识形态带来的负面影响，从而积聚社会力量、整合多元思潮。

三是以有机知识分子为素材和载体，传播多元文化形态，增强社会主义核心价值观的话语主导权。在社会主义现代化建设的今天，很多知识分子默默耕耘在科研实践一线领域。电视媒体要善于挖掘并聚焦这些典型人物，通过他们的潜移默化渗透和濡染，扩大社会主义核心价值观的影响半径。另外，有机知识分子也是传播我国优秀文化、抵御外来文化入侵的重要力量。21 世纪以来，伴随着国外资金、技术的涌入，挟裹着不同价值取向的多元文化形态也蜂拥而来，“少数西方发达国家凭借其雄厚的资本实力、强大的文化传播优势和丰富的市场运作经验……对我国进行文化的扩张和渗透”（孙家正，2005：4-5）。不言而喻，大量带有西方意识形态色彩的文化产品进入国内，肯定会对社会主义核心价值观的话语主导权造成强烈冲击。值得欣喜的是，近年来大批文化学者亮相《中国诗词大会》《朗读者》等文化类节目，有力推动了传统文化和文明成果的传播，为社会主义核心价值体系建设注入了新的生机和活力。

第三节 内容之维：丰富电视媒体传播社会主义核心价值观的多元载体

培育和践行社会主义核心价值观，需要依托一定的载体。2013 年 12 月 23 日中共中央办公厅印发《关于培育和践行社会主义核心价值观的意见》，对社会主义核心价值观建设工作进行总体部署，提出原则要求；2015 年 4 月，中共中央宣传部、中央文明办印发《培育和践行社会主义核心价值观行动方案》，进一步明确了拓展载体的重要性，特别提出 15 项重点活动项目，主要包括爱国主义教育活动、群众性精神文明创建活动、学雷锋志愿服务活动、诚信建设制度化、节俭养德全民节约行动、公正文明执法司法活动、平安中国建设活动、民族团结进步创建活动、文明旅游活动、全民科学素质行动、扶贫济困活动、爱国卫生运动、文明办网文明上网活动、公众人物“重品行 树形象 做榜样”活动、“三严三实”教育（新华社，2015），为社会主义核心价值观载体建设指明了方向。

事实上，建设核心价值观的过程，本质就是不断丰富拓展核心价值观载体的过程。电视媒体要将社会主义核心价值观建设的使命、目标、内容等信息贯穿于电视新闻、电视剧、电视综艺节目等不同形态之中，夯实社会主义核心价值观传播的理论载体，完善社会主义核心价值观传播的人格载体，深化社会主义核心价值观传播的礼仪载体，拓展社会主义核心价值观传播的活动载体，以多维载体拓展社会主义核心价值观建设的广度和深度，使人民群众在潜移默化中体认社会主义核心价值观。

一、夯实社会主义核心价值观传播的物质载体

1. 物质载体是社会主义核心价值观的外化和明证

从历史唯物主义的观点来看，社会主义核心价值观是中国特色社会主义实

践的科学反映，“不是飘浮在天上，也不是在思辨的云雾中，其深刻根源存在于社会主义的经济实践中，存在于社会主义鲜活的实践及其内在的逻辑中，存在于广大人民群众的根本利益及其价值诉求的表达中”（袁银传和韩玲，2013：79-88）。培育社会主义核心价值观的目的是整合社会意识，构筑全国人民共同的思想基础，而一种理论要想获得最大程度的接受和认同不能从先验的理论出发作抽象的预见和论证，而必须要诉诸实践、诉诸物质力量来实现。正所谓“批判的武器当然不能代替武器的批判，物质力量只能用物质力量来摧毁”（中共中央马克思恩格斯列宁斯大林著作编译局，2012：9），只有通过实践，将理论预见与社会现实相统一，用客观物质比照理论预见，知行统一，理论才能使人信服，才能发挥其能动作用。

思想政治教育的物质载体是能够为我们感知的、客观存在的物质实体，具有一定的空间外形，是“通过人类实践把主观的思想政治教育内容物化为客观的物质结果，从而达到主观内容与客观结果的内在统一的一种物质存在形式”（朱景林，2015：156-160）。古代遗址、历史文物、现代建筑场馆（如博物馆、纪念馆、档案馆）、各种艺术创造物（如雕塑、石刻、绘画）以及具有教育功能的主题公园、旅游景区等都属于物质载体的范畴。总之，凡是那些客观存在的、静态的、具有思想观念传导教育意义的物质现象，都可以被视为社会主义核心价值观传播的物质载体。

物质载体的“知行统一”特质与社会主义核心价值观的培育要求在本质上是吻合的。社会主义核心价值观属于社会意识范畴，具有高度的抽象性和概括性，需要摆脱脱离实际的空洞说教，以增强其可信度和吸引力；而物质载体以复写、摄影、再现的方式，推动社会主义核心价值观能够被看见、被触摸、被感知，从而更富有感染力。在不具有文字和其他技术的原始时代，石刻、塑像等物质载体就被大量采用，作为统治阶级思想观念传达的工具。在科学技术日新月异的今天，物质载体的表现形态更为丰富多元，拥有了更强的生命力。

2. 电视媒体打造社会主义核心价值观物质载体的具体途径

一是推进优秀电视节目成果的物态化。图书、报刊、音像制品都属于物态文化范畴。物态化的文化成果便于保存、查阅及反复诵读，特别是文艺作品具有净化心灵、陶冶情操、启发思考的潜在功能，感染力强，对人民群众影响深。近年来，电视媒体在社会主义核心价值观传播方面涌现了大批优秀成果，比如以《大国崛起》《绝对忠诚》为代表的专题纪实栏目，以《朗读者》《中国诗词大会》等为代表的文化综艺节目，以《人民的名义》《琅琊榜》等为代表的电视剧，它们通过不同的方式和角度对社会主义核心价值观进行阐释和传播，取得了良好的反响。我们可以将这些优秀节目进行物态化出版和整理，建立优秀节目样本库，从中归纳总结经验，探索新时代社会主义核心价值观的传播规律。

二是完善社会主义核心价值观传播的平台建设。互联网目前已经成为不同利益集团权力争夺的新领域，也是不同意识形态斗争和渗透的新战场。电视媒体要强化与互联网数字媒体的融合，以网络论坛、网页专栏、专题频道、官方微信、官方微博等多元手段完善社会主义核心价值观网络传播平台，掌握网络传播话语主导权。有条件的媒体还可以建设社会主义核心价值观教育主题展览馆、档案馆，展览播出优秀电视节目，为学校、机关、企业开展知行结合的主题教育活动提供平台和场地，实现艺术功能和教育功能的结合。

三是围绕社会主义核心价值观传播开发相关电视节目衍生产品。电视节目衍生品是指因电视节目的流行而开发出来的与之相关的游戏、文物、玩具、服饰等。以迪士尼品牌为例，衍生品开发是其创收的重要来源，“授权方向主要涉及以下 7 类消费品：服装、玩具、家居装饰、食品、文具、出版、电子产品等，授权商超过 3000 家，销售的与迪士尼卡通形象有关的产品在 10 万种以上，在中国内地范围内的授权经营商数目也大于 100 家”（高宏义，2017：276-277）。目前国内电视剧衍生品开发市场也呈现良好势头。2015 年电视剧《芈月传》热播，“阿里影业旗下娱乐宝与该剧出品方联合推出衍生品专场，吸引数十万用户登录网站浏览，开售后第一周成交金额突破百万元；同期天猫‘双 12’购物节，《芈月传》定制版电视、手机及衍生品也为乐视带来了 5.1 亿元的总销售额”（王馨欣，2016：62-63）。电视媒体对社会主义核心价值观的传播也可以借鉴这种方式，对热播节目中的人物形象、服饰道具等进行二次开发，通过夸张变形处理，设计成卡通公仔、手办玩偶和手机小游戏等形式，赋予其全新的审美形态和生命力。

二、完善社会主义核心价值观传播的人格载体

1. 社会主义核心价值观人格载体的主要类型

人格载体就是一定时期、一定范围内涌现出的具有代表性的典型人物。“生生不息的传统文化为一代代人的成长铺垫了丰沃的精神养料，而典型人物则是对传统文化最优秀的继承者、最集中的体现者和最突出的诠释者”（聂茂和张静，2008：7），因而是人们学习的榜样和楷模。对于社会主义核心价值观传

播而言，凡是能够以自己的言行、品格诠释核心价值理念，并且能够对周围的人有影响力和感染力的个体，都可以被当作核心价值观的人格载体。

按照身份来源的不同，社会主义核心价值观的人格载体主要有两种：一是先进典型，二是知名公众人物。先进典型是从群众中发现和树立起来的榜样，他们一般都是分布在社会各行业、各阶层的普通群众代表，在平凡的岗位上创造了不平凡的业绩。其行为和事迹承载着鲜明的社会主流价值取向，是接地气、具有亲和力的价值观人格载体。比如中央电视台自 2002 年起每年举行的“《感动中国》年度人物”评选，评出的年度人物很多都是来自你我身边的普通小人物，包括“中国最美洗脚妹”刘丽、“温柔一刀”四川女交警胡灵等。他们起初都是由网友发现，在网上发帖子、图片及视频，随之引起主流媒体报道跟进，最终成为广为知晓的典型。这些先进典型容易使人产生情感共鸣，在耳闻目睹中自然而然地产生对核心价值理念的认同。公众人物有别于先进典型，他们本身就在各自的领域扮演着重要角色，或为政府官员，或为著名企业家，或是社团领导、权威专家、知名艺人等，具有较高的社会知名度和影响力，其言行举止对社会公众具有巨大的示范作用，在社会价值观的形成方面具有很强的引领作用。

榜样的力量是无穷的。人格载体赋予了社会主义核心价值观独特的人格魅力，有助于实现社会主义核心价值观传播“落细、落小、落实”。“我们要高扬爱国主义主旋律，用生动的文学语言和光彩夺目的艺术形象，装点祖国的秀美河山，描绘中华民族的卓越风华，激发每一个中国人的民族自豪感和国家荣誉感。”（习近平，2017a：351）

2. 电视媒体打造社会主义核心价值观人格载体的具体途径

塑造社会主义核心价值观人格载体，电视媒体一方面要立足当下，讲好当代故事，弘扬时代精神；另一方面也要牢记历史，挖掘传统素材，要从改革开放的现实实践中、从中华人民共和国诞生的革命征途中、从中华民族源远流长的历史长河中发现、挖掘、采写、传播典型，让社会主义核心价值观的人格载体立起来，活起来。

一是以电视新闻、电视专题片为主，塑造社会主义核心价值观的当代人格载体。当代中国正处于社会转型的关键时期，社会经济高速发展伴生的贫富差距、利益分化、社会冲突加剧等问题频发，给社会主义核心价值观话语权的建立带来了巨大冲击。基于此，构筑践行社会主义核心价值观的时代楷模尤为重要。电视媒体要立足当下，从百姓普遍关注的题材和领域入手，挖掘平凡生活中涌现出的典型形象，有意识地构筑“自立自强”“勤奋敬业”“勤政为民”“默默奉献”等不同话语类型的道德偶像，并形成系列化，让人们在现代化的风险和危机中重拾希望和信心，找到继续前行的力量。正如王岳川（1992）所言：“任何一种道德学说，不管它的内部说服力或外部权威如何，如果不在人的道德本性中找到自己的牢固支点，都将是苍白无力和毫无结果的学说。”（转引自胡菊华，2012：12-15）中央电视台《新闻联播》节目在这方面进行了很好的实践。在其推出的“践行社会主义核心价值观”系列专栏、“寻找最美”系列、“新春走基层”系列等系列报道中，我们既看到了偏远乡村赤脚医生的“凡人善举”，也看到了勇立潮头玩转互联网高科技的“时代先锋”，还有面对逆境勇于抗争，以自强不息的行动践行孝道的“最美孝心少年”。借助道德偶像的现身示范，人们在浮躁的时代可以感受人性的闪光点，并加以学习和仿效。

二是以电视剧、电视纪录片为主，丰富社会主义核心价值观的历史人格载体。“国无德不兴，人无德不立”，核心价值观既关乎个体品德，也是一种社会大德，是国家的德、民族的德。正如习近平总书记所指出的：“历史是一面镜子，从历史中，我们能够更好看清世界、参透生活、认识自己；历史也是一位智者，同历史对话，我们能够更好认识过去、把握当下、面向未来。”（习近平，2017a：351）中华优秀传统文化是社会主义核心价值观形成的重要基础，传统文化的伦理意义需要借助特定的可感知符号加以传播。电视媒体要从中华民族发展的历史长河中挖掘素材，将历史人物的传奇经历、光辉业绩与社会主义核心价值观所倡导的“天下为公”“仁爱孝悌”“诚实守信”等中华传统美德结合在一起，为历史人物的精神特质注入新的时代内涵，实现人格载体的再创造。例如，《康熙微服私访记》树立了康熙皇帝体察民情、亲民爱民的形象。剧中通过康熙的走访，穿插了民众对政治清廉、惩治贪官污吏、追求和平盛世的美好希冀，增强了历史的厚重感及人文关怀。2000 年播出的 19 集电视连续剧《一代廉吏于成龙》，同样立足清朝初期一代廉吏于成龙 20 多年的从政历史，塑造了一位勤政爱民、廉洁奉公、政绩卓越的清官形象，与当今时代的反腐倡廉的主题相呼应，成为一部具有正能量的艺术作品。

事实上，任何精神产品都不可避免地会携带某种意识形态倾向，宣传某种特定的价值理念。榜样人物带给我们的情感触动和价值引导，与社会主义核心价值观是相通的。因此，无论是电视新闻中的典型人物报道，还是电视剧对历史典型人物的改编和艺术再现，“传播关于榜样人物的先进事迹，培养国人高尚的道德品质，这既是对新闻事件的采集与挖掘，也是对社会主义核心价值观的宣传与践行。榜样人物的事迹和精神使核心价值观变得更加具体、可感，增强了文化认同”（王欢，2015：110-111）。

三、深化社会主义核心价值观传播的礼仪载体

1. 优秀传统礼仪文化是社会主义核心价值观的根基和源泉

礼仪文化是中国传统文化的核心内容，其内在灵魂为“礼”，外在表现为“仪”，最终归宿为“和”。古代礼仪文明的精神实质，就是“人对于他人、对于事业的爱和敬的道德感情，以及它所表现出来的种种形式规范”（陈瑛，2013）。中华民族素来有“礼仪之邦”美名，在历史的长河中形成了独具特色的传统价值体系，如崇尚人伦、推崇道德、注重礼仪，由此孕育了一代又一代人对中华民族的归属感和认同感。这种思想体系和行为模式经过几千年的发展，虽然在外在形式上有了新的变化，但其本质仍是以建立国家、社会、个人三个层面的和谐关系为目标的行为规范。“和谐是传统礼仪的根本精神和最高诉求。礼仪的应用要致力于追求和谐，但若没有礼仪的调节，和谐也是不可能真正实现的。”（张涛，2013）

传统礼仪文化与社会主义核心价值观有着一脉相承的深厚渊源。党的十八大从三个层面概括了社会主义核心价值观内容，提出“倡导富强、民主、文明、和谐，倡导自由、平等、公正、法治，倡导爱国、敬业、诚信、友善，积极培育和践行社会主义核心价值观”（胡锦涛，2016a：638）。“三个倡导”既与中华优秀传统文化以及人类文明优秀成果相承接，又是对新时代社会主义道德规范的明确诠释，是当代马克思主义与民族传统文化的结晶。其内涵不仅涉及国家宏观制度、社会规范，也关乎国民素质发展。

培育和践行社会主义核心价值观，需要大力加强传统礼仪传播。“在传统社会中，礼关涉人生社会的方方面面，无论是朝政法规、规章仪制，还是民风民俗、节庆娱乐，都属于礼的范畴，动员民众、凝聚人心、协调人伦、维系秩序等都离不开礼仪教育和礼仪实践。”（吴树勤和刘晓东，2014：147-152）礼仪传播既包括对制度化和程式化活动的传播，如庆典仪式、传统节日，也包括对具体礼仪规范的呈现和展示，比如各种传统习俗、民间习俗。它们对社会成员的言行举止具有教化和规范作用，有助于妥善处理人与人之间的关系，推动社会主义核心价值观落实到日常生活中，体现在细微之处。

2. 电视媒体打造社会主义核心价值观礼仪载体的具体途径

一是以新闻报道、专题报道等形式促进礼仪制度建设，推动礼仪传播的持续化。习近平指出：“要建立和规范一些礼仪制度，组织开展形式多样的纪念庆典活动，传播主流价值，增强人们的认同感和归属感。”（习近平，2014：165）近年来，为了提高和深化礼仪认识，国家采取了多种手段进行礼仪制度的重构，将清明、端午和中秋三大传统节日纳入法定公休节日；将重大事件礼仪制度化，比如将9月3日确定为“中国人民抗日战争胜利纪念日”。“类似的国家仪式，激发了人民群众的‘家国’情怀，有力地弘扬了个人层面中以‘爱国’为首的社会主义核心价值观。”（张晓彬，2017：20-21）电视媒体要围绕这些重大节日做好新闻策划和新闻报道，培养公民的仪式感和对传统礼仪的敬畏感，使之成为增进人民群众国家认同感的重要载体。

二是精心布局，以品牌栏目、专题片推动传统礼仪文化传播的体系化。传统文化博大精深，考虑到分众化和碎片化的受众趋势，电视媒体要在发挥不同节目类型优势的基础上，加大对中华民族和中华人民共和国发展历程的研究，弄懂传统文化的历史渊源和发展脉络，摸清传统文化的价值体系和结构特征，做好主流文化和大众文化的合理布局，从而引导人们树立和坚持正确的国家观、文化观和历史观，增强文化自信和民族自信。北京电视台的《这里是北京》、凤凰卫视中文台的《世纪大讲堂》、上海电视台纪实频道的《文化中国》、烟台电视台的《细说百家姓》等专栏，以及《汉字五千年》《中国史话》《舌尖上的中国》等纪录片在这方面发挥了良好的传播效果。以烟台电视台的《细说百家姓》为例，该节目选择“姓氏”这一充满中国传统家族文化色彩的符号为主题内容，通过文献资料、家族故事、历史人物等元素，串联起一个姓氏兴起、迁徙、繁衍的动态变迁过程。同时，节目还贯穿古今，对当今姓氏传人的真实生活进行客观记录，“节目以姓氏将厚重的历史感和鲜明的地域特色表现出来，为受众提供一个了解历史、观照自身的窗口，同时也从侧面展示了当地城市文明的进程”（庄晓东和邹雯，2017：9-12）。

三是创新形式，用传统礼仪文化装点和提升电视节目内涵。优秀礼仪文化蕴含着丰富的创新资源，是广播电视节目创新取之不尽用之不竭的源泉。在数字媒体技术蓬勃发展的今天，我们应积极推进“传统礼仪文化+现代技术”的融合创新，激活电视节目的时代生命力。在这方面，《中国诗词大会》可谓创新典范。围绕传统诗词主题，节目在形式和技术上做了一系列的创新。水墨画式的片头、唯美大气的开场诗、笛箫的背景音乐等中国元素贯穿节目始终；诗词成语、特色服饰、民风民俗等文化符号俯首皆是。节目第二季更增设了颇具特色的“飞花令”环节，以“花、云、春、月、夜”等为关键字让获胜者和擂主进行挑战对抗，为观众营造了一道融传统与现代于一体的视听盛宴，凸显了鲜明的传统特色和文化风情。

总之，在电视媒体节目中，我们应充分吸收民族文化中的有益成分，在继承中创新，以“变脸”的方式形塑一套符合中国国情的现代礼仪制度体系，汲取其中能充分体现诚信、仁爱、礼让的养分，为形成文明、和谐、友爱的现代社会风气提供行动参考。“在更高层次上，我们也可以利用当代礼仪文化进行中国文化形象以及意识形态国际话语权建设，继承优秀文化传统，弘扬时代精神，讲好中国故事，增强当代中国国际话语权及影响力，提升我国主流意识形态功能。”（邢盘洲，2016：34-38）

四、拓展社会主义核心价值观传播的活动载体

1. 活动载体有助于推动社会主义核心价值观的日常生活化

动态的实践活动也是价值观的载体之一。社会主义核心价值观是党和政府提出的凝聚当代中国人民共同价值理想的价值观念，属于意识形态范畴，需要在日常生活中加以推进。正如习近平总书记所强调的：“一种价值观要真正发挥作用，必须融入社会生活，让人们在实践中感知它、领悟它。要注意把我们所提倡的与人们日常生活紧密联系起来，在落细、落小、落实上下功夫。”（习近平，2014：165）

这里的活动主要是团体和组织按照特定的原则和制度，有计划、有目的地开展的日常生活实践。作为主体和客体之间的能动活动，日常生活实践能够将活动仪式、制度规则、媒介形态等有机融合在一起，成为意识形态的活化载体。社会主义核心价值观建设的最终目标是使社会主义核心价值观融入日常生活，“而社会主义核心价值观融入日常生活主要体现为其内化于心、外化于行上，其中内化于心是外化于行的前提，其本质要求是社会主义核心价值观能巩固和填补人们内心的价值版图，满足人们的价值需求”（李继兵和陈顺伟，2016：50-54）。各级政党和组织发起的宣教活动、主题活动，不仅直接宣扬和阐释了核心价值理念，而且能够将核心价值观的具体要求融入活动实践中，吸引群众广泛参与，使核心价值观的影响像空气一样无所不在，无时不有。

2. 电视媒体打造社会主义核心价值观活动载体的具体途径

一是举行电视公益品牌活动。作为最具公信力的传统媒介，由电视平台发起的公益活动，能够吸引和积累更多的用户参与，充分发挥媒体的影响力。近年来，中央电视台先后推出“《感动中国》年度人物”评选活动、“寻找最美”系列活动、“我的父亲母亲”等全国范围的公益传播活动，将社会主义核心价值观广泛嵌入到了人们学习、生活和工作的各个方面。尤其值得一提的是“《感动中国》年度人物”评选，挖掘呈现出践行社会主义核心价值观的先进典型人物，引发观众的强烈共鸣。各地方电视台也积极打造公益和慈善活动品牌，如湖南卫视 2011 年推出直播互动、即时帮助类型的慈善公益节目《帮助微力量》；2012 年设立“变形计励志帮扶金”，对《变形计》节目中的农村主人公及其所在学校、乡村进行公益帮扶，不到两年时间，“共为节目中的那些乡村学校和孩子共募集捐赠爱心款项约 110 万元，其中包括生活费资助、爱心物质、校舍修葺、配套设施建设等”（吴亚雄，2014）。

二是对热播节目进行线下活动延伸。如浙江卫视围绕热播的真人秀节目《奔跑吧兄弟》，联合新浪微博和中国扶贫基金会发起全民奔跑系列公益活动，在彰显娱乐的同时融入主题教育意义。第一季公益活动主题为“让爱益起跑——公益跑鞋计划”，通过爱心义卖筹集善款，为贫困地区的孩子购买跑鞋；第二季“阳光跑道公益健行计划”先后给 27 所学校送去 13 000 双新跑鞋，捐赠建设快乐体育乐园 27 个，并吸引 1.5 亿多网友参与完成 508 万公里的全民奔跑；第三季“奔跑阳光+”青少年成长助力计划，来自全国各地的观众共同完成 72 亿 4618 万步的助力旅程，建立阳光书屋 12 个，捐赠爱心图书 34 670 本（程诚，2016）。系列公益活动的开展，强化了节目的影响力和感染力，让人们在收获快乐的同时还锻炼了身体，也悄然改变了生活方式和日常习惯。

三是举办社会主义核心价值观主题征集活动，号召社会广泛参与。比如“唱响主旋律 喜迎十九大”社会主义核心价值观主题歌曲征集传唱活动、主题公益广告征集活动、主题微电影大赛等。2017 年 5 月，湖南卫视启动“青春扬‘益’公益广告创制征选活动”，经过近四个月的努力，推出《年轻党员的朋友圈》《无热爱不先进》《为了美好生活，中国共产党和你一起奋斗》《一书一世界，阅快乐，阅青春》《艺执着德有心》等 14 支电视公益广告短片，生动呈现了“共产党执政为了谁”“亲子教育”“绿色发展绿色生活”“一带一路”“社会文明”“工匠精神”等主题，围绕“共产党执政为了谁”“一带一路”“绿色发展绿色生活”“中国梦”“精准扶贫”等 15 个主题征集优秀公益广告作品。主题征集活动激发了公众参与的积极性，由活动产生的《年轻党员的朋友圈》《为了美好生活，中国共产党和你一起奋斗》《无热爱不先进》等一批有温度、有内涵、有灵魂的优秀作品，从多个角度对社会主义核心价值理念进行了诠释，营造了良好的社会舆论氛围（姜文婧，2017）。

总之，培育和践行社会主义核心价值观是电视媒体的职责和使命所在。电视媒体必须要牢牢把握正确导向，以正面宣传、凝心聚力为原则，把社会主义核心价值观的要求贯穿到新闻报道、娱乐综艺、专题活动以及各类广告宣传中，唱响主旋律，弘扬真善美，传播正能量，贬斥假丑恶，为形成培育和弘扬社会主义核心价值观的舆论强势做出积极贡献。

第四节　环境之维：形成对话与融合的社会主义核心价值观传播机制

社会主义核心价值观传播需要以一定的文化、政策、技术和国际环境为基础，形成良好的传播机制。“机制”一词源于希腊文，原意为“机器的构造和运作原理”，引申到社会主义核心价值观传播中，即在传播主体、传播客体之间构建一整套科学有效的话语模式，使不同要素之间能够围绕传播目标高效协同运转，形成传播合力。具体而言，电视媒体要在党和政府的领导下多管齐下，围绕社会主义核心价值观传播建立官方话语和民间话语统筹机制、刚性宣传和柔性渗透互补机制、传统平台和数字平台联动机制、对内传播和对外传播并举机制，有效调动各方资源优势，优化传播环境，提高对社会主义核心价值观的传播能力。

一、官方话语和民间话语统筹机制，凝聚社会正能量

话语是人类社会的重要沟通中介。“人类的一切知识都是通过‘话语’而获得的，任何脱离‘话语’的东西都是不存在的，我们与世界的关系只是一种‘话语’关系。”（王治河，1999：159）从社会控制和管理角度看，话语也是一项重要的权力。“话语‘说什么’、‘怎么说’、‘以什么身份说’，即它的内容、形式和倾向内蕴着权力，而这种权力关系的系统再现，则成为了意识形态。”（李兰芬，2008：87-91）

21 世纪以来，伴随着数字新媒体的崛起，传统意义上的边缘弱势群体获得了“发声”的机会；过去由媒介一统天下的舆论格局发生了快速裂变，形成了

官方话语和民间话语并立的“双重话语空间”。

最早提出“两个舆论场”问题的是新华社原总编辑南振中。1998 年 1 月 8 日，他在新华社工作会议上指出：“在现实生活中实际存在着两个‘舆论场’：一个是老百姓的‘口头舆论场’；一个是新闻媒体着力营造的舆论场。”（陈芳，2013：43-46）前者依托百姓口耳相传，是百姓从自身感受出发、对社会普遍关注的热点话题、焦点问题发表的看法，经常会带有明显的个人主观色彩，但却具有敏锐性、及时性和广泛的流传度，往往会成为社会风向标；后者以党报、广播电视媒体、国家新闻通讯为主阵地，充当着国家意识形态工具，忠实地宣传党的路线方针政策及核心价值理念。

2003 年，因大学生孙志刚被广州市“三无”人员收容站收容并致死，引发社会关于收容遣送制度的大讨论。数名法学博士和专家联名上书，要求予以改变或撤销《城市流浪乞讨人员收容遣送办法》。同年 6 月，国务院常务会议审议并原则通过了《城市生活无着的流浪乞讨人员救助管理办法（草案）》。会议决定，该办法草案经进一步修改后，由国务院公布施行，同时废止 1982 年 5 月国务院发布的《城市流浪乞讨人员收容遣送办法》（中国网，2003）。2006 年，总投资额达 108 亿元人民币的厦门 PX 项目动工。因项目存在泄漏或爆炸隐患，2017 年 3 月，中国科学院院士赵玉芬等 105 名全国政协委员联名提交了一份“关于厦门海沧 PX 项目迁址建议的提案”，呼吁叫停项目并迁址（竞报，2007）。厦门市民亦在网上展开热烈讨论，并以“散步”的方式在市政府门前表达反对意见。厦门市政府被迫启动“环评报告网络公众参与活动”、市民座谈会等环节，为公众提供合法、有效的参与渠道。两场座谈会上，接近九成的市民代表坚决反对 PX 项目上马。最终该项目从厦门迁往漳州。公众意识的觉醒和公共参与的高涨，亦开启了中国的“平民偶像”和“草根英雄”时代。2008 年，在南方都市报社主办的“改革开放 30 年风云人物评选”活动中，超女冠军李宇春亦与丁磊、小岗村 18 户村民、张艺谋、袁隆平等，成为候选人之一，“她的成名被视为今天中国公众意识崛起的标志，他们认同以一种公众化的参与方式，接受了多元的文化价值观”（林华，2009：143-144）。

电视媒体要作为官方话语和民间话语交流对话的平台和中介，建立“两个舆论场”统筹机制，凝聚社会正能量。

1. 关注百姓题材，提高服务能力

一是加大现实题材比重，关注百姓民生。电视媒体要按照“贴近实际、贴近生活、贴近群众”的“三贴近”原则，坚持百姓视角和百姓关怀，“百姓小事中见社会大意义，社会大事中找百姓焦点”（柴素芬，2007：18-19），让百姓在党和政府的领导下生活得更好。具体来看，首先，在进行国家宏观政策的相关报道时，要从民生角度加以解读和诠释，揭示其对百姓生活可能带来的影响。例如，2018 年两会期间，媒体围绕党的执政理念如何落实到民生生活，分别采访人大代表、政协委员，讨论中低收入人群住房保障、小学生放学接送难等问题，引发广泛共鸣。其次，电视台要对百姓柴米油盐、衣食住行等日常生活给予更多关注，为百姓提供量身定做的生活信息和服务信息。很多地方电视台的民生新闻栏目在这方面做得不错，如湖北经视的《经视直播》，聚焦“民生、民情、民意”题材，衣食住行、邻里关系等都是节目的主打内容，为市民构筑了一个感知自身和周遭环境的信息中介。

二是提高媒体的服务能力，包括信息服务、公共文化服务、社会公益服务等。那些“贴近实际、贴近生活、贴近群众”的传播内容之所以受百姓欢迎，就是因为它们能够给予老百姓切实的生活帮助和指导。以《经视直播》为例，其主推的“社区行”活动，利用周末深入不同社区，为居民提供信息咨询，还邀约与百姓生活密切相关的卫生、水电、司法、医疗等单位摆摊设点答疑解惑。同时，配合节日传播，街道和社区居委会同步组织开展书画展、拔河比赛等文娱活动，成为居民体验社区文化的公共平台。“《经视直播》在节目形式包装和内容构成上努力塑造一种开放、亲和的社区媒体形象，传达互助、友爱、合作、进取的社区精神，以积极的姿态影响和带动了社区文化建设。”（余奇敏等，2006：34-36）

2. 及时回应民声，正确疏导民意

德国著名学者乌尔里希·贝克（Ulrich Beck）在 20 世纪 80 年代曾提出了“风险社会”（risk society）这一概念，认为现代西方资本主义社会充满各种不确定性，导致社会稳定和社会秩序面临重重风险和威胁。目前，伴随着我国现代化的进程以及改革开放的深入，“中国社会因巨大的社会变迁正步入风险社会，甚至将可能进入高风险社会”（刘莹，2008：83-86）。要化解风险社会的“风险”，需要从制度和规范层面建立起一个完善、富有成效的民意疏导机制，以实现社情民意与社会管理的高度契合。

电视媒体要关注“民声”“民意”，并及时给予回应和疏导。在节目传播中，不仅要传播党的大政方针政策，也要放下姿态深入群众；不仅要传递知名公众人物、网络大 V 的观点，也要给低学历者、社会弱势群体提供发声的机会；不仅要传播正面的案例和事迹，也要对负面现象予以大胆的曝光和旗帜鲜明的揭批。要建立合理有效的民意表达渠道，确保百姓声音能够畅通无阻地表达。以 2015 年 8 月 12 日的“天津塘沽大爆炸”为例。爆炸发生后，自媒体用户第一时间在微博发起“天津塘沽爆炸事件”“天津爆炸”等话题。随后，天津卫视迅速跟进；中央电视台的《新闻直播间》也对事件展开了全面报道，帮助公众全面了解信息。在事件发酵过程中，针对网民在网络上散布的不实言论，如“天津已经混乱无序”“有毒气体扩散”“CNN 记者现场直播强制被删”，中央电视台等官方主流媒体也及时给予了批驳，有效遏制了谣言的蔓延，安抚了市民的恐慌情绪。

3. 善用民间话语，拉近受众距离

传统媒介语境下，意识形态宣传沿用刻板的教条式模式，以一本正经的严肃面孔呈现，往往与普通民众之间有很大的距离感和隔阂感，民众对理论宣传也抱有强烈的抵触心理。新时代语境下，电视媒体要研究群众心理，采用群众想用、正在使用、容易接受的话语符号，说出群众想听、愿意听、听得懂的话，打破官方话语和民间话语的壁垒，广泛谋求社会共识。

一是融入时代化话语。最近几年，习近平总书记在新年贺词中都运用了“蛮拼的”“点赞”“世界那么大”等网络语言，获得了良好的传播效果，网友纷纷用“接地气”“萌萌哒”等来评价。中央电视台的春节联欢晚会也开始“变脸”，努力实现新兴话语与传统话语的和谐交融。如 2014 年马年春晚，主持人一开场就呈现出互动、活泼和口语化风格。特别是演员张国立的加入，在几位主持人串场结束后，他开始调侃：“好！几位老主持人的定场诗说得真是太好了，现在该我这新主持了啊，我很紧张练了很长时间了，朱军啊，你听听是不是这么回事儿啊！”顿时将全场氛围由紧张变活泼。晚会上黄渤的独唱《我的要求不算高》传递了老百姓对幸福生活的理解和向往；开心麻花团队的小品《扶不扶》巧妙回应了街头巷尾关于“老人跌倒扶不扶”的热议话题。“亲民的形象、亲和的语言丰富了春晚主持群的整体风格，提高了民间话语的参与程度，加深了官、民对话语境的活力和张力。”（吴迪，2014：60-61）

二是融入视觉话语。社会主义核心价值观传播不仅限于文字、声音等符号，也可以广泛采用图片、小视频等方式予以视觉化呈现。在电视节目中，我们可以将社会主义核心价值观的相关理念，如和谐社会、礼仪传承、中国梦、美丽乡村等内容，以生动、形象、图文结合的方式进行阐释，使受众能在美的历程中完成核心价值观教育。2015 年春节前夕，一组以群众路线为主题的系列动漫短片《群众路线动真格了？》《老百姓的事儿好办了吗？》《当官的真怕了？》

在网络上引起热议。《群众路线动真格了？》用诙谐的语言介绍了党的群众路线教育实践活动是什么，为什么开展；《老百姓的事儿好办了吗？》聚焦整风运动给老百姓带来的好处；《当官的真怕了？》用一连串“怕”揭露官场生态。党的十八届三中全会前后，一部名为《领导人是怎样炼成的》的动画短片在互联网上广泛流行。整个视频用简单易懂的话语解释了中外不同的政治考核制度和官员选拔之道，分别以卡通形象的方式呈现以习近平同志为核心的新一届党中央领导集体，被誉为“外国人长知识，内地民众开眼界”的“新型政治科普片”。视觉化手段让马克思主义中国化的最新理论成果有了更直观的可读性。

在“两个舆论场”交流和碰撞日益频繁的今天，电视媒体传播和践行社会主义核心价值观的重要任务就是，建立一套以社会主义核心价值观为主导、官方话语和民间话语多元对话和互动的传播机制，“在对话和交锋中一方面彰显自身的科学性和合理性，另一方面砥砺自身，吸收对方理论中的合理成分为我所用，不断完善和发展自身。这样才能捍卫马克思主义的话语权力，捍卫社会主义中国的国家利益”（申小翠，2011：189）。

二、刚性宣传和柔性渗透互补机制，激发社会共识

经济基础决定上层建筑；意识形态宣传机制在不同的社会和时代背景下有不同的方式。改革开放前，在高度统一的计划经济时代，我国社会的意识形态主要依靠由上而下的强制灌输方式。随着市场经济体制的确立、数字媒体技术的发展及多元社会思潮的涌入，主导意识形态对社会公众的权威影响力大大降低；单一、说教式的强制宣传会激发人们的逆反心理，产生适得其反的教育效果。

“列宁同志早就说过：要把一个理论搞糟的最好办法，就是过度宣传它。”（转引自秦维红，2009：23-29）新媒介语境下，电视媒体在社会主义核心价值观传播过程中既要重视核心价值理念内容体系的完善和建设，又要重视传播方式的改进和创新，实现刚性宣传和柔性渗透互为补充，激发社会共识。

1. 理论通俗化，以理服人

从某种程度上讲，意识形态的宣传方式比其性质和内容更能决定其吸引力，因为“再好的理论，如果宣传教育者总是居高临下、机械生硬、陈词滥调，即使是出于对教育对象的理解和关爱，也会引发人们的对抗和逆反情绪，难以被很好地接受”（秦维红，2009：23-29）。电视媒体要找准社会主义核心价

值观宣传与现实生活的结合点，通过轻松、生活化的方式让人们理解和认同主流意识形态。

2014 年 2 月，在全国未成年人思想道德建设工作电视电话会议上，中共中央宣传部部长刘奇葆谈到在未成年人中加强社会主义核心价值观教育实践时说，“要让孩子们熟读并记住核心价值观 24 个字，这是第一课、第一步”；“要像过去儿童蒙学诵读《三字经》、《弟子规》那样，让孩子们从小背诵熟记 24 个字，在学习成长过程中慢慢品味、细细琢磨、逐步领会，日积月累地融化在小小心灵里，体现在习惯养成中”（中国文明网，2014）。中央电视台及地方电视台积极探索以动画短视频的方式对 24 字社会主义核心价值观进行解读；开展动画公益短片征集活动及优秀作品展播；创作中华文化剧《亲心小伙伴》，以弘扬中华美德；推出《可可小爱》爱心公益主题故事，传递社会正能量；观看《雷锋的故事》，践行社会主义核心价值观。2014 年农历马年正月，中央电视台连续播出 8 天《新春走基层 · 家风是什么》，节目从头至尾并没有直接提到“社会主义核心价值观”字眼，“但是从几位中央领导的多次批示、业界专家学者的纷纷点赞，到里弄百姓的饭后谈资、论坛微博的发帖[①]晒家风，无不证实：《家风是什么》节目是弘扬社会主义核心价值观的一个成功案例”（钱洪霞，2014：12-13）。

2017 年 7 月，国家新闻出版广电总局拍摄的公益广告《光荣与梦想——我们的中国梦》，对社会主义核心价值观进行“大片式”的解读，将社会主义核心价值观通俗化传播推向了高峰。该片分为“中国梦”“社会主义核心价值观”“四个全面战略布局”“五位一体总体布局”四个系列，由成龙、黄晓明、宋春丽、蒋小涵等 32 位一线老中青电影人公益出演。其中“社会主义核心价值观”宣传片台词均来自古诗词和古圣先贤的经典语录，分别为：[富强]稻米流脂粟米白，公私仓廪俱丰实——杜甫《忆昔二首》；[民主]民惟邦本，本固邦宁——《尚书 · 五子之歌》；[文明]选贤与能，讲信修睦——《礼记 · 礼运》；[和谐]万物各得其和以生，各得其养以成——《荀子 · 天论》；[自由]俱怀逸兴壮思飞，欲上青天揽明月——李白《宣州谢朓楼饯别校书叔云》；[平等]爱人者，人恒爱之，敬人者，人恒敬之——《孟子 · 离娄章句下》；[公正]治身莫先于孝，治国莫先于公——苏轼《司马温公行状》；[法治]立善法于天下，则天下治，立善法于一国，则一国治——王安石《周公》；[爱国]苟利国

① 引文原文为“贴”，系错误，已对其进行修正。

家生死以，岂因祸福避趋之——林则徐《赴戍登程口占示家人二首》；［敬业］天下之难事，必作于易；天下之大事，必作于细——《道德经》第六十三章；［诚信］三杯吐然诺，五岳倒为轻——李白《侠客行》；［友善］老吾老，以及人之老，幼吾幼，以及人之幼——《孟子·梁惠王上》。古人先贤的经典语录借当红影视明星之口传诵，在各大影院新片播出前予以播放，堪称新时代社会主义核心价值教育的创举。

2. 传播故事化，以情动人

古往今来，故事对人有着天然的吸引力。它"是传播价值观、承载价值观、孕育价值观的重要载体，承担着传播价值理念的重要责任，是培育社会主义核心价值观功能强大的隐性力量"（杜敏和王学俭，2013：21-24）。电视媒体要充分挖掘故事的感性力量，借助故事的传播优势、情感优势和行动优势，为培育和践行社会主义核心价值观寻求现实突破口和更大空间。

一方面，故事化传播要以人为本。以金鹰卡通卫视"献礼十九大"重点动画片《翻开这一页》为例。节目精心选取"我的爸爸李大钊"、"一代传奇将领许世友"、"革命母亲江姐的红色遗书"、"孔繁森的高原赞歌"和"竺可桢解读大自然的语言"五个具有代表性的近现代经典人物，讲述五位优秀中国共产党党员在面对"家"与"国"时如何取舍、如何做到对党和国家的绝对忠诚，将家国情怀和忠于国家忠于党的思想信仰浸润到少年儿童的身心成长之中，达到寓教于乐的目的。课本中的历史名人故事和现实生活交叉对照，产生了"化学反应"，由此让小朋友们在寓教于乐中得到教育，受到鼓舞。

另一方面，故事化传播要注意细节描写。2015 年 2 月 22 日，中央电视台《新闻联播》以 15 分钟的时长推出特别报道《新春走基层·只为多看你一眼》，感动了无数观众。驻守甘肃武威某铁路隧道的武警战士梁培锋入伍 15 年从未回家过年，妻子不敢带高原反应严重的儿子探亲，只有选择途经哨所的列车，并将红丝巾放到窗外作为标记，一条红丝巾，相逢 6 秒钟，"只为多看你一眼"；军嫂王琼穿越千里风雪，历经八天七夜赶到驻守边关的新婚丈夫身边，再苦都不算苦，"只为多看你一眼"；在沈阳客运站工作的 K338 列车长王玉梅，春运期间天天都在忙，居住在四川的老父母跑了 80 公里路在站台上跟女儿相聚，短短 6 分 30 秒，"只为多看你一眼"……节目采用电影蒙太奇手法，将王玉梅在列车上对镜化妆，希望让父母看到好形象的画面，与年过七旬的父母精心为女儿准备食物的情节交叉剪辑在一起，构成强烈的节奏感，把亲情宣泄推向高潮。

社会主义核心价值观传播应该是一个带有温度、带有情感的传播过程。电视媒体要将核心价值理念的具体内容和要求蕴含在生动鲜活的故事中，赋予有血有肉的人物形象中，以群众喜闻乐见的方式，实现社会主义核心价值观在人民群众中的渗透，使之由外在的强制宣传转化为个体内在的情感需要。

三、传统平台和数字平台联动机制，营造传播合力

数字信息技术时代，电视媒体要突破传统媒体的边界，充分利用新媒体即时、双向、互动、超文本的特点和优势，形成社会主义核心价值观传播的技术支撑，建立传受一体的交互模式，形成以社会主义核心价值观为主导的传统平台和数字平台融合交融的联动机制，营造传播合力。

1. 构筑电视媒体的全媒体阵营

一是夯实传统电视平台宣传主阵地。加强与马克思主义哲学、新闻传播学、计算机信息技术等不同专业领域专家的沟通联系，加强核心价值理念对电视新闻、电视剧、电视综艺等节目形态的引领，打造一批经得住公众评论检验的精品栏目，确保社会主义核心价值观信息内容权威真实、鲜活可信。特别是在数字信息时代，电视媒体在提升节目内容品质的同时，要加强社会主义核心价值观传播的技术创新，通过群众喜闻乐见的方式提高用户黏度。以 2017 年党的十九大宣传为例。《人民日报》推出《史上最牛团队这样创业！》H5 产品，将中国共产党的创业史以酷炫的快闪形式加以呈现，振奋的音乐背景，夺屏而出的快闪页面，铿锵有力的节奏，使党的魅力和感染力呼之欲出；人民网以用户思维为引领，推出电子书《十九大报告》，除文本内容，受众还可以分段选听习近平总书记做大会报告的原声，同时设立屏幕放大、缩小、重点标注、交互留言等功能。H5、微视频等新媒体技术创新应用，可以强化与网友的互动体验，提升节目的吸引力，从而保持电视媒体在新媒体语境下的传播主导地位。

二是以官方网站、微博、微信、手机客户端等拓展电视媒体的全媒体阵营。互联网平台具有传播高效、海量储存和反复浏览的功能，可以满足大众的个性化需求，实现社会主义核心价值观“无处不在”“随时传播”。如山东电视台的《你眼中的美德是什么》节目开播以后，其官方微博、微信、网站也同步推出。观众可以自由选择多种平台收看，并借助“朋友圈”“粉丝群”的分享和转发，使节目人气不断上升。2017 年 10 月，为了给即将召开的党的十九大宣传造势，新华社推出了“点赞十九大”系列活动，也实现了全媒体立体化传播。

网友可以通过微博、微信、客户端、网站，收听十九大代表丁宁（乒乓球运动员）、巩立姣（铅球运动员）等文体明星录制的祝福音频，与喜欢的“爱豆”（英文 idol 的音译，意为偶像）一起传播正能量：“热烈祝贺十九大！愿我们的生活更加美好，愿伟大的祖国繁荣富强。”“我们的征途是星辰大海，为十九大点赞，向着美好生活出发”。10 月 18 日起，网友在点赞十九大的同时，还有机会获得由中国集邮总公司发行、加盖人民大会堂邮戳的《中国共产党第十九次全国代表大会》首日封、明信片。对比之下，电视媒体全媒体平台建设相对滞后。2013 年下半年，中央电视台推出央视新闻客户端，随后江苏广播电视总台的荔枝新闻、浙江广播电视集团的中国蓝新闻客户端相继面世。在全媒体格局下，传统电视的移动终端市场发展必将受到多方面因素的影响，“是昙花一现还是大放异彩，取决于它如何找到自己的优势和局限，并借助其独特优势在新媒体浪潮占一席之地”（詹琼和姚丹，2015：90-91）。

2. 重视互联网舆情的分析和引导

一是做好网络舆情的预见。加强对社会热点事件、典型案例发生、演变的特征、规律和趋势开展系统性分析，形成理论与实际相结合、具有广泛借鉴意义的舆情报告，提高舆情引导的预见能力。尤其是在重大公共事件爆发之前，自媒体网民往往会借助微博、个人主页等进行第一时间的信息传播，因此电视媒体要特别注意做好微博平台的舆论监控，充分预见可能会发生的情况，做好相应的舆论引导应对方案，及时化解社会矛盾、疏导群众心理，降低风险概率，减少资源消耗，践行媒体责任。

二是重视网络“意见领袖”的培养。传统媒体时代，“意见领袖”通常就是信息的“把关人”，由传统媒体领域产生。自媒体时代催生了一批网络大 V，成为新时代的意见领袖。一般认为，网络大 V 是指“在新浪、腾讯、网易等微博平台获得了个人身份认证，拥有至少 50 万及以上粉丝数的用户”（傅昕源，2017：19-24）；他们熟练掌握网络传播技术手段，并借助庞大的粉丝数对网络话语权产生着广泛影响。电视媒体要正确认识网络“意见领袖”的地位与作用，加强对草根“意见领袖”的培养和舆论引导，使之在重大热点事件发生时，能够以社会主义核心价值观视角对事件进行全面、客观的分析解读，消除错误认知，稳定网络舆情，正确引导网络意识形态走向。

三是为网络用户提供个性化信息服务。提升社会主义核心价值观的传播效力，需要研究受众心理。依托互联网时代的大数据技术和云计算功能，电视媒体可以挖掘新时代受众的兴趣爱好、关注焦点及媒介使用习惯，从而针对不同群体“量身定制”社会主义核心价值观信息产品。目前每家电视台都有一个庞大的人才库，拥有一大批知名主持人、记者和编剧。他们分属于不同的领域，也各自积聚有大批忠实粉丝。电视媒体可以利用强大的平台优势，为知名电视人开设网上频道和专栏，丰富网上节目内容，更大程度地吸引粉丝。对于新媒体上反响强烈的个性化节目，也可将其搬上电视荧屏，实现多屏互动。

总之，在媒体融合的大背景下，传播和践行社会主义核心价值观，电视媒体需要从内容、技术、管理等方面不断进行创新，构建传统平台与新媒体平台有机融合的立体传播格局，完善新媒体舆情监管机制，各尽其责、突出优势，以有效巩固社会主义核心价值观的主导地位。

四、对内传播和对外传播并举机制，共建魅力中国

近年来，伴随着市场经济的迅猛发展，我国的综合国力与国际竞争力显著增强，国际发言权和影响力也不断攀升。与此同时，我们也经常听到“中国威胁论”“中国崩溃论”等类似言论论调，对中国的发展成就、发展方式甚至发展理念给予打压。对此，习近平总书记 2013 年在全国宣传思想工作会议上的重要讲话中明确指出：“要精心做好对外宣传工作，创新对外宣传方式，着力打造融通中外的新概念新范畴新表述，讲好中国故事，传播好中国声音。”（习近平，2014：156）电视媒体要坚持对内传播和对外传播并举，让世界看到一个客观、真实的中国，为社会主义核心价值观在国际舞台赢得应有的话语地位。

1. 讲好中国故事

讲好中国故事，要以社会主义核心价值理念为主线，联结贯通中国的历史、现实、未来，实现“三点一线”。

一是丰富电视节目的文化内涵，以源远流长、博大精深的传统文化证明社会主义核心价值理念的先进性。中国优秀传统文化“蕴藏着解决当代人类面临的难题的重要启示”。24 字社会主义核心价值观，在中国传统文化中都有着明确的出处和由来，它们承载着古代先贤的人生智慧和处世哲学，可以清楚社会主义核心价值观是什么、为什么、怎么样的问题。因此，电视节目要充分发挥文化教育功能，挖掘传统文化素材，展示中国特色，讲清楚中华传统文化是中华民族独一无二的、生生不息的优势，是践行中国梦的最强大的文化软实力。

二是利用中华民族伟大复兴的实践历程证明社会主义核心价值观的科学性。社会主义核心价值观的形成是一个历史积淀过程，与中华民族伟大复兴的历程紧密相连。中华民族在数千年的历史征程中形成了奋发向上、百折不挠的民族精神，这些民族精神就是社会主义核心价值观的特质。正是依靠着这一共同信仰，才实现了中华人民共和国的崛起及现代化建设的系列成就。电视媒体应通过电视剧、专题片、电视政论片等形式，弘扬这些民族精神，并且为之注入新的时代内涵，实现社会主义核心价值理念的与时俱进。

三是利用电视新闻讲好当下的中国故事，用典型案例报道证明社会主义核心价值观的先进性。新闻处于意识形态领域的前沿，“新闻之所以具有‘不同寻常’的地位，是由于它是一个包含大量矛盾的综合体，以及它在社会和意识形态当中所处的特殊地位。”（转引自潘洁，2015：101-103）电视新闻节目要紧紧围绕党中央部署，把社会主义核心价值理念落实为鲜活的事件和典型案例，“突出民生，贴近民生，回归民生”，用富有温度的人物故事，向观众展现各个领域、各个阶层的真实生活场景，将他们身上折射出的真挚与朴素汇聚在一起，构成对核心价值观的具象表达。江苏泰州广播电视台的《公民道德建设故事》专栏就是一个很好的例子。十多年来，它一直聚焦于普通百姓的凡人善举，从故事入手，从点滴入手。“大喜大悲之中，故事性成为扣动观众心弦的最主要的利器。”（严虎和晁晓峰，2013：52-53）

2. 树立中国形象

一是构筑鲜明的中国梦话语体系。2012 年 11 月 29 日，习近平总书记在参观《复兴之路》展览时指出：“现在，大家都在讨论中国梦，我以为，实现中华民族伟大复兴，就是中华民族近代以来最伟大的梦想。”（习近平，2014：36）2013 年 3 月，在第十二届全国人民代表大会第一次会议闭幕式上，他又对中国梦的内涵做了进一步阐释：“实现中华民族伟大复兴的中国梦，就是要实现国家富强、民族振兴、人民幸福，既深深体现了今天中国人的理想，也深深反映了我们先人们不懈追求进步的光荣传统。”（习近平，2014：39）他强调：“实现中国梦给世界带来的是和平，不是动荡；是机遇，不是威胁。”（习近平，2014：57）正如有学者评论，从国际文宣角度来看，中国梦反映了对内传播与对外传播的统一。“中国梦的实质内涵是指‘中华民族的伟大复兴’，也是中国特色社会主义理论体系的新成果，从而完美地实现了与既有国内政治话语体系的对接。对外，‘中国梦’又能实现与其他国家相关梦想概念的对接。”（胡宗山，2013：28-34）电视媒体要围绕“中国梦”这一话语体系进行科学规划和系统安排，将之贯穿到电视剧、电视专题片以及对外传播节目中，坚持不懈地向世界阐释和宣扬中国梦，努力使社会主义核心价值理念获得世界范围的理解和认同。

二是打造富有中国特色的受众识别系统。电视媒体在进行对外传播时，除了提升内容品质和文化内涵，也要打造独具特色的形象识别系统，使之在走上国际舞台时能够给受众留下深刻的印象。中央电视台纪录频道在形象识别系统打造方面具有开放视野。2011 年 1 月频道开播时，围绕“全球视野，世界眼光，国际表达，本土价值”理念，该频道打造了颇具中国文化传统特色、以青花瓷色为主色调的 logo，并推出了专属的品牌宣传片、形象宣传片、时段宣传片、人物宣传片。2013 年 1 月，为了使品牌形象与时俱进，保持视觉演绎的持续创新，该频道又聘请 5 支国际团队，以及来自北京、台湾的 3 支国内团队，进行频道包装升级。“在两年的时间里，该频道不仅以时尚大气、清新灵动的频道包装在众多电视频道中卓然而立，且国际影响力和认知率不断提升。”（王婷，2013：146-147）

当前，世界范围内的文化软实力竞争已经越来越激烈；而文化软实力竞争究其实质就是意识形态和价值理念的竞争。电视媒体要以更开放的视野、更包容的心态积极面对多元话语冲击；以更具民族风情、中国特色、时代特征的手段包装中国电视品牌，提升电视对外传播的视觉形象感染力，从而在世界舞台上展示中国社会主义核心价值观的理论魅力和生命力。

附　　录

附录一　电视真人秀节目的价值观呈现与社会认同分析[①]

电视媒体是社会核心价值观念的载体，理应承担社会核心价值观传播的责任。美国著名文化学者约翰·菲斯克（John Fiske）认为："电视播送了一些充满潜在意义的节目，它力图控制并把这些意义聚焦为比较单一的、为人们所喜爱的意义，起到主流意识形态的作用。"（约翰·菲斯克，2010：6）电视"教养理论"的代表人物哥伯纳也认为，"电视是我们生活中的共同的符号环境的主流，'每一种话语都熟悉并代表一系列具体的利益'，每一种符号环境也同样具有对世界观的整合作用、同化作用"（转引自隋岩，2002：119-124）。

世界上许多国家为有效地凝聚社会共识、维护社会秩序、强化国家认同、巩固国家地位、扩大国家影响，都充分利用群众基础深厚的大众媒介进行社会核心价值观的传播。由于电视在所有大众媒介中影响力最大，它自然而然地成为大众媒介中最重要的社会核心价值观传播阵地。

改革开放以来，我国的政治、文化、社会生活等领域开始发生剧变。"传统价值体系的统治地位受到怀疑乃至动摇，伴随着新经济制度的发展而产生的价值观念还有待完善，因而导致了人们在价值追求上出现了困惑、疑虑和徘徊。"（李羊城和叶美霞，2011：111-113）2012年11月，党的十八大提出要加强社会主义核心价值体系建设，指出："倡导富强、民主、文明、和谐，倡导自由、平等、公正、法治，倡导爱国、敬业、诚信、友善，积极培育和践行社会主义核心价值观。牢牢掌握意识形态工作领导权和主导权，坚持正确导向，提高引导能力，壮大主流思想舆论。"（胡锦涛，2016a：638）在社会核心价值体系的意义建构中，大众媒介扮演着重要角色。

真人秀节目具有大众狂欢的特质。诸如《爸爸去哪儿》《中国好声音》《奔

① 原文刊发于《太原理工大学学报》（社会科学版）2016年第2期，有修改。

跑吧兄弟》等节目的热播，通过电视媒体和网络媒体的双重传播，形成多起“具有网络影响力的电视媒介事件”。那么，真人秀节目呈现了怎样的价值观和信仰？它又是如何建构传播进而维系社会整体价值观念系统的？为了回答这些问题，笔者以2014年度累计播出的98档真人秀节目为研究对象，探究当前真人秀节目的价值呈现与价值认同机制。

一、研究方法

到目前为止，国际上用来测量价值观的比较有权威的量表有高尔顿·威拉德·奥尔波特（Gordon Willard Allport）的价值观研究、查尔斯·莫里斯（Charles W. Morris）的生活方式量表等10多种。国际上广泛使用的是罗基奇的价值观量表。它将价值观分为终极状态与行为方式两大类，由此形成终极性价值观（terminal values）和工具性价值观（instrumental values），每一类由18项价值信念组成。

谢洛姆·施瓦茨（Shalom H. Schwartz）沿用罗基奇的价值概念，发展出了施瓦茨价值观量表（Schwartz Values Survey，SVS）。这一量表囊括了57项价值观。摩根·斯特恩（Morgen Stern）在此基础上精简，将价值观概括为“自我超越”“自我提升”“传统性”“开放性”等四个向度，每个向度分别包括3项内容，由此构成“和谐世界”“公正社会”“爱自然”“权威感”“影响力”“自我提升”“尊重传统”“爱的肯定”“自我操练”“多变化的”“刺激的”“有好奇心的”等12项价值观量表。

鉴于以上研究框架主要是为西方文化而设计的，笔者以斯特恩的价值观量表为基础，参考冯捷蕴（2004：88-92）研究中国的文化价值观时所设立的31个价值观诉求，设立了24项电视真人秀节目价值观向度：“爱国主义”“公正平等”“和谐社会”“帮助他人”“热爱自然”“异域风情”“尊重权威”“美丽”“健康”“流行”“创新”“财富”“传统”“集体主义”“家庭生活”“两人情感”“安全感”“礼仪”“性吸引”“青春活力”“个人主义”“冒险和勇敢”“竞争”“欢乐”。具体内容如附表1-1所示。

附表1-1　价值观诉求及解释

价值观诉求	价值观向度解释
1. 爱国主义	激发爱国热情
2. 公正平等	强调公平、公正

续表

价值观诉求	价值观向度解释
3. 和谐社会	和谐、和平或避免战争与冲突
4. 帮助他人	乐于助人
5. 热爱自然	对自然环境的向往、强调自然的美
6. 异域风情	展现国外的场景、人物和其他元素
7. 尊重权威	表现出对权威的尊崇
8. 美丽	表现美貌，或使用产品会变得美丽
9. 健康	传播健康理念，养成健康习惯
10. 流行	介绍流行产品，传播流行趋势
11. 创新	表现现代生产工艺、产品、新技术及创新精神
12. 财富	展现财富，或暗示财富的影响力
13. 传统	强调悠久历史和文化传承
14. 集体主义	强调集体观，表现非家庭成员的多人场景
15. 家庭生活	表现、肯定家庭生活、亲情
16. 两人情感	表现两人之间的爱情、友情
17. 安全感	表现环境或情感的稳定
18. 礼仪	表现传统及现代社交、职场礼仪
19. 性吸引	通过画面、动作、语言表现性或性暗示
20. 青春活力	表现青春、活力
21. 个人主义	强调个人、突显自我
22. 冒险和勇敢	展现勇气和冒险精神
23. 竞争	表现拼搏和竞争意识
24. 欢乐	表现欢乐，制造快乐

在分析过程中，如果某个节目中含有不止一种的价值观，那就确定其不同的价值呈现；如果某个节目的主要价值不能在以上 24 种价值中找到，则将其价值呈现归结为“不能确定”。为了保证结果的可信度，所有节目由课题组两位研究人员进行编码。

二、研究对象概况

真人秀是当今电视综艺节目的热门。统计结果显示，2014 年电视综艺节目收视率达 20%。因《我是歌手》《奔跑吧兄弟》等节目的热播和网络二次传播，真人秀节目提及量占上风，成为 2014 年网络上最热的电视节目类型（中传瑞智，2015）。

2014 年电视平台共播出真人秀节目 98 档。从题材内容看，歌舞选秀类真人秀节目最多，共 21 档，占比 21.4%；其次是亲子家庭类，共 17 档，占比 17.3%；幽默喜剧类居第三，共 13 档，占比 13.3%；游戏竞技类和益智教育类各 11 档，分别占比 11.2%；生活体验类 9 档，占比 9.2%；军旅类和商业职场类各 6 档，分别占比 6.1%；婚恋交友类 4 档，占比 4.1%（附表 1-2）。

附表 1-2　2014 年电视真人秀节目题材分布

节目题材	数量/档	占比/%
歌舞选秀类	21	21.4
亲子家庭类	17	17.3
幽默喜剧类	13	13.3
游戏竞技类	11	11.2
益智教育类	11	11.2
生活体验类	9	9.2
军旅类	6	6.1
商业职场类	6	6.1
婚恋交友类	4	4.1

三、研究结果

本次研究一共对 98 档真人秀节目进行了编码。通过研究发现，在 2014 年的电视真人秀节目中，24 种价值观向度累计出现频次 643 次，其中出现的频率分别为："爱国主义"（0.2%）、"公正平等"（2.5%）、"和谐社会"（3.7%）、"帮助他人"（4.5%）、"热爱自然"（1.7%）、"异域风情"（1.9%）、"尊重权威"（4.8%）、"美丽"（2.0%）、"健康"（2.5%）、"流行"（3.0%）、"创新"（13.4%）、"财富"（1.4%）、"传统"（7.0%）、"集体主义"（3.0%）、"家庭生活"（5.0%）、"两人情感"（5.8%）、"安全感"（0.6%）、"礼仪"（2.8%）、"性吸引"（1.2%）、"青春活力"（4.2%）、"个人主义"（7.5%）、"冒险和勇敢"（4.5%）、"竞争"（9.5%）、"欢乐"（7.5%）。

为了进一步揭示电视真人秀节目的价值观呈现面貌，笔者参考施瓦茨、斯特恩的价值观量表，以及伯雷（R. W. Pollay，1983：71-92）的价值观分类，将以上 24 种价值观向度从社会性价值和个体性价值、传统性价值和开放性价值、东方价值和西方价值等三个层面进行比较。

（一）对个体性价值的追求大于对社会性价值的追求

社会性价值指理解、欣赏、忍耐、保护自然和社会，以及维护和提高人与人的福利，包括“爱国主义”“公正平等”“和谐社会”“帮助他人”“热爱自然”“异域风情”；个体性价值指对社会地位与声望的追求，以及对他人和资源的控制，包括“尊重权威”“美丽”“健康”“流行”“创新”“财富”。

结果显示，对个体性价值的追求大于对社会性价值的追求（附表 1-3）。其中，社会性价值累计频次 93 次，出现频率为 14.5%；个体性价值累计频次 174 次，出现频率为 27.1%（按总频次 643 计）。

这表明：当今社会具有较高的刚性作风指数①。相对于个体与社会、个体与个体之间的和谐、愉悦、体恤、怜悯与共生，人们更重视自我的个人行动，以个体成就来界定自己，自负其责，独立自主；重视经济、升迁等积极性、活动性观念。这从侧面反映出社会竞争激烈、社会压力较大。

附表 1-3　社会性价值和个体性价值的比较

项目	社会性价值						个体性价值					
	爱国主义	公正平等	和谐社会	帮助他人	热爱自然	异域风情	尊重权威	美丽	健康	流行	创新	财富
出现频次/次	1	16	24	29	11	12	31	13	16	19	86	9
出现频率/%	0.2	2.5	3.7	4.5	1.7	1.9	4.8	2.0	2.5	3.0	13.4	1.4
累计频次/次	93						174					
累计频率/%	14.5						27.1					

（二）对开放性价值的追求大于对传统性价值的追求

传统性价值指尊重、赞成和接受传统理念，服从、自律，家庭稳定及爱的

① 在跨国家和文化的价值观比较研究方面，荷兰学者心理学家吉尔特·霍夫斯泰德（Geert Hofstede）对 40 个国家 11.6 万个被试的资料进行分析，发现了四个价值观的维度：权力距离、不确定性的规避、个人-集体主义、刚性-柔性作风。

肯定，包括“传统”“集体主义”“家庭生活”“两人情感”“安全感”“礼仪”；开放性价值指思想和行为的独立，注重感官刺激的以及有好奇心的，包括“性吸引”“青春活力”“个人主义”“冒险和勇敢”“竞争”“欢乐”。

结果显示，对开放性价值的追求大于对传统性价值的追求（附表 1-4）。传统性价值累计频次 155 次，出现频率为 24.1%；开放性价值累计频次 221 次，出现频率为 34.4%（按总频次 643 计）。在 2014 年的电视真人秀节目中，“个人主义”累计出现频次为 48 次，远远高于“集体主义”的 19 次；“冒险和勇敢”与“竞争”合计出现频次高达 90 次，成为真人秀节目的重要价值内核。

附表 1-4　传统性价值和开放性价值的比较

项目	传统性价值						开放性价值					
	传统	集体主义	家庭生活	两人情感	安全感	礼仪	性吸引	青春活力	个人主义	冒险和勇敢	竞争	欢乐
出现频次/次	45	19	32	37	4	18	8	27	48	29	61	48
出现频率/%	7.0	3.0	5.0	5.8	0.6	2.8	1.2	4.2	7.5	4.5	9.5	7.5
累计频次/次	155						221					
累计频率/%	24.1						34.4					

（三）对西方价值观的追求大于对东方价值观的追求

为进一步探讨转型期中西方价值观的消长关系，笔者参考冯捷蕴（2004：88-92）等的研究，将真人秀中的“和谐社会”“帮助他人”“尊重权威”“传统”“集体主义”“安全感”六项价值诉求列为典型的东方价值观，将“公正平等”“异域风情”“创新”“个人主义”“冒险和勇敢”“竞争”六项价值列为典型的西方价值观。

统计发现，在 2014 年的真人秀节目中，典型的东方价值观有 152 次呈现，占该阶段样本呈现的所有诉求价值频次总数的 23.6%；典型的西方价值观有 252 次呈现，占总数的 39.2%（按总频次 643 计）。可以看出西方价值呈现频次大于东方价值，如附表 1-5 所示。

附表 1-5　东方价值观和西方价值观的比较

项目	东方价值观						西方价值观					
	集体主义	传统	尊重权威	和谐社会	帮助他人	安全感	个人主义	异域风情	公正平等	冒险和勇敢	竞争	创新
出现频次/次	19	45	31	24	29	4	48	12	16	29	61	86
出现频率/%	3.0	7.0	4.8	3.7	4.5	0.6	7.5	1.9	2.5	4.5	9.5	13.4
累计频次/次	152						252					
累计频率/%	23.6						39.2					

四、结论

（一）多元价值向度的冲突与渗透：电视真人秀节目价值呈现的真实面相

电视真人秀节目的价值符号基本呈现了当今社会的多元价值体系，具有广泛的社会性。以 2014 年网络热播的五大电视真人秀节目为例。按照收视率从高到低，它们依次为《中国好声音》《奔跑吧兄弟》《我是歌手》《中国好歌曲》《爸爸去哪儿》①。剖析其主要价值呈现，我们可以发现：无论是歌舞选秀类，还是亲子家庭类，抑或游戏竞技类，都充满着多元价值向度的冲突与叠加。对权威的尊重以及对个人主义的张扬，对传统文化的传承以及节目形式的创新，对胜出的渴望以及团队成员之间的协同互助，这些矛盾和冲突可以在同一档节目中同时呈现，如附表 1-6 所示。

附表 1-6　五大热播电视真人秀节目的主要价值呈现

节目名称	节目类型	微博提及度/条	节目嘉宾（选手）	主要价值呈现
《中国好声音》	歌舞选秀类	42 677 237	平民歌手	尊重权威、个人主义、流行、竞争、创新
《奔跑吧兄弟》	游戏竞技类	42 162 180	影视、体育明星	健康、欢乐、传统、冒险和勇敢、竞争
《我是歌手》	歌舞选秀类	31 508 038	成名歌手	传统、个人主义、创新、流行、竞争、欢乐

① 数据参考中传瑞智、新浪微博联合发布的《2014 年中国电视节目市场研究报告》，详见 http://www.199it.com/archives/361400.html。

续表

节目名称	节目类型	微博提及度/条	节目嘉宾（选手）	主要价值呈现
《中国好歌曲》	歌舞选秀类	9 054 789	草根歌手+成名歌手	公正平等、个人主义、创新、竞争
《爸爸去哪儿》	亲子家庭类	6 131 206	"星爸"和"星二代"	欢乐、家庭生活、两人情感、热爱自然、竞争

（二）从明星到草根：真人秀节目价值认同空间的拓展

明星依然是真人秀节目的重要角色。偶像崇拜是一个独特的社会现象，"它通过人们对崇拜人物夸大了的社会认知而产生光环效应（halo effect），将其言行举止加以神圣化并神秘化"（岳晓东和严飞，2007：8-14），从而引发光环效应。在2014年播出的98档真人秀节目中，有56档是由明星担任选手或嘉宾主持的。他们不仅成为"尊重权威""美丽""流行""健康"等价值向度的符号象征，也是娱乐大众的"快乐使者"。《奔跑吧兄弟》中，"百变奶爸"邓超、"中国好男人"陈赫、"阳光型男"李晨、"综艺达人"王祖蓝、"憨厚傻根"王宝强、"广告王子"郑恺和"混血模特"Angelababy（杨颖）极尽幽默之能事，将电视综艺节目的娱乐功能发挥到极致。

与此同时，不少节目开始将明星拉下"神坛"，走入凡俗日常。《带着父母去旅行》《花样爷爷》《爸爸去哪儿》等户外真人秀节目，以明星为纽带，将老百姓看重的家庭生活、传统孝道、教育理念等贯穿其中。节目改变纯粹以搞笑吸引眼球的娱乐形式，使观众在休闲的同时，也能不知不觉地有所触动。特别是明星对孩子的关爱与沟通方式，成为普通大众教育孩子的榜样。

另一方面，越来越多的草根百姓身影开始活跃在真人秀节目中。2014年真人秀节目收视冠军——《中国好声音》的成员，基本都是平民歌手；益智教育类真人秀节目，如《中国汉字听写大会》《汉字英雄》《中国成语大会》等，也都是将目光瞄准普通大众。不少真人秀节目启动"明星+草根"模式，如《中国好歌曲》将草根歌手和成名歌手搭配；《梦想星搭档》将音乐选秀与百姓梦想结合，"以音乐为器、公益为核，《梦想星搭档》让公益变成了实实在在的行动，治愈社会冷漠症、唤起社会爱心，起到了春风化雨的作用。由此，节目也成功延伸和拓展了音乐类节目的内涵，给音乐注入了公益的灵魂，传递积极向上的正能量，让公益成为一种流行、一种生活方式"（王珏，2013）。

查尔斯·泰勒（Charles Taylor）认为，认同感对个人融入社会并确立"道德空间中的方向感"具有不言而喻的作用，以此知道"什么是好的或坏的，什么值得做和什么不值得做，什么对你是有意义的和重要的，以及什么是浅薄的和次要的”（查尔斯·泰勒，2001：38）。而认同感的形成，不能依靠粗暴的意识形态灌输或者角色安排。它取决于个体的能动性和建构权力，通过对外在因素的诠释和内化，做出接受与否的选择。真人秀价值主体从明星到草根的延伸，吸纳更多的个体或群体介入，丰富了价值符号的多元性，聚焦于价值的普适性，使媒介价值表达与公众的价值话题形成对流，有助于强化公众的价值感悟。

从深层次来讲，这也是处于社会转型期的当下中国价值生态的真实写照。社会政治、经济领域的转型和变革，必然会引起人们生产方式、生活方式及行为方式的变化，从而导致多元价值观念的相互冲突和影响。按照辩证法的基本原理，价值冲突的各方既是对立的，也是统一的；通过交流、沟通，多元价值向度可以找到彼此的契合点与互补之处。正如约翰·罗尔斯（John Bordley Rawls）所言：“不同社会公共理想和多元文化间必须进行‘全体对话’，以达成一种合乎理性的‘重叠共识’，从而最终形成一种可以为所有信奉不同宗教和道德观念、承载不同文化传统的人们所认可和践行的价值体系[①]。”（转引自张武装，2010：70-73）作为电视综艺节目的重要构成部分，真人秀节目的价值呈现及价值认同空间的延展，对我国社会整体价值共识的形成具有重要现实意义。

附录二　电视选秀节目对九〇后大学生价值观影响的实证研究[②]

一、研究背景和方法

电视选秀是近年来活跃在荧屏上的热门节目形态。以 2016 年为例，全年共有超过 300 档省级卫视的综艺节目在网络上播出，占所有类型节目的 51%；各类选秀节目在网络平台创下极高播放量，总播放量超过 170 亿。浙江卫视《奔跑吧兄弟》（第四季）网络播放量超过 58 亿，在 2016 年所有省级卫视综艺节目视频播放量中排名第一（赵光霞和宋心蕊，2016）。

选秀节目参与者之众、收视率之高，使之成为社会各界广泛争议的话题。罗贻琳和齐丽媛（2014：74-77，91）等认为电视选秀节目对青少年具有积极

① 引文原文“所认可和践行”缺少中心词，此处据上下文补全为“所认可和践行的价值体系”。

② 原文刊发于《学校党建与思想教育》2017 年第 6 期，有修改。

意义，可以“培养公民意识”“增强人格”“移情宣泄”“提供群体归属感”。大众媒体则对选秀节目持有明显的质疑和批判。《人民日报》2014 年 8 月 2 日刊发评论，对各种选秀节目、挑战比赛充斥荧屏的现象进行批判，指出“某些大众传媒对极个别的侥幸‘成功者’津津乐道，让年轻人误入‘一夜成名’的陷阱，使本来就浮躁的心越发浮躁，造成一些青少年荒废学业，放弃刻苦努力，一门心思探求取巧的捷径”（高深，2014）。

电视选秀对青少年到底产生着怎样的影响？选秀节目是否真的导致了九〇后大学生价值观的偏向与错位？为此，笔者以武汉为例，于 2016 年 6—8 月，在武汉大学、华中科技大学、武汉理工大学、湖北工业大学、武汉东湖学院等五所高校展开了问卷调查。问卷从九〇后大学生对电视选秀节目的接触状况、对其价值观呈现的认知判断，以及电视选秀节目对九〇后大学生价值观的渗透三个层面展开。共发放问卷 800 份，回收有效问卷 663 份，其中男生占 48.3%，女生占 51.7%。被调查者年龄均在 18—22 岁，正是伴随着十年选秀成长的九〇后大学生。随后，调查组通过问卷星对调查数据进行了统计分析。

二、调查结果及分析

1. 九〇后大学生接触电视选秀节目的现状

1）选秀节目对九〇后大学生具有很强的吸引力

关于“对电视选秀节目的关注度”，调查结果显示：“经常关注”者和“有时关注”者比例合计占 66.7%；25%的受访者表示“偶尔关注”；仅有 8.3%的受访者表示“从不关注”。

关于“从何时开始关注选秀节目”，调查结果显示：43.7%的学生从初中开始；26.1%的学生从高中开始；从小学开始关注选秀节目的占 13.4%；另有 16.8%的同学到大学才开始关注电视选秀。

考虑到此次调查的对象主要为大一至大四的在校大学生，他们基本都出生于 1995—1998 年。2004—2007 年，当以“海选”“全民娱乐”“民间造星”为主要特征的《超级女声》成为电视选秀最大赢家的时候，这批九〇后正处于小学至初中阶段；2012 年 7 月，浙江卫视的《中国好声音》横空出世，重新掀起电视选秀热潮的时候，这批九〇后基本正处于高中阶段。所以不难理解大部分学生都是在初中或高中开始接触选秀节目的。

2）电视选秀是九〇后大学生的重要娱乐减压方式

关于“你如何看待电视选秀节目”，调查显示：排名前三的依次是“娱乐性”、“话题性”和“草根意识”，分别占比 37.9%、27.3%、21.3%。另外，“开放性”和“平等自由”分别占比 18.6%和 17.4%。这表明：电视选秀节目是九〇后大学生的重要娱乐减压方式。选秀节目为他们提供了打发课余时间的途径，也为学生之间的交流互动带来新鲜话题。诸多平民选手在节目中展示才艺，崭露头角，不仅为受众营造了轻松愉悦的收视体验，而且很多普通选手借助节目脱颖而出，实现了自身价值，也使尚未走出校园的九〇后集体从中获得巨大的心理满足。

3）电脑和手机是九〇后大学生观看选秀节目的重要媒介终端

关于“通过何种终端观看选秀节目”，调查显示：54.5%的受访者表示“通过电脑观看选秀节目”；41.7%的受访者表示“借助手机观看”；3.8%的受访者表示“在电视机上看”。这表明：互联网移动终端已经逐渐取代电视机，成为九〇后大学生观看选秀节目的重要平台。

2. 电视选秀与九〇后大学生价值观的形成

1）九〇后大学生对电视选秀节目价值观的认知与判断

对于九〇后大学生来说，电视选秀节目到底呈现了怎样的价值观和信仰？笔者以斯特恩的价值观量表为基础，设立了社会性价值、个体性价值、传统性价值以及开放性价值四个维度、共计 24 种价值观向度，分别为：①社会性价值，包括“爱国主义”“公正平等”“和谐社会”“帮助他人”“热爱自然”“异域风情”；②个体性价值，包括“尊重权威”“美丽”“健康”“流行”“创新”“财富”；③传统（保守）性价值，包括“传统”“集体主义”“家庭生活”“两人情感”“安全感”“礼仪”；④开放性价值，包括“性吸引”“青春活力”“个人主义”“冒险和勇敢”“竞争”“欢乐”。以此为基础设计问卷，对九〇后大学生展开调查。调查发现：

（1）九〇后大学生普遍认为：“欢乐”、“青春活力”和“竞争”是电视选秀节目的三大价值取向。从回收的 663 份有效问卷来看，24 种价值观向度的提及频率从高到低依次为：“欢乐”（85.9%）、“青春活力”（83.2%）、“竞争”（62.4%）、“公正平等”（60.3%）、“美丽”（51.3%）、“流行”（48.4%）、“个人主义”（45.5%）、“冒险和勇敢”（41.6%）、“健康”（38.3%）、“创新”（35.8%）、“财富”（32.7%）、“家庭生活”（32.4%）、“和谐社会”（31.5%）、“帮助他人”（31.2%）、“安全感”（29.1%）、“性吸引”（25.6%）、“尊重权威”（23.2%）、“两人情感”（19.8%）、“礼仪”（17.1%）、“热爱自然”（15.2%）、“传统”（13.9%）、“异域风情”（9.2%）、“集体主义”（7.2%）、“爱国主义”（4.1%）。这表明，在九〇后大学生眼里，“欢乐”、“青春活力”和“竞争”是电视选秀节目呈现出的三大重要价值观。

（2）九〇后大学生认为：电视选秀节目对个体性和开放性价值观的呈现大于社会性和传统性价值观。从价值观的四个维度横向进行对比，结果显示：电视选秀节目的社会性价值观累计提及率为 17.9%，比个体性价值观的累计提及率要少近 10 个百分点；传统性价值与开放性价值的累计提及率相差更为悬殊，前者为 14.2%，后者为 40.7%（附表 2-1）。这表明，在九〇后大学生看来，电视选秀节目更多的是张扬一种思想和行为的独立；注重感官刺激和满足好奇心；注重个体成功和个性张扬，而非旨在维护一种相对稳定的、传统的自然和社会状态。

附表 2-1　九〇后大学生对电视选秀节目价值观的判断

价值观维度	价值向度及提及率	累计提及率/%
社会性价值	爱国主义（4.1%）、公正平等（60.3%）、和谐社会（31.5%）、帮助他人（31.2%）、热爱自然（15.2%）、异域风情（9.2%）	17.9
个体性价值	尊重权威（23.2%）、美丽（51.3%）、健康（38.3%）、流行（48.4%）、创新（35.8%）、财富（32.7%）	27.2
传统性价值	传统（13.9%）、集体主义（7.2%）、家庭生活（32.4%）、两人情感（19.8%）、安全感（29.1%）、礼仪（17.1%）	14.2
开放性价值	性吸引（25.6%）、青春活力（83.2%）、个人主义（45.5%）、冒险和勇敢（41.6%）、竞争（62.4%）、欢乐（85.9%）	40.7

2）电视选秀节目对九〇后大学生价值观的渗透和影响

（1）选秀节目对九〇后大学生行为价值取向的影响。调查显示：关于“关注选秀节目，是否占用学习时间”，61.5%的受访者表示“不占用，与学习时间没有任何冲突”；32.1%的受访者表示“占用时间不多，观看就是为了放松心情以更好地学习”；另有 6.4%的受访者表示“占用较多学习时间，但可以平衡学习与观看节目的时间”。

关于“你为自己喜欢的节目选手做过以下哪些事”，52.9%的受访者表示会“模仿其言行举止及着装打扮”；31.2%的受访者表示会“购买其代言的广告产品”；5.1%的受访者表示会“参加粉丝见面会”；另有 1.9%的受访者表示会“与非粉丝产生矛盾”。当然也还有 8.9%的受访者表示“喜欢节目和选手并不会导致日常行为的改变”。

（2）选秀节目对九〇后大学生审美价值取向的影响。近些年来，电视选秀节目有一个明显的审美取向，就是“参赛选手的性别气质越来越中性化，这种中性化，这被很多人看作当代青少年流行文化中的趋势”（王上和陈序珊，2014：88-91）。调查进一步印证了这种态度：43.2%的受访者表示“可以接受中性美”；39.3%的受访者对此表示“没感觉、无所谓”；8.7%的受访者表示“想进一步尝试这种风格”；“不能接受”的受访者仅占 8.8%。由此我们不难得出：九〇后大学生对中性化现象是比较包容的。

（3）选秀节目对九〇后大学生个体价值取向的影响。关于“你是否相信选秀节目选手是完全靠实力和人气取胜的”，调查显示，只有 9.3%的学生选择“是”；在对“你认为选手成功的最重要因素”的调查中，排名前三的因素依次为“家庭背景和社会关系”（53.1%）、“外形和人格魅力”（28.6%）、“个人专业实力和才华”（36.2%）。这表明：对于九〇后大学生来说，他们认为成功不是一个偶然事件，而是多重因素联合促成的结果；“家庭背景和社会关系”因素超越“个人专业实力和才华”占据选手成功要素的首位，在某种程度上也带有一定的消极暗示：是否代表家庭环境和背景因素比个人努力更为重要？

关于“你认为选秀节目对大学生个体价值观有什么影响”，调查显示：排名前三的依次为“有利于个体展示”（36.3%）、“容易导致一夜成名的浮躁心态”（32.7%）、“有利于增强民主参与”（27.9%）；另外认为选秀节目“有利于促进公平竞争”“容易滋生极端个人主义”“容易混淆或丧失价值判断标准”的比例分别为 23.2%、18.6%、13.3%。这表明，电视选秀对九〇后大学生的个体价值取向同时存在正负双重影响。一方面，他们认为选秀节目有利于个体自由发展，增强了民主参与；与此同时，他们也认为节目具有一定的消极影响，比如助长了社会一夜成名的浮躁心态，容易滋生极端个人主义，导致价值判断标准混淆和紊乱。

三、结论和建议

由上述调查可见：作为当今最流行的电视节目形态之一，选秀节目在九〇后大学生群体中具有很高的传播度和吸引力，它不仅影响了九〇后的价值判断，同时对九〇后群体的行为取向、审美取向和个体价值取向产生了潜移默化的影响。特别是自 2013 年亲子类真人秀节目热播，“星二代”一夜之间被推到前台，代言、接拍广告、出席各类商业活动，导致“成名要趁早”等浮躁之风在国内迅速蔓延，这或多或少会对大学生产生一些不良暗示；而选秀节目对

“个人主义”“冒险和勇敢”“竞争”等价值取向的张扬，在某种程度上也构成了对集体主义、传统文化的冲击。

对此，我们需要加强引导，帮助学生以客观的态度对待这些选秀节目。

一是加强和改进大学生价值观教育，构建符合社会主流意识的价值判断标准。社会转型期的一个重要特征就是传统价值理念的统治地位受到怀疑乃至动摇，而新的价值观念体系还有待完善，由此导致价值迷失。心智尚不成熟、个体和社会意识正处于建构过程的大学生，更容易受到多元价值理念的冲击。高校要成为大学生价值观培养的“前沿阵地”，在实践过程中，注意吸收各种价值取向的合理内核，通过入情入理的教育，引导大学生自觉树立社会主义核心价值观。

二是要加强媒介素养教育，学会甄别和判断媒介内容。媒介素养是指人们解读各种媒介信息的能力、批判能力以及媒介使用能力。传播学专家尼尔·波兹曼（Neil Postman）曾说过：“不管一种媒介原来的语境是怎样的，它都有能力越过这个语境并延伸到新的未知的语境中。由于它能够引导我们组织思想和总结生活经历，所以总是影响着我们的意识和不同的社会结构。”（尼尔·波兹曼，2004：22）在海量的媒介信息中，任何人都容易迷失；九〇后大学生更是如此。因此，要把媒介素养教育纳入高校德育体系，通过专题讲座、视听调查等形式，帮助大学生认识媒介、了解媒介，学会甄别和判断媒介内容，以积极的态度应对传媒多元化的挑战。

三是引导学生积极展现自我，同时学会脚踏实地做人。市场经济环境下，社会呼唤个体自由和个性发展，九〇后大学生要勇于展现自我，展示个人专长，书写精彩人生。但是，这并不意味着“一夜成名”的模式可以复制。即使选秀舞台上那些看似一夜成名的“选秀明星”，他们也是在背后付出了十倍百倍的努力。我们要引导学生深入地了解这些选手们获得成功背后的种种艰辛，做一个善于展现自我同时又脚踏实地的人。

附录三　电视真人秀节目传播社会主义核心价值观的现实考量及应对[①]

社会转型期，多元价值观念汇聚碰撞，迫切需要加强社会主义主流意识形

① 原文刊发于《电影评介》2017年第4期，有修改。

态的引领作用。电视真人秀作为当今荧屏风靡一时的节目类型，拥有庞大的受众群体和独特的传播优势，理应在社会主义核心价值观传播中发挥更大作用。笔者以 2015 年热播的电视真人秀节目为例，对其传播现状进行客观审视，从中寻找问题和不足，在此基础上提出真人秀节目强化社会主义核心价值观传播的路径。

一、电视真人秀节目具备传播社会主义核心价值观的基础与优势

1. 电视真人秀节目具备良好的受众基础

真人秀节目迎合了大众日益高涨的娱乐需求。传统文化语境提倡含蓄、内敛、隐忍；然而在社会转型期，大众狂欢的需求和文化共享的理念却被显著激发。无论是真人秀节目的参赛选手还是电视观众，“他们几乎是乐此不疲自发地‘深陷’其中，在获得艺术熏陶与感官刺激的同时，也获得了很好的心理宣泄，更获得了一次临时的精神解放”（郭建民和刘靖华，2013：37-44）。从 2004 年首播，2005 年开始风靡全国的《超级女声》，到 2012 年首播、2013 年大获全胜的《中国好声音》，真人秀节目已经成为各大卫视的竞争利器。CSM 调查显示，2015 年省级卫视综艺节目超过 300 档，其中收视率超过 1.5 的卫视真人秀节目有 13 档，包括《中国好声音》《奔跑吧兄弟》等，单条 15 秒广告售价高达 50 万元；从收视时长来看，2015 年受众全年人均综艺节目总收视时长为 6980 分钟，较 2014 年有 9.3%的增长（公众号“上海前景广告”，2015）。

2. 电视真人秀节目具有传播社会主义核心价值观的独特优势

一是具象化叙事。真人秀节目可以直接作用于观者的视觉、听觉感官，无须太高的知识门槛，任何人都可以观看。例如江苏卫视推出的科学益智类节目《最强大脑》，将故事、趣味、情感和科学融合在一起，开播当日就攀上综艺类收视榜首。

二是隐喻性表达。电视新闻和主旋律电视剧在传播社会主义核心价值观时，容易陷入简单粗暴和口号式呐喊；真人秀节目以娱乐为外壳，可以将价值观、思想和主旨融入故事、娱乐和游戏环节，实现对社会主义核心价值观的隐喻式表达。例如，2014 年湖南卫视推出的体验类真人秀《一年级・小学季》，让两位明星“老师”进入学校，体验老师的责任意识与工作难度，让大家耳目一新。

三是协商式对话。真人秀节目一般都会采取“草根+明星”，或者“平民+专业嘉宾”的组合方式，观看时，“选手表演时的失误和插科打诨、评委的犀

利评价，甚至选手和评委之间的辩论，全部出现在了电视屏幕上”（郭建民，2007：214）。由此搭建了一个大众文化与精英文化互动交流的平台。

二、电视真人秀节目传播社会主义核心价值观的现状审视

尽管如此，目前真人秀节目在传播社会主义核心价值观的方面到底表现如何？为了回答这一问题，笔者参考冯捷蕴（2004：88-92）研究中国的文化价值观时所编制的价值观量表，设立“社会性”“个体性”“传统性”“开放性”四个价值维度、共计 24 种价值观向度（附表 2-1），选取 2015 年度省级卫视收视排名居于前 50 名的真人秀节目为对象（公众号“上海前景广告”，2015），尝试对其进行编码分析。

1. 电视真人秀节目的题材内容分布

从题材内容看，50 档热播真人秀节目“扎堆现象”严重，歌舞选秀类共 12 档，占比 24%；其次是户外游戏竞技类和生活体验类；益智教育类、军旅类和访谈脱口秀类则比较少，分别仅有 2 档（附表 3-1）。

附表 3-1　2015 年热播电视真人秀节目题材分布

节目题材	数量/档	占比/%	节目名称
歌舞选秀类	12	24	《中国好声音》《我是歌手》《蒙面歌王》《最美和声》《与星共舞》《中国之星》《歌手是谁》《我看你有戏》《燃烧吧少年》《造梦者》《快乐大本营》《天天向上》
户外游戏竞技类	11	22	《奔跑吧兄弟 1》《偶像来了》《奇妙的朋友》《一路上有你》《全员加速中》《出发吧爱情》《奔跑吧兄弟 2》《花儿与少年》《花样姐姐》《前往世界的尽头》《奔跑吧兄弟 3》
生活体验类	8	16	《极限挑战》《挑战者联盟》《一年级·大学季》《真心英雄》《我去上学啦》《我们穿越吧》《精彩好生活》《十二道锋味》
室内游戏竞技类	4	8	《为她而战》《女生新装》《超级战队》《我是演说家》
亲子家庭类	3	6	《爸爸去哪儿》《爸爸回来了》《妈妈咪呀》
幽默喜剧类	3	6	《笑傲江湖》《欢乐喜剧人》《我为喜剧狂》
婚恋交友类	3	6	《非诚勿扰》《我们相爱吧》《女婿上门了》
益智教育类	2	4	《最强大脑》《传承者》
军旅类	2	4	《真正男子汉》《士兵突击》
访谈脱口秀类	2	4	《金星秀》《时间》

2. 当前电视真人秀节目的价值向度分布

研究发现，50 档热播真人秀节目中，24 种价值观向度的累计提及频次为

345 次。从价值观的四个维度横向进行对比，结果显示：真人秀节目对社会性价值的呈现与对个体价值的呈现大致相当。其中社会性价值累计频次 62 次，提及率为 18.0%；个体性价值累计频次 70 次，提及率为 20.3%。

对传统性价值的呈现与对开放性价值的呈现悬殊。传统性价值累计频次仅有 42 次，提及率为 12.2%；开放性价值累计频次高达 171 次，提及率为 49.6%。其中，“个人主义”累计出现频次 29 次，远远高于“集体主义”的 3 次；、“爱国主义”“传统”“礼仪”等传统价值话语在真人秀节目中明显被弱化（附表 3-2）。

附表 3-2　2015 年热播电视真人秀节目的价值观向度分布

价值观维度	价值向度及提及频次	累计提及率/%
社会性价值	爱国主义（2 次）、公正平等（11 次）、和谐社会（22 次）、帮助他人（14 次）、热爱自然（7 次）、异域风情（6 次）	18.0
个体性价值	尊重权威（4 次）、美丽（23 次）、健康（14 次）、流行（10 次）、创新（11 次）、财富（8 次）	20.3
传统性价值	传统（3 次）、集体主义（3 次）、家庭生活（11 次）、两人情感（13 次）、安全感（7 次）、礼仪（5 次）	12.2
开放性价值	性吸引（8 次）、青春活力（33 次）、个人主义（29 次）、冒险和勇敢（21 次）、竞争（36 次）、欢乐（44 次）	49.6

3. 对电视真人秀节目传播社会主义核心价值观状况的初步判断

将以上编码结果与社会主义核心价值观 24 字的基本内容进行对比，可以发现：一方面，真人秀节目对社会主义核心价值观的“和谐”“平等”“自由”向度给予了充分展示。比如《爸爸去哪儿》以最朴素纯净的亲子关系作为题材，父子或父女关系唤起了观众内心最温柔的情感；再比如东方卫视的社交服务类真人秀节目《四大名助》，定位为“为全国人民排忧解恼”，力求用轻松逗乐的新玩法解决大众烦恼，开播当日便创下 CSM35 城 1.02%的高收视率。另一方面，基于歌舞选秀类和竞技游戏类题材是近年来电视真人秀节目的热门，有关“自由”“平等”“公正”等价值观向度得到了充分展现；而“爱国”“文明”“诚信”“友善”等价值观向度基本缺席。这导致节目不可避免地带有大众文化与生俱来的缺陷——“平庸化的东西被奉为新潮而流为时尚，深刻而且崇高的东西被视为落伍，文化生产与消费中所出现的媚俗现象越来越严重”（巫幸兴，2007：40-42）。它使原本默默无闻的普通人“成功胜出”，随之而来的就是粉丝、鲜花和金钱。在这样的文化环境影响下，青年人的价值取向容易分化和极端化，“一方面，他们认同社会主义荣辱观，爱国主义意识强烈。另一方面，在行为上他们又表现出个人主义、实用主义、拜金主义以及价值判断的无原则性”（杨枫，2010：94-98）。长此以往，势必引发各种社会问题。

三、强化社会主义核心价值观传播，提升真人秀节目的价值共鸣

目前我国正处于现代化转型的关键时期，直面的一个重要问题就是重构社会的价值认同，真人秀节目理应在核心价值观传播中发挥更大作用。对此，我们需要在节目中强化责任意识，构建多元共享的价值平台，进一步提高节目的价值感染力和传播效力。

1. 传播观念层面：构建以社会主义核心价值观为基础的同心圆价值体系

按照社会学理论，现代社会由“个人与他人、个人与自然、个人与群体、群体与社会、人民与政府、人民与民族国家以及民族国家与国际体系”七大关系组成，由此形成一个七层同心圆价值体系，由内至外分别为“道德观、自然观、群体观、社会观、政治观、民族观和国际观”（秦丽和欧阳宏生，2008：77-81），而维系这个同心圆的根基就是社会核心价值观。多元的非主流价值观能增进社会活力，统一稳定的核心价值观则能阻止社会失序。真人秀节目要构建以社会主义核心价值观为基础的同心圆价值体系，既尊重差异，包容多元价值观念，也要有力抵制腐朽思想的影响，求同存异，谋求共识。

鉴于目前真人秀节目主要集中在歌舞选秀、户外竞技及生活体验等题材，这些节目在传播“自由”“平等”“公正”等价值观方面具有很强的表现力，但是对“爱国”“敬业”“诚信”等价值观的传播就显得力不从心，这要求我们在策划真人秀节目时，要将视野投向更广阔的社会领域，挖掘更多的题材和内容，丰富社会主义核心价值观的诉求载体。

2. 传播主体层面：发挥主持人的话语主导权

真人秀节目主要有两类传播主体，一是嘉宾和选手，二是主持人。前者是社会多元价值观的化身。不论是《爸爸去哪儿》中的超级吃货姐姐 Grace（曹格的女儿），还是《超级演说家》中喜欢摇着粉色扇子扭腰身的选手解艺，抑或是《中国好声音》中李琦的蘑菇头、王拓的小红帽，正是因为有了这些个性化选手的存在，真人秀节目才能吸引不同层次的观众感同身受，体现社会的活力。

如果说嘉宾和选手代表的是社会多元价值取向，节目主持人扮演的就是中介和桥梁，负责将大众话语和主流话语进行融合协调。这需要主持人强化责任

意识，自觉成为核心价值观的传播者和践行者。一是准确把握嘉宾和选手的思想认识，“言人之所言，想人之所想”；二是适时发挥话语主导权，为不同性质的观念挑战做出巧妙回应，重塑主流意识形态的权威。比如亲子类真人秀节目，主持人可以将诚信、友善、正义感和责任意识等作为节目基本底色，通过具有典型性的矛盾冲突环节，培养孩子正直、诚信的品格。在这方面，福州电视台新闻综合频道的《聊斋夜话》节目的做法也具有良好借鉴。该节目大胆启用两位风格各异的男性主持人，以幽默娱乐的方式解读时政，分解观点，传播“积极向上、真诚友善、温暖阳光”等价值主张，为构建和谐社会注入了新能量。

3. 传播形式层面：创新社会主义核心价值观的表达方式

从传播内容看，24字是社会主义核心价值观的高度凝练，但是其科学内涵并不能完全替代其接受的有效性，需要“通过对社会主义核心价值观进行话语体系上的重新编码，努力实现其由国家话语向个体话语、由政治话语向生活话语的有效转化”（梁红军，2014：153-156），最终为广大人民群众理解和接受。

电视真人秀可以借助日常生活细节和故事，实现核心价值观传播的润物无声、水到渠成。比如校园生活体验类节目，可以在放松、愉悦的气氛中，将“民主”“文明”等社会主义核心价值观融入其中；竞技类真人秀节目在凸显“竞争”“冒险和勇敢”等个性价值主张的同时，培养团队精神和合作意识。以《中国好声音》为例，刘欢为学员故事感动落泪，那英光脚和学员合唱，学员深情讲述心路历程，不仅使人物形象更丰满，也向观众传输“任何人都可以追逐梦想”的理念；而在导师与学员的对话中，话语不仅指向学员的音乐造诣，更是融入了对人生态度的启发，更容易引起受众的内心触动。

总之，新媒体环境下，受众早已不是“应声而倒的靶子”。社会主义核心价值观的传播需要创新手段和方式，实现话语表达的多元化与趣味化，才能更好地吸引受众、引导受众，实现社会主义核心价值观的整体认同。

附录四　社会主义核心价值观传播的微动漫路径探索①

当前，我国正处于社会转型和全面深化改革的关键时刻，多元价值观大碰撞，多元文化大融合。“价值观的多元化本来是好事，反映了社会进步和开放程

① 原文刊发于《学校党建与思想教育》2016年第10期，有修改。

度的提高。但是如果缺乏必要的价值共识，社会秩序和道德秩序就会出现问题。”（杨学功，2013：12-19，60）微动漫作为微时代传播发展的产物，在主流话语传播中具有良好的传播效力，可以成为社会主义核心价值观传播的新路径。

一、微时代的政治传播语境变迁

进入21世纪以来，伴随着互联网和信息技术的发展，云计算、移动互联、物联网等开始深刻改变传播生态和媒介版图，“本质上昭示着一个以网络媒介传播活动日常化为特征的新兴媒体时代的到来”（杜建华，2015：60-67）。以微博、微信、微应用（手机App）等为代表的新兴媒体迅猛发展，大大改变了既有的新闻传播业版图与信息传播场景，主流意识形态传播开始面临巨大挑战和冲击。

（一）传播主体的分化与“去中心化”

（1）普通公众成为微时代的重要传播主体。在“人人皆是传播者”“人人皆是受众”的独特语境下，信息的传播权和表达权得到空前释放。传统媒介环境中那种政府、政党全面管控话语表达的“大一统”时代已经不复存在。越来越多的公众开始具备信息传播能力，并利用电脑、手机等移动终端设备发出自己的声音，“微博控”“手机族”“低头党”等新型受众群体出现。与此同时，主流话语借以传播的核心阵地——报纸、电视、广播等大众媒介逐渐式微，导致主流意识形态传播效力的衰减。

（2）网络意见领袖成为新的舆论中心。传统媒介环境下，“舆情”主要来自报纸、电视、广播等大众媒体的报道；媒体报道什么，社会就是什么；公众没有能力也没有途径进行质疑。微时代的到来，为公众参与公共事务讨论建构了新的话语空间。通过微博、微信公众号等途径，知名学者、影视明星、草根领袖等成为新的意见领袖。他们动辄拥有数十万、上百万甚至千万数量的庞大粉丝群，在热点事件传播、网络议程设置、舆论引导等方面发挥着重要的风向标作用，成为微时代新的思想中心。

（二）网络价值思潮的多元与混杂化

微时代为多元社会思潮的扩散和蔓延提供了活跃平台，自由主义、狭隘民族主义和民粹主义等观念盛行。自由主义思潮倡导西方的民主自由理念，要求扩大民主基础，力推私有化，开放言论自由；狭隘民族主义主张对一切损害中国、质疑中国的言行，都要予以旗帜鲜明的反击，认为韬光养晦的外交政策不可取，是“缩头乌龟”的做法；民粹主义提倡绝对平均主义，本质上就是“仇官”“仇富”“仇权威”。这些思潮的泛滥和混杂化，造就了社会“主旋律不明，噪音四起”的局面。特别是近年来频频上演的网络群体性事件，矛头直指政府决策失误、官员腐败、执法不公等社会问题，使主流价值观开始面临质疑和解构的冲击。

微时代主流意识形态传播所遭遇的挑战，本质上是转型期中国政治经济领域变革的表征。它要求我们开始重新思考主流政治话语的传播理念、传播路径和传播形态。早在 1983 年，阿尔文·托夫勒（Alvin Toffler）就预言：“在‘第三次浪潮’的社会中，我们仍然需要土地、机器以及其他的硬件，但更基本的财产是信息”；“信息不但是非物质的、非实体的，而且是无限的。这是一种前所未有的财产。”（辽宁社会科学院新技术革命课题组，1984：303）他要人们注意研究与信息有关的种种政治问题。互联网的出现大幅降低了信息沟通的成本。“民意以更为方便和真实的管道得以进入各级官员的视野，成为政治绩效考量和评估的参考，政治决策也得以建立在更为丰富的信息基础之上。”（潘祥辉，2011：36-43）置于这种宏观社会语境下，社会主义核心价值观传播必须关注新媒体技术的发展，改善传播话语，拓宽传播渠道。

二、微动漫的政治传播效力

微动漫是微时代传播发展的典型代表。微动漫作为一种独立的艺术形态，其“艺术形态为动画，但艺术语言更接近漫画。”（魏三强，2015：47-53）相对于传统的动漫电影、电视动画片等传播形态，微动漫投资小、篇幅短小精悍，传播更加轻松便捷。更重要的是，微动漫创意巧妙，以“微”见“大”看天下，主题内容紧紧围绕社会脉动，以热点事件为题材，这决定了“其受众绝非少年儿童，而是具有较高文化水准，对各类时事与资讯敏感，热衷于移动互联网等 IT 文化以及现代生活方式的社会主流群体”（徐英，2013：77-78）。例如，中央电视台播出的公益微动漫《家》，巧妙利用“爸爸妈妈我爱您”的英文首字母，组成“家庭”（FAMILY），在短短一分多钟的时间，展现“我”小时候受父母关爱、青春叛逆期顶撞父母、成年后反思自我并为父母遮风挡雨的生活场景，以此传递“爱”“家庭”“责任”等价值主张，引发观众共鸣。

近两年来，微动漫更多地被政治传播所借用，成为主流意识形态传播的新方式。2013 年 10 月，网名为“复兴路上”的用户在优酷上传约 5 分钟的微动漫《领导人是怎样炼成的》，短短几天内，点击量就超过1000万次；2014年2月19日，千龙网发布图表新闻《习主席的时间都去哪儿了？》，这是媒体首次发布习近平的漫画形象，一时成为舆论焦点；随后中华人民共和国中央人民政府网站推出《图解2月26日国务院常务会议》，首次公布李克强的漫画形象；2015年春节前，《群众路线动真格了？》《老百姓的事儿好办了吗？》《当官的真怕了？》三个有关群众路线的动漫短片，由名为"朝阳工作室"的账号在优酷网上传，引发各网站转发扩散。

分析以上这些政治微动漫作品，我们可以从中窥探出微动漫在主流话语传播方面的独特优势。

一是化刚为柔，塑造政治话语的柔性传播力。政治话语具有天生的严肃性和正统性，微动漫却可以充分结合动漫的时尚、亲切、有趣等魅力元素，以生动活泼的网络语言去表达，化刚为柔，塑造政治话语的柔性传播力。比如《领导人是怎样炼成的》，在约5分钟的时长里，着力阐述了一个卡通公务员经由乡科、县处、厅局、省部等逐级晋升的过程。视频将美国、英国和中国的领导人产生机制进行了漫画式对比，片中奥巴马跳骑马舞、卡梅伦翻跟头、中共中央政治局委员蹦跳板的画面，让人忍俊不禁。群众路线系列动漫短片《群众路线动真格了？》，同样用幽默诙谐的语言，介绍了什么是党的群众路线教育实践活动，以及为什么要开展该活动。片中直言，这是一场新时期的"整风运动"，一些官员吃拿卡要、贪污腐败，"习大大一上台就意识到不改不行"。这样的表述方式，为主流话语传播平添了个性魅力。

二是化抽象为具象，提升政治话语的说服力。以往的政治传播大多具有浓厚的说教气息，枯燥、抽象、乏味。微动漫却大量借助数字进行传播，辅以漫画形象，增强了话语的说服力和解释力。《领导人是怎样炼成的》以现任中共中央总书记习近平为例，讲述他从中国最基层一级，到国家主席，至少经历了16次大的工作调整，治理过的地区人口累计超过1.5亿，这一过程前后用了40多年时间。视频中称，2012年党的十八大诞生的新一届领导团队，个个都是这样"一步一个台阶迈上来的，7位新常委曾任职的地方占到了中国版图的一大半"，"通过这样的选拔过程，一个党员成为国家领导人之前，已经自下而上地全方位了解了中国的国情、民情"。除此之外，视频还涉及干部考核标准调整纠偏以及官员干部接受各方面监督的问题，称"时下中国，5.38亿网民雪亮的眼睛让问题干部无处藏身，淘汰出局"。《群众路线动真格了？》用一连串数字晒出中共过去一年反"四风"的成绩单：压缩三公经费530亿元，可以造一艘航空母舰；清理公车 11 万辆，排起来能绕北京三环 11 圈；停建楼堂馆所 2000 多座，总面积相当于 30 万套廉租房；等等。短片同时在画面上对这些数字予以呈现，大大提升了政治话语的传播效力。

三、借助微动漫，进一步提升社会主义核心价值观的传播效力

微时代对社会整体的"价值认同"提出了挑战，也为主流话语和公众话语之间的沟通和对话提供了新型平台。以微动漫为路径，整合利用新媒介资源，强化社会主义核心价值观的解释力和吸引力，有助于将主流政治话语转化为公众话语，增强公众对社会主义核心价值观传播的积极性和主动性，最终形成社会价值认同。

（一）整合利用微动漫技术资源，实现社会主义核心价值观传播的日常化

传统媒体时代，主流话语的传播通常是自上而下的，话语表达更多的是从传播者角度出发，包含理想与信念，呈现着严肃面孔。在价值分化和碎片化的微时代，政治传播诉求对象的兴趣和愿望已经变得难以捉摸。政治不再裹着一层明晰的严肃外形，逐渐"去隔离化"，"政治传播强大效果不可避免地在消退，以往受人尊敬和遵从、远离人们日常生活的样态已经被打破"（邵培仁和张梦晗，2015：57-60）。这要求社会主义核心价值观传播需要整合利用新媒介资源，通过公众喜闻乐见的方式，近距离甚至零距离地展现在人们面前。微动漫可以将严肃的政治话语和轻松活泼的动漫结合起来，一经制作完成，公众可以通过手机等移动终端自由收看、转发和评论，实现主流话语传播的日常化。因此，我们可以大力扶持微动漫生产和制作，通过设立专项基金，对那些主动宣传社会主义核心价值观的动漫企业和个人进行奖励，以充分调动公众参与主流话语建设的积极性和创造性。

（二）改善传播话语，充分发挥微动漫的"感性传播"魅力

政治象征理论代表人小查尔斯·爱德华·梅利亚姆（Charles Edward Merriam，Jr.）将政治管理区分为理性政治和感性政治两种。"所谓感性政治就是为了维护权力而使用的感性的、非理性的'应使人激动的东西'。即通过某些象征和仪式，调动人们的感情和情绪来维护权力。"（张晓峰，2004：25-29）比如具有纪念意义的建筑物、故事、歌曲、历史等。社会主义核心价值观传播的受众包括社会各阶层、各类型的民众，话语表达尽量避免"宏大""庄严"

的叙事，而是尽量呈现“民间知识和通俗文化”的特征。比如，围绕民众关心的话题，借鉴民间流行语，带着温度和情感来阐释问题或提升问题。

（三）借助微动漫的“解释框架”，重塑主流意识形态的权威

微时代的信息传播，崇尚信息的短小精悍和直播。这导致不少信息失去了原有背景，沦为片段化的孤立信息。这给政治话语传播带来了极大的隐患。许多看似不起眼的“小道消息”，都有可能成为误导民意、煽动群情的罪魁祸首。诸如官员出席公开场合时佩戴的手表引发的公众质疑，“郭美美事件”对中国红十字会的公信力造成的破坏。“在碎片化信息面前，民意一旦被唤起，其消极影响将会像滚雪球一样，不断被放大。”（邵培仁和张梦晗，2015：57-60）这需要在传播社会主义核心价值观的过程中，充分发挥微动漫对主流意识形态的解释、整合和引导功能，不仅要对大众媒介文化中的多重话语进行本质性的透视，而且需要准确把握微时代的受众需求特征，继而根据现实问题给出最合理的言说和解答，以重塑主流话语权威。

总而言之，微时代为政治话语传播带来了全新的挑战和冲击。社会主义核心价值观传播需要善用微动漫等传播手段，不断改进传播理念，创新价值认同机制，实现传播的日常化、感性化，才能充分发挥社会主义核心价值观的效力，使之成为人们的普遍精神追求和行为规范。

参考文献

安德鲁·古德温，加里·惠内尔. 2001. 电视的真相. 魏礼庆，王丽丽译. 北京：中央编译出版社.

安东尼奥·葛兰西. 2014. 狱中札记. 曹雷雨，姜丽，张跣译. 郑州：河南大学出版社.

包新宇. 2010. 科学发展观与中国当代电视文艺创作. 中共云南省委党校学报，11(5)：43-45.

查尔斯·泰勒. 2001. 自我的根源：现代认同的形成. 韩震，王成兵，乔春霞，等译. 上海：译林出版社.

柴素芬. 2007. 民生新闻该选些什么. 青年记者，（12）：18-19.

陈殿林. 2009. 理论自觉的哲学意蕴. 河南大学学报（社会科学版），49（1）：22-26.

陈芳. 2013. 再谈“两个舆论场”——访外事委员会副主任委员、全国人大常委会委员、新华社原总编辑南振中. 中国记者，（1）：43-46.

陈家堃. 2011. 《后宫甄嬛传》收视率创新高 研讨会获专家力赞. http://www.chinawriter.com.cn/2011/2011-12-20/110084.html[2011-12-20].

陈建飞. 2016. 网络直播时代，电视媒体的流程再造与模式革新. 中国记者，（11）：113-115.

陈晋. 2014. 从家风看社会主义核心价值观的培育. 思想政治工作研究，（4）：6-7.

陈坤，仲帅. 2013. 葛兰西的文化领导权思想及其当代意蕴. 理论探讨，（4）：161-163.

陈力丹. 2012. 关于舆论的基本理念. 新闻大学，（5）：6-11，21.

陈力丹，闫伊默. 2007. 整合传播 构建社会公益理念. 中国广播电视学刊，（9）：11-12.

陈文敏. 2007. 对大众传媒私密化倾向的反思. 当代传播，（3）：28-29.

陈武军. 2015. 平凡典型的价值发掘——东莞牛经纪何以上了《新闻联播》. 中国记者，(5)：113-114.

陈星. 2017. 中国和西班牙传统价值观对比研究——以克拉克洪价值观取向分类为模式. 教育教学论坛，（46）：71-72.

陈瑛. 2013-12-28. 用礼仪的光辉温暖城市. 光明日报，06.

陈育柱，李粼玮. 2015. 《跑男》第三季广告商易主获 3.38 亿冠名. http://sz.people.com.cn/n/2015/0901/c202846-26206066. html[2015-09-01].

程诚. 2016. 《焦点访谈》 20160407 荧屏内外 都暖人心. http://tv.cctv.com/2016/04/07/VIDEdhdkXuoHUWsOoYg2yCI8160407.shtml[2016-04-07].

程惠芬，戴莉莉. 2013. 《爸爸去哪儿》火爆荧屏：没有最好，只有更好！http://media.people.com.cn/n/2013/1230/c373014-23979218.html[2013-12-30].

戴清，焦朦. 2011. 抗战题材电视剧创作倾向的反思——传奇化、浪漫化与游戏化漫议. 当代电视，（4）：24-26.
邓小平. 1983. 邓小平文选（一九七五——九八二年）. 北京：人民出版社.
窦炎国. 2005. 略论媒体伦理及其价值取向. 苏州科技学院学报（社会科学版），22（4）：46-49.
杜建华. 2015. “微”时代：表现、特征及传统媒体的着力点——以纸媒体为例. 新闻大学，（2）：60-67.
杜琳. 2013. 语文节目成收视黑马 超 1 亿人看汉字听写总决赛. http://www.chinanews.com/cul/2013/10-23/5416451.shtml[2013-10-23].
杜敏，王学俭. 2013. 以故事为载体培育社会主义核心价值观. 思想政治教育研究，29（6）：21-24.
杜莹杰. 2010. 新历史主义与中国历史电视剧诗性叙事. 艺术百家，26（5）：79-82.
杜莹杰，黄巧莉. 2015. 民族寓言叙事与主流意识形态的镜像表征. 现代传播，（2）：95-98.
杜泽壮，2016. 2016 综艺盘点：政策调整加剧 电视平台仍为“主角”. http://media.people.com. cn/n1/2016/1222/c14677-28970138. html[2016-12-22].
范文. 2018. 习近平新时代中国特色社会主义思想的理论框架. 国家行政学院学报，（2）：17-20，134.
方旭东. 2016. 家庭与社会——一项西方社会思想史的探索. 学术界，（11）：231-245，328.
费孝通. 2007. 费孝通论文化与文化自觉. 北京：群言出版社.
封翔. 2018. 2017 年全国电视收视市场回顾. https://www.sohu.com/a/225571658_570245[2018-03-15].
冯捷蕴. 2004. 中国大陆的文化价值观：以 2004 年网络广告内容分析为例. 现代传播，（5）：88-92.
冯蕾，王玥. 2016. 我国就业领域出现三大新变化. http://www.jyb.cn/job/jysd/201608/t20160818_669417.html[2016-08-18].
凤凰网. 2017. 一线明星跨界“跳水选手” 世界冠军荧屏坐镇当裁判. http://ent.ifeng.com/zz/detail_2013_02/21/22338312_0.shtml[2017-02-21].
傅昕源. 2017. 网络大 V 的话语权及其形成模式. 青年学报，（1）：19-24.
高宏义. 2017. 浅谈电视栏目创意衍生品开发与运用. 通讯世界，（18）：276-277.
高清海. 2005. 价值选择的实质是对人的本质之选择. 吉林师范大学学报（人文社会科学版），（3）：1-3.
高深. 2014-08-02. “一夜成名”的诱惑 自娱文化“泛滥”成隐忧. 人民日报，12.
葛晨虹. 2013. 后现代主义思潮及对社会价值观的影响. 教学与研究，（5）：96-103.
公方彬. 2013. 中国梦与美国梦的比较. 党建，（11）：27-30，39.
公众号“上海前景广告”. 2015. 去年最火的 50 个综艺节目，一线卫视竟占了 42 个！ https://www.tvsou.com/article/3f049bfef8635554c067[2015-12-08].
龚政文. 2014. 用新闻大片奏响社会主义核心价值观的黄钟大吕. 中国广播电视学刊，（10）：

18-19.

管成云，谭婷. 2009. 转型期新闻伦理的困境与突围. 重庆邮电大学学报（社会科学版），21（3）：94-98.

桂琳. 2017. 文化、历史与产业的三维视角及其统一——托马斯·沙茨的类型电影研究述评. 浙江传媒学院学报，24（6）：82-87，149-150.

郭建民. 2007. 声乐文化学. 上海：上海音乐出版社.

郭建民，刘靖华. 2013. 从《超级女声》到《中国好声音》——中国电视声乐选秀个案剖析. 音乐传播，（1）：37-44.

郭庆光. 2011. 传播学教程. 北京：中国人民大学出版社.

郭威. 2002. 戈培尔. 海口：海南出版社.

国家广播电影电视总局. 2010. 电视剧内容管理规定. http://www.sapprft.gov.cn/sapprft/govpublic/10550/332959.shtml[2010-05-19].

国家广播电影电视总局. 2011. 广电总局将加强电视上星综合频道节目管理. http://www.sapprft.gov.cn/sapprft/govpublic/10551/332975.shtml[2011-10-25].

国家新闻出版广电总局. 2013a. 明年上星综合频道公益性节目将增加“主旋律”“正能量”“鼓励原创”是关键词. http://www.sapprft.gov.cn/sapprft/contents/10596/333961.shtml[2013-10-23].

国家新闻出版广电总局. 2013b. 电视剧拍摄制作备案公示管理办法. https://dsj.nrta.gov.cn/article.shanty?id=0141a03471b761bc402881a23eac78c4[2013-10-10].

国家新闻出版广电总局. 2015. 总局发出《关于加强真人秀节目管理的通知》. http://www.sapprft.gov.cn/sapprft/govpublic/6949/291090.shtml[2015-07-22].

国家新闻出版广电总局. 2016. 国家新闻出版广电总局发出《关于大力推动广播电视节目自主创新工作的通知》. http://www.sapprft.gov.cn/sapprft/govpublic/6949/335006.shtml[2016-06-20].

国家新闻出版广电总局办公厅. 2016. 国家新闻出版广电总局办公厅关于进一步完善规范电视剧拍摄制作备案公示管理工作的通知. http://www.sapprft.gov.cn/sapprft/contents/6588/296519.shtml[2016-05-13].

国家新闻出版广电总局，国家发展和改革委员会，财政部，等. 2017. 关于支持电视剧繁荣发展若干政策的通知. http://www.sapprft.gov.cn/sapprft/contents/6588/349039.shtml[2017-09-08].

国家新闻出版广电总局电视剧司. 2018. 国家新闻出版广电总局电视剧司关于做好2018-2022 年重点电视剧选题规划工作的通知. http://www.sapprft.gov.cn/sapprft/contents/6588/364975.shtml[2018-04-10].

韩业庭，苏墨，唐蓉，等. 2011-12-21. 古装戏应弘扬主流价值观——从电视剧《甄嬛传》说起. 光明日报，15.

郝建. 2008. 中国电视剧：文化研究与类型研究. 北京：中国电影出版社.

何林. 2014. 弘扬社会主义核心价值观的现实依据. 辽宁大学学报（哲学社会科学版），42（5）：70-73.

贺弘联. 2014.《绝对忠诚》：直击时代的价值呼唤. http://opinion.people.com.cn/n/2014/0416/c1003-24904839.html[2014-04-16].

贺艳，祝光明. 2012. 试论受众的心理需求与家庭伦理剧的叙事样态之关系——以上世纪 90 年代的家庭伦理剧为例. 重庆邮电大学学报（社会科学版），24（1）：69-73.

赫伯特·马尔库塞. 2008. 单向度的人——发达工业社会意识形态研究. 刘继译. 上海：上海译文出版社.

胡锦涛. 2016a. 胡锦涛文选（第三卷）. 北京：人民出版社.

胡锦涛. 2016b. 胡锦涛文选（第二卷）. 北京：人民出版社.

胡菊华. 2012. 最美人物与青少年个人品德培育. 思想理论教育，（24）：12-15.

胡宗山. 2013. 论实现“中国梦”的国际机遇与挑战. 社会主义研究，（5）：28-34.

黄晓玮，薛师瑞. 2017-5-10. 玄幻剧不应悬浮于生活回避现实. 光明日报，12.

季中扬. 2009. 论西方美学思想史中的快感概念. 北方论丛，（5）：129-132.

贾海丽，杨晖. 2010. 论新时期新闻媒体的思想政治教育功能. 新闻世界，（6）：205-206.

江录辰. 2017. 近代革命、当代都市、古代传奇三大题材电视剧仍为荧屏主流. http://www.sohu. com/a/150291494_351788[2017-06-19].

江泽民. 2006. 江泽民文选（第三卷）. 北京：人民出版社.

江逐浪. 2006. 历史戏说剧之喜与历史正剧之悲. 当代电影，（3）：117-121.

姜文婧. 2017. 湖南卫视重磅推出“青春扬‘益’”系列公益广告. http://www.sohu.com/a/168825012_362042[2017-09-01].

蒋传光. 2017. 关于推动社会主义核心价值观入法入规的思考. 学习与探索，（8）：78-88.

金丹元，游溪. 2013. 从《甄嬛传》的热播谈古装剧对历史的重新想象. 浙江传媒学院学报，20（3）：92-96，132.

晋爱荣. 2013. 抗战题材电视剧的迷失和价值导向. 创作与评论，（22）：75-78.

竞报. 2007. 厦门缓建 108 亿化工项目. http://news.sina.com.cn/c/2007-05-31/103511932457s.shtml[2007-05-31].

康德. 2017. 判断力批判. 邓晓芒译. 北京：人民出版社.

孔洁. 2012. 葛兰西文化领导权理论及其对中国社会改革的启示. 群文天地，（8）：127.

李德顺. 1993. 新价值论. 北京：中国青年出版社.

李庚. 2008. 浅析历史题材电视剧中的英雄奇观. 中国广播电视学刊，（6）：64-65.

李继兵，陈顺伟. 2016. 论日常生活对社会主义核心价值观建设的影响. 学术论坛，39（12）：50-54.

李兰芬. 2008. 我国道德话语权的现状及其对策建议——基于苏州企业家的调查. 哲学动态，（9）：87-91.

李良荣. 1984. “信息热”和新闻改革. 新闻大学，（1）：8-13.

李明远. 2015.《新闻出版广播影视从业人员职业道德自律公约》在京发布 50 家行业社团签署自律公约. http://www.sapprft.gov.cn/sapprft/contents/6582/324681.shtml[2015-09-16].

李琦，周亦琪. 2018. 电视公益节目：社会转型期中国时代精神的公益书写. 中国电视，(3)：71-76.

李启军. 2004. 中国电视新闻评论发展透视. 经济与社会发展，2（4）：131-136.

李嵘. 2017. 澎湃新闻：内容类平台的实践探索. 新闻与写作，（10）：23-25.

李伟. 2012. 比较视域下中西方英雄观的差异. 学术探索，（4）：99-101.

李夏至. 2015.《幻城》电视剧投资超三亿 国产剧挥别"五毛特效". http://media.people.com.cn/n/2015/1117/c40606-27822442.html[2015-11-17].

李习彬. 2003. 依法治国三题. 江苏行政学院学报，（4）：70-74.

李羊城，叶美霞. 2011. 社会转型期的价值迷失与价值重塑. 社会科学家，（1）：111-113.

梁红军. 2014. 基于价值认同的公民社会主义核心价值观培育. 湘潭大学学报（哲学社会科学版），38（6）：153-156.

梁建增. 2002.《焦点访谈》红皮书. 北京：文化艺术出版社.

梁建增. 2017. 央视电视剧频道：高唱主旋律 放歌新时代. 电视研究，（12）：15-17.

辽宁社会科学院新技术革命课题组. 1984. 托夫勒著作选. 沈阳：辽宁科学技术出版社.

林华. 2009. 从李宇春被列为"改革开放 30 年风云人物"说起. 领导文萃，（2）：143-144.

林峰峰. 2016. 俞灏明公益直播 关爱自闭症儿童被赞暖心. http://fj.china.com.cn/p/83614.html[2016-10-13].

刘和平. 2013-2-20. 当前电视剧创作的难题与破解之道. 中国艺术报，06.

刘慧莹. 2017. 从中国古代容礼看儒家君子之貌——以电视剧《琅琊榜》为例. 新闻爱好者，（2）：44-46.

刘景慧. 2004. 大众传媒与女性发展. 船山学刊，（3）：150-152.

刘雷，罗展鸿. 2012. 大众传媒与社会主义核心价值体系传播问题探析. 广西青年干部学院学报，22（4）：3-5，15.

刘启升. 2009. 从跨文化传播视角解读美国影视剧对中国大学生的影响. 河北经贸大学学报（综合版），9（2）：64-67.

刘习良. 2007. 中国电视史. 北京：中国广播影视出版社.

刘晓红，孙五三. 2007. 价值观框架分析——研究媒介和价值观变迁的可能途径. 新闻与传播研究，（4）：51-59，96.

刘莹. 2008. 贝克"风险社会"理论及其对当代中国的启示. 国外理论动态，（1）：83-86

刘永富. 2002. 价值哲学的新视野. 北京：中国社会科学出版社.

柳俊杰. 2006. "家国一体"与中国古代伦理政治分析. 内蒙古社会科学（汉文版），(6)：12-17.

刘卫东，陈霄. 2014.《卫子夫》观众盛赞造型美得真实 尊重历史. http://gd.people.com.cn/n/2014/0829/c123932-22156522. html[2014-08-29].

路易·阿尔都塞. 1987. 意识形态和意识形态国家机器. 李迅译. 当代电影，（3）：100-112.
路易·阿尔都塞. 2002. 今日马克思主义. 陈越，赵文译. 马克思主义美学研究，(1)：439-451.
罗伯特·C. 艾伦. 1993. 电视与当代批评理论. 李天铎译. 台北：远流出版事业股份有限公司.
罗贻琳，齐丽媛. 2014. 电视选秀节目对青少年社会化的影响. 渭南师范学院学报，29(20)：74-77，91.
罗永雄. 2012. 消费主义语境下我国文化产业发展的回归与超越. 理论观察，（1）：26-27.
马克斯·霍克海默，西奥多·阿道尔诺. 2003. 启蒙辩证法：哲学断片. 渠敬东，曹卫东译. 上海：上海人民出版社.
马一德. 2014-10-14. 以法治推进引领核心价值观建设. 辽宁日报，11.
迈克尔·罗斯金，罗伯特·科德，詹姆斯·梅代罗斯，等. 2001. 政治科学. 6 版. 林震，王锋，等译. 北京：华夏出版社.
毛泽东. 1960. 毛泽东选集（第四卷）. 北京：人民出版社.
毛泽东. 1986. 毛泽东著作选读（下册）. 北京：人民出版社.
孟建. 2000. 试论我国电视传播价值观的变革——以中央电视台为例的传播价值观考察. 江苏社会科学，（2）：157-161.
闵忠华. 2009. 关于青少年偶像崇拜的心理学分析. 学校党建与思想教育，（1）：56-57.
尼尔·波兹曼. 2004. 娱乐至死. 章艳译. 桂林：广西师范大学出版社.
聂茂，张静. 2008. 典型人物报道论. 长沙：湖南人民出版社.
欧阳宏生，唐英. 2006. 论电视文化多元化的建构. 现代传播，（2）：6-9.
潘洁. 2015.《新闻联播》对核心价值观的新闻表达. 视听界，（4）：101-103.
潘祥辉. 2011. 去科层化：互联网在中国政治传播中的功能再考察. 浙江社会科学，（1）：36-43，156.
潘忠党，魏然. 1997. 大众传媒的内容丰富之后——传媒与价值观念之关系的实证研究. 新闻与传播研究，（4）：38-51，92.
钱洪霞. 2014. 春风化雨 润物无声——从央视《家风是什么》看社会主义核心价值观的宣传. 声屏世界，（4）：12-13.
乔春霞，张泽一. 2014. 加强社会主义核心价值观培育的制度建设问题探讨. 理论导刊，(12)：83-85.
秦丽，欧阳宏生. 2008. “美国信念”的电视传播及启示. 国际新闻界，（11）：77-81.
秦维红. 2009. 社会主义意识形态内容和宣传方式的弹性转换. 中共福建省委党校学报，(8)：23-29.
任一鸣. 2004. 抗争与超越——中国女性文学与美学衍论. 北京：九州出版社.
商璐. 2017. 电视媒体的困境与出路. 新媒体研究，3（2）：84-87.
邵成武. 2006. 总有一种力量，震撼着我们的心灵——《感动中国》样态解析. 中国电视，（8）：33-35.

邵岭. 2009. 朱苏进："顺溜"是从我心底长出来的（图）. http://www.china.com.cn/culture/txt/2009-07/21/content_18174987. htm[2009-07-21].

邵培仁，张梦晗. 2015. 全媒体时代政治传播的现实特征与基本转向. 探索与争鸣，（2）：57-60.

申小翠. 2011. 全球主义批判与当代中国意识形态建设. 北京：光明日报出版社.

沈壮海. 2013-01-05. 把准社会主义核心价值观培育的着力点. 光明日报，01.

施惟达. 1993. 略论民族精神——兼论中华民族精神. 思想战线，（2）：55-61.

宋素丽. 2010. 青春叙事与偶像认同——对青春偶像剧的心理分析. 当代电影,（2）:112-116.

宋宇晟. 2015. 抗日剧卷土重来 横店又现"打鬼子"热潮. http://www.chinanews.com/yl/2015/03-17/7134921.shtml[2015-03-17].

宋心蕊，赵光霞. 2015. "跑男 3"全面转型升级 融入素人元素致敬传统文化. http://media.people.com.cn/n/2015/1015/c40606-27699275.html[2015-10-15].

苏红. 2009. 马克思主义意识形态理论与社会主义社会意识形态建设. 甘肃社会科学,（5）:46-49.

隋岩. 2002. 多重复合的当代中国电视文化意识形态. 中国人民大学学报，（5）：119-124.

孙家正. 2005. 大力发展我国文化产业. 现代企业，（3）：4-5.

覃晴，谭天. 2012.《中国好声音》的传播特征与价值创新. 新闻与写作，（10）：36-39.

陶东风,金元浦. 1996. 人文精神与世俗化——关于 90 年代文化讨论的对话. 社会科学战线，（2）：101-107.

唐平，陈苑. 2016.《神犬小七 2》王洋笑谈剧中"倒追张云龙". http://ent.people.com.cn/n1/2016/0712/c1012-28548344.html[2016-07-12].

田昊. 2016. 论真人秀节目的奇观化特质. 现代传播，（7）：103-105.

涂可国. 2006. 论中华民族精神的基本结构与主要特征. 山东社会科学，（3）：15-23.

汪文斌，胡正荣. 2001. 世界电视前沿（III）. 北京：华艺出版社.

王璨. 2015. 户外真人秀节目成功之道探析——以《奔跑吧，兄弟》为例. 新闻知识，（9）：74-76.

王桂芬. 2010. 多元文化时代价值观变迁与社会核心价值观共识. 南京政治学院学报，26(6)：23-26.

王欢. 2015. 论电视新闻中榜样人物的文化符码与意义. 当代电视，（1）：110-111.

王珏. 2013-11-07. 大型音乐公益节目《梦想星搭档》用歌声唤起善和爱. 人民日报，19.

王克千. 1989. 价值之探求：现代西方哲学文化价值观. 哈尔滨：黑龙江教育出版社.

王满，张德安. 2012. 虚拟与真实——由"历史正剧"谈当代影视文学中的历史虚无主义. 山花，（2）：155-156.

王上，陈序珊. 2014. 电视选秀节目对青少年成长的影响研究. 辽宁经济管理干部学院（辽宁经济职业技术学院学报），（5）：88-91.

王婷. 2013. 中国电视对外传播的"文化品牌"建构. 现代传播，（10）：146-147.

王馨欣. 2016. 电视剧衍生品的开发与销售策略. 青年记者，（17）：62-63.

王岩. 1998. 从“美国精神”到实用主义——兼论当代美国人的价值观. 南京大学学报（哲学·人文科学·社会科学版），（2）：34-40.

王晔. 2015-10-20. 张高丽在大众创业万众创新高峰论坛上强调 加快实施创新驱动发展战略 深入推进大众创业万众创新. 人民日报，01.

王一川. 1997. 修辞论美学. 长春：东北师范大学出版社.

王治河. 1999. 福柯. 长沙：湖南教育出版社.

王祖哲. 2005. 关于艺术起源的“劳动说”与席勒的“游戏说”——纪念席勒逝世200周年. 江西社会科学，（7）：86-91.

魏南江. 2011. 中国类型电视剧研究. 北京：中国传媒大学出版社.

魏三强. 2015. 新媒体时代下微动漫的创作技艺研究. 辽宁师范大学学报（自然科学版），38（1）：47-53.

魏正聪. 2008.《美国梦》的意识形态分析. 青年记者，（32）：28-29.

巫幸兴. 2007. 大众文化对青少年价值观的影响. 教书育人，（12）：40-42.

吴迪. 2014. 马年春晚官方话语与民间话语的博弈. 青年记者，（6）：60-61.

吴圣刚. 2008. 当代家庭伦理剧的叙事经验与审美空间. 信阳师范学院学报（哲学社会科学版），（1）：135-138.

吴树勤，刘晓东. 2014. 传统儒家礼仪教育与民众生活价值的自我实现. 山东社会科学，（11）：147-152.

吴亚雄. 2014. 韩磊任《变形计》公益大使“萌叔”和孩子做朋友. http://pic.people.com.cn/n/2014/0411/c1016-24884448.html[2014-04-11].

习近平. 2014. 习近平谈治国理政. 北京：外文出版社.

习近平. 2017a. 习近平谈治国理政（第二卷）. 北京：外文出版社.

习近平. 2017b. 决胜全面建成小康社会 夺取新时代中国特色社会主义伟大胜利——在中国共产党第十九次全国代表大会上的报告. 北京：人民出版社.

夏涤平. 2017. 电视问政：以人民为中心的公共性构建. 新闻战线，（23）：118-120.

夏骏，王坚平. 1999. 目击历史：《新闻调查》背后的故事. 北京：文化艺术出版社.

向亚云，刘庆楠. 2014. 树廉洁家风，建幸福家庭——现代家属廉洁意识教育读本. 北京：企业管理出版社.

肖唤元. 2018. 马克思恩格斯考察“意识形态虚假性”的四重维度及启示探微. 内蒙古社会科学（汉文版），39（3）：26-33.

肖建华. 2007. 大众文化的批判与辩护——当代西方大众文化理论述评. 国外社会科学，（1）：8-15.

肖瑛. 2017. 家国之间：柏拉图与亚里士多德的家邦关系论述及其启示. 中国社会科学，（10）：159-180，207-208.

新华社. 1999. 中共中央发出文件强调加强和改进思想政治工作（1999年11月09日）. http://

www.people.com.cn/GB/channel1/10/20000524/74966.html[1999-11-09].
新华社. 2015. 中宣部就印发《培育和践行社会主义核心价值观行动方案》答问. http://www.gov.cn/xinwen/2015-04/17/content_2848197.htm[2015-04-17].
新华社. 2019. 中国新闻工作者职业道德准则. http://www.xinhuanet.com/politics/2019-12/15/c_1125348618.htm[2019-12-15].
新华网. 2013. 港报评述：抗日剧无底线恶搞受抨击. http://news.ifeng.com/gundong/detail_2013_04/13/24185080_0.shtml[2013-04-13].
新华网. 2017. 全国政协十二届五次会议新闻发布会. http://www.xinhuanet.com/politics/2017lh/live/20170302a/index.htm[2017-03-02].
新浪娱乐. 2016-08-10. 剧集年轻化—《神犬小七2》征服95后核心受众. http://ent.sina.com.cn/v/m/2016-08-10/doc-ifxutfpf1726569.shtml[2016-08-10].
新闻出版总署，全国“扫黄打非”工作小组办公室，中央纪委驻新闻出版总署纪检组. 2012. 关于开展打击“新闻敲诈”治理有偿新闻专项行动的通知. http://www.sapprft.gov.cn/sapprft/contents/6588/321188.shtml[2012-05-04].
邢盘洲. 2016. 礼仪视域中我国意识形态功能提升研究. 河南社会科学，24（12）：34-38.
邢星，王甫. 2015. 现代都市题材电视剧发展创新的叙事学解读. 中国电视，（9）：22-27.
徐颢哲. 2016. “中国好声音”燃起版权战火 节目模式费从200万升至1亿. http://culture.people.com.cn/GB/n1/2016/0129/c22219-28094217.html[2016-01-29].
徐颢哲. 2017.《欢乐颂2》收官 220亿次播放量，也拯救不了口碑. http://media.people.com.cn/n1/2017/0612/c14677-29332467.html[2017-06-12].
徐蕾. 2014. 人民日报全新客户端横空出世 上线第一周下载 200 万. http://media.people.com.cn/n/2014/0620/c40606-25175420.html[2014-06-20].
徐舫州，徐帆. 2006. 电视节目类型学. 杭州：浙江大学出版社.
徐英. 2013. 新媒体动漫的现状及对策. 艺海，（1）：77-78.
严虎，晁晓峰. 2013. 电视故事是核心价值观的有力传播载体. 中国广播电视学刊，（10）：52-53.
杨枫. 2010. 由当代中国电视媒体价值观分裂引发的思考. 宁波广播电视大学学报，8（4）：94-98.
杨红菊. 2004. 中国青春偶像剧的现状及发展方向. 唐都学刊，（2）：77-80.
杨季翰. 2012. 电视民生新闻的回归与超越. 新闻知识，（11）：98-99.
杨伟光. 1998. 中央电视台发展史. 北京：北京出版社.
杨昕. 2014. 论中国共产党意识形态话语权的建构. 信阳师范学院学报（哲学社会科学版），34（6）：10-14.
杨昕. 2015. 中国共产党意识形态话语权研究. 北京：社会科学文献出版社.
杨学功. 2013. 当前中国价值观冲突及其前景. 天津社会科学，（4）：12-19，60.
杨宜音. 1998. 社会心理领域的价值观研究述要. 中国社会科学，（2）：82-93.

易凯. 2013. 人民日报评电视剧“火凤凰”之得与失. http://media.people.com.cn/n/2013/1210/c40606-23794199.html[2013-12-10].
易旭明. 2017. 有效竞争视域下中国电视市场结构再考察. 现代传播，（7）：118-123.
尹鸿. 1998. 世纪转折时期的中国影视文化. 北京：北京出版社.
尹鸿，萧志伟. 2001. 好莱坞的全球化策略与中国电影的发展. 当代电影，（4）：36-49.
尹建国. 1999. 谈市场经济条件下编辑的价值取向. 传媒，（2）：27-28.
尤蕾. 2016. 2016 媒体公信力调查：微博比微信更受人信赖. 小康，（15）：81-83.
于广华. 1993. 中央电视台大事记. 北京：人民出版社.
余奇敏，陈剑，乔飞. 2006.《经视直播》：社区传播的实践与思考. 中国广播电视学刊，（3）：34-36.
俞吾金. 2014. 回到马克思的批判理论——当代西方马克思主义意识形态理论探微. 国外社会科学，（1）：4-9.
袁银传，韩玲. 2013. 凝练社会主义核心价值观的基本根据. 马克思主义研究，（1）：79-88.
约翰・菲斯克. 2010. 电视文化. 祁阿红，张鲲译. 北京：商务印书馆.
岳淼. 2009. 中国电视新闻节目发展史研究（1958-2008）. 厦门大学博士学位论文.
岳晓东，严飞. 2007. 青少年偶像崇拜系列综述（之一）——偶像崇拜的年龄差异. 青年研究，（3）：8-14.
曾庆瑞. 2002. 艺术事业、文化产业与大众文化的混沌和迷失（下）——略论中国电视剧的社会角色和文化策略并与尹鸿先生商榷. 现代传播，（3）：13-18.
曾庆香，熊征宇，刘亚洲. 2009. 论《感动中国》对社会主义核心价值体系的诉求与建构. 电视研究，（4）：67-69.
翟鹏. 2017. 再论电视的力量. 中国广告，（8）：122-124.
詹琼，姚丹. 2015. 体制束缚中电视新闻客户端的发展策略——以“央视新闻”客户端为例. 今传媒，23（9）：90-91.
赵光霞，宋心蕊. 2016. 2016 综艺盘点：政策调整加剧 电视平台仍为“主角”. http://media.people.com.cn/n1/2016/1222/c14677-28970138.html[2016-12-22].
赵春晓，李昉. 2016. 鲁豫王健林直播处女秀 近 500 万人观看被花式弹幕刷屏！http://lady.people.com.cn/n1/2016/0531/c1014-28396350.html[2016-05-31].
张长江. 1989. 反响较大的一次系列报道—编《弹指一挥间》有感. 中国记者，（12）：16-17.
张东浩. 2017. 小鲜肉商业效应在当下中国影视类节目中的利弊探讨. 商情，（41）：98-99.
张国芳. 2019. 滕尼斯“共同体/社会”分类的类型学意义. 学术月刊，51（2）：78-85.
张红军. 2014. 试论全媒体时代电视剧的跨屏传播. 现代传播，（1）：81-83.
张建生. 2006. 大众传媒的政府立场与民间立场. 兰州商学院学报，（2）：115-117.
张梦雄. 2017. 以“微”见大——移动优先背景下电视新闻类微视频制作方略. 新闻研究导刊，8（16）：171-172.
张苗苗. 2017. 电视剧行业呈现的新特点与新趋势. 视听界，（6）：18-20.

张书琛. 2006. 探索价值产生奥秘的理论——价值发生论. 广州：广东人民出版社.

张素芹. 2016-03-07. “中国诗词大会”带动学诗词热潮 寻文化基因品生活之美. 广州日报，12.

张涛. 2013-12-28. 传承传统从遵礼仪做起. 光明日报，06.

张伟. 2017. 社会主义核心价值观认同与国家共同体构建. 天中学刊，32（6）：39-43.

张武装. 2010. 论社会转型期的价值嬗变与和谐之治. 求实，（9）：70-73.

张晓彬. 2017. 国家仪式助力社会主义核心价值观的培育和弘扬. 中共山西省委党校学报，40（4）：20-21.

张晓峰. 2004. 政治传播与政治象征理论评介. 现代传播，（6）：25-29.

张彦. 2014. 社会主义核心价值观引领电视民生新闻发展. 今传媒，22（9）：139-140.

张子雨. 2017.《中国诗词大会》走红 “诗词热”彰显民族文化自信.http://www. china.com.cn/txt/2017-02/09/content_40254597. htm[2017-02-09].

张智萍. 2014. 以家风家教弘扬社会主义核心价值观 有温度 接地气. http://www.wenming.cn/specials/zxdj/hxjz/hxjz_yw/201403/t20140327_1830808.shtml[2014-03-27].

珍妮弗·克雷克. 2000. 时装的面貌：时装的文化研究. 舒允中译. 北京：中央编译出版社.

中传瑞智. 2015. 2014 年中国电视节目市场研究报告：各类节目人群属性最全分析. http://www.cnad.com/show/9/258687.html[2015-07-02].

中共中央办公厅. 2013. 《关于培育和践行社会主义核心价值观的意见》印发. http://www.gov.cn/jrzg/2013-12/23/content_2553019.htm[2013-12-23].

中共中央办公厅，国务院办公厅. 2016. 中共中央办公厅 国务院办公厅印发《关于进一步把社会主义核心价值观融入法治建设的指导意见》. http://www.gov.cn/xinwen/2016-12/25/content_5152713. htm[2016-12-25].

中共中央马克思恩格斯列宁斯大林著作编译局. 1995. 列宁选集（第 1 卷）. 北京：人民出版社.

中共中央马克思恩格斯列宁斯大林著作编译局. 2012. 马克思恩格斯选集（第一卷）. 北京：人民出版社.

中共中央马克思恩格斯列宁斯大林著作编译局. 2013. 列宁全集（第 6 卷）. 北京：人民出版社.

中共中央马克思恩格斯列宁斯大林著作编译局. 2017. 列宁全集（第 11 卷）. 北京：人民出版社.

中共中央宣传部. 2016. 习近平总书记系列重要讲话读本. 北京：学习出版社，人民出版社.

中国广播电视社会组织联合会. 2015.中国电视剧制作行业自律公约. http://www.carft.cn/2015-8-17/e29be7ec-6dbf-a1e0-ec71-ab16c8805611.html[2015-08-17].

中国互联网络信息中心. 2016. 中国互联网络发展状况统计报告(2016 年 7 月). http://www.cnnic.net.cn/hlwfzyj/hlwxzbg/hlwtjbg/201608/P020160803367337470363.pdf[2016-08-03].

中国互联网络信息中心. 2019. 第 44 次中国互联网络发展状况统计报告. http://www.cnnic.net.cn/hlwfzyj/hlwxzbg/hlwtjbg/201908/P020190830356787490958.pdf[2019-08-30].

中国共产党第十六届中央委员会第六次全体会议. 2006. 中共中央关于构建社会主义和谐社会若干重大问题的决定. http://www.gov.cn/govweb/gongbao/content/2006/content_453176.htm[2006-10-11].

中国共产党第十七届中央委员会第六次全体会议. 2011. 中共中央关于深化文化体制改革、推动社会主义文化大发展大繁荣若干重大问题的决定. http://www.gov.cn/jrzg/2011-10/25/content_ 1978202.htm[2011-10-25].

中国网. 2003.《城市流浪乞讨人员收容遣送办法》废止. http://www.china.com.cn/chinese/law/349194.htm[2003-06-19].

中国文明网. 2014. 刘奇葆：要让孩子们熟读并记住 24 个字. http://images1.wenming.cn/web_wenming/syjj/ldhd/lqb/201402/t20140220_1755529.shtml[2014-02-20].

中央电视台编辑委员会. 2003. 中央电视台的第一与变迁. 北京：东方出版社.

周晖晖，徐世超. 2017. 探源景观电视剧美学特征以及反思和展望——以《三生三世十里桃花》《鬼吹灯》为例. 电影评介，（18）：82-84.

周小普. 2005. 东方的微光林中的响箭——中国电视新闻早年历史. 中国人民大学博士学位论文.

朱凤荣. 2016. 我国当代英雄观研究：基于核心价值观维度. 安徽电气工程职业技术学院学报，21（4）：11-14.

朱景林. 2015. 思想政治教育物质载体及其在我国封建社会的发展. 云南民族大学学报（哲学社会科学版），32（1）：156-160.

朱青. 2015.《爸爸去哪儿 3》广告共卖 11.7 亿　已接触 70 组明星. http://fj.people.com.cn/n/2015/0411/c363308-24464238-2. html[2015-04-11].

朱瑞. 2014. 主流媒体新闻客户端的困境和突围. 青年记者，（34）：47-49.

朱羽君，殷乐. 2001. 减压阀：电视娱乐节目——电视节目形态研究之一. 现代传播，（1）：92-96.

庄晓东，邹雯. 2017. 新时期中国传统文化的传播. 青年记者，（9）：9-12.

左漠野. 1987. 当代中国的广播电视（上）. 北京：中国社会科学出版社.

Pollay, R. W. 1983. Measuring the cultural values manifest in advertising. *Current Issues and Research in Advertising*, 6(1): 71-92.

后　记

时间回到2014年2月。时值传统新春佳节之际，中央电视台隆重推出《新春走基层·家风是什么》节目，从正月初一到初八连续播出八天。在记者的海采镜头下，从垂髫稚子到耄耋老人，从农民工到海外游子，从普通白领到两院院士，大家纷纷表达对“家风”最朴素真挚的理解。“家风”一时成为百姓团圆宴上的“热词”；社会各界也围绕继承优秀文化传统以及弘扬核心价值观展开大讨论。

因为本身学的传播学专业，加之读博期间也一直尝试从价值哲学的角度去研究传媒发展，所以连续看了三期节目以后，我突然对“电视媒体与社会核心价值观传播”选题有了强烈的研究欲望，并决定申报当年的教育部人文社会科学项目。大年初四下午，我从老家赶回学校，用通宵时间完成申报书的撰写。当年7月，项目如愿获批，相关研究由此展开。

这是一次让我终身受益的探索。

2017年除夕夜，屋外爆竹声声不歇，微信群里祝福连连。彼时我捧着笔记本字斟句酌，赶着写本书最后一章。关机之时，东方已发白；崭新的2018年已经披着朝霞向我们款款而来。我百感交集，却不知从何言说。遂上网搜了唐朝诗人史青的一首辞旧五言诗，稍做改动发了一条朋友圈：“今岁今宵尽，明朝明日催。寒随一夜去，春逐五更晖。”

坦白来说，这本不算太沉的书稿还有很多不尽如人意之处。对于辛勤耕耘在一线的电视媒体工作者来说，每一期优秀节目的背后都凝聚着数十人甚至上百人的艰辛探索和精益求精的匠心。他们用行动、用创意书写着新时代电视媒体与社会核心价值观传播的鸿篇巨制，为了实现中华民族伟大复兴的中国梦而不懈努力。本书充其量只是以一个“观众”的身份对其做了些总结及理论探讨。但是，无论对于课题还是我个人来说，它都可谓一个圆满的交代。

感谢武汉大学新闻与传播学院对我的栽培。在这里，我结识了我的恩师冉华教授，获得了张金海教授、姚曦教授、程明教授等各位老师的悉心指导。本书从选题确立、资料搜集、框架设计以及撰写修改，都直接受益于我在读博期间所接受的各种学术训练和项目实践。它们为我开展课题研究奠定了坚实基础。

感谢湖北广播电视台、广东广播电视台、湖南卫视、北京卫视、厦门卫视、武汉广播电视台、江门广播电视台等媒体的支持；感谢湖北广播电视台总编辑向培凤、新华社广东分社社长及党组书记徐金鹏、广州云创数字科技股份有限公司董事长何五元、广东广播电视台记者陈玺等朋友的关心和帮助，感谢他们接受本人的当面采访，并提供一手信息和资料。

感谢鄂州职业大学校长、湖北工业大学艺术设计学院原院长周峰教授，湖北工业大学艺术设计学院党委书记黄建雄先生、现任院长汪涛教授等领导对我的理解、包容和支持；感谢诸位同事对我的关心、帮助和肯定。“学设计，在湖工”，学院在设计学领域的品牌优势和历史积淀，也启发我从视觉传达的角度重新审视新时代党和政府的意识形态宣传工作，让我有了更宽广的思路和视野。

感谢科学出版社对本书出版给予的大力支持，感谢王丹等编辑对本书出版付出的辛勤劳动！

受本人学识水平所限，不足之处在所难免，恳请学界专家和广大读者批评指正。

魏正聪

2018 年 3 月于武汉